MARTIN STEINHAGEN

Rechter Terror

Der Mord an Walter Lübcke und
die Strategie der Gewalt

ROWOHLT POLARIS

Originalausgabe
Veröffentlicht im Rowohlt Taschenbuch Verlag, Hamburg, Mai 2021
Copyright © 2021 by Rowohlt Verlag GmbH, Hamburg
Covergestaltung Hauptmann & Kompanie Werbeagentur, Zürich
Satz Chronicle bei Pinkuin Satz und Datentechnik, Berlin
Druck und Bindung CPI books GmbH, Leck, Germany
ISBN 978-3-499-00599-2

Die Rowohlt Verlage haben sich zu einer nachhaltigen Buchproduktion verpflichtet. Gemeinsam mit unseren Partnern und Lieferanten setzen wir uns für eine klimaneutrale Buchproduktion ein, die den Erwerb von Klimazertifikaten zur Kompensation des CO_2-Ausstoßes einschließt.
www.klimaneutralerverlag.de

Inhalt

Im Dunkeln 9

Strategie der Gewalt – eine Einleitung 13
    Kein Einzelfall 14 // Der Blick auf den Täter 18

I Die Ermittlung 21

In alle Richtungen 23
    Die Tat als Botschaft 27 // Parallelen zum NSU 31 // Motivsuche 33

Walter Lübcke: Konservativer, Christ, Pragmatiker 38
    Mann der klaren Sprache 44

Eine entscheidende Spur 49
    Zugriff 52

II Terror mit Tradition 59

Alles für Deutschland am Tag X 61
    Verdrängte Geschichte 64 // Gewaltfantasien und Werwolf-Kitsch 67

Untergrund, Parteien, Straßenkampf 71
    Die Siebziger: eine neue Qualität der Gewalt 75

«Blut muss fließen» 83
    Gutbürgerlicher Terrorismus 90 // Vorläufer und Vorbilder 95

III Das Jahrzehnt der Gewalt 97

Eine Bombe zum Geburtstag 99
    Stephan Ernst – Jugend im Hass 103 // Mölln – und ein Messerattentat 106 // Aufgeheizte Stimmung 109 // Terror und Alltag – Hoyerswerda 114

Generation NSU 121
    Rostock-Lichtenhagen 121 // «Führerloser Widerstand» 123 // «Blut und Ehre» 126 // Strategie Straßenterrorismus 129 // Solingen 130 // Haft 133

IV Verfassungsschützer 135

Ermittlungsauftrag in Nordhessen 137
Die P-Akte Ernst wächst 141 // In den Hinterzimmern der NPD 143 // Nach dem 11. September 2001 147

Anti-Antifa 150
Eine Liste von «Feinden» 153 // Schuss ins Fenster 155 // Kasseler Kameraden 157

Die NSU-Morde und der Staat 160
Bauchgefühle 165 // Halitstraße 170

Der Verfassungsschutz durchsucht sich selbst 171
Löschmoratorium 178

V Rassismus verbindet 183

Ein Video und seine Folgen 185
Erregungsfutter 190 // Hetze bei Pegida-Jahrestag 195 // Feedbackloop 197

Klima der Angst 201
Angriff auf Geflüchtete 203 // Freital im Sommer 2015 206 // Köln 209

Der Überfall auf Ahmed I. 214
Fragen und Indizien 217

Neue Rechte 223
Metapolitik 224 // Identitäre 228 // Den Boden bereiten 231 // Stochastischer Terrorismus 235

VI Aufrüstung zum Attentat 237

Training im Schützenverein 239

Legaler Waffenbesitz für Markus H. 242

Deutschland schafft sich Waffen an 247

Tatwaffe vom Trödler? 250 // Vorbereitet sein – Prepper 251 // «Höcke, Höcke!» 255 // Unauffällig in der AfD 258

Eskalation in Chemnitz 261

«Extremismusoffene Mischszene» 265

VII Die Tat und das Urteil 269

Aus nächster Nähe 271

Noch ein Geständnis 274 // Stephan Ernst vor Gericht 277 // Welche Rolle spielte Markus H.? 280 // Der Richterspruch 282

Zäsuren 284

Rechter Terror scheitert – aber nicht von selbst 290

Dank 295

Quellen und Literatur 297

Im Dunkeln

Auf die Terrasse vor dem Haus fällt kein Licht. An der Brüstung des Balkons genau darüber sind zwei Baustrahler mit Kabelbindern befestigt. Sie werfen breite Lichtkegel in den Garten, sollen Betrunkene und Wildpinkler verscheuchen. Aber die gepflasterte Fläche darunter liegt im Dunkeln. Dort sitzt er und schläft, so scheint es. Den Kopf nach hinten geneigt, zwischen den Fingern der linken Hand klemmt eine Zigarette, nur an der Spitze etwas angebrannt und dann erloschen. Er ist wohl einfach eingedöst auf dem Gartenstuhl in dieser klaren Sommernacht, auf der Terrasse vor seinem Haus am Dorfrand, im Dunkeln. Und das trotz des Lärms vom Festplatz. Keine hundert Meter Luftlinie sind es von hier bis zur Bühne, zu den dröhnenden Verstärkern einer fränkischen Party-Band. Und dort ist um Mitternacht noch lange nicht Schluss.

Für Jan-Hendrik Lübcke schon, zumindest in dieser Nacht. Es ist kurz vor halb eins. Der 29-Jährige kommt von der «Weizenkirmes» nach Hause. Hat dort nur ein paar Sprite getrunken, eine Calzone gegessen, Freunde von den Kirmesburschen getroffen und sich losgeeist, bevor ihn noch jemand zum Bleiben überreden konnte. Er will am nächsten Tag fit sein für eine Radtour.

Auf die Terrasse kann er wegen der blendenden Strahler nicht blicken, aber er sieht Licht in der Küche seiner Eltern im Erdgeschoss und die Tür zum Garten offen stehen. In der Garage hängt er noch schnell den Akku seines E-Mountainbikes an den Strom, ist eigentlich auf dem Weg nach oben, zu seiner Frau. Dann will er doch noch einmal nach dem Rechten sehen. Wie oft hat er den Eltern schon gesagt, sie sollen nachts die Tür zumachen, gerade wenn Kirmes ist.

Jan-Hendrik Lübcke tritt heraus auf die Terrasse vor dem Haus, er linst um den Erker herum, der die Fläche in zwei Hälften teilt. Tatsächlich: Da sitzt sein Vater am Tisch. Offensichtlich ist er eingenickt, gar nicht seine Art. Jan-Hendrik Lübcke pfeift, will ihn wecken.

Walter Lübcke reagiert nicht.

«Komm, Papa, wach auf!», ruft der Sohn. Er fasst ihn an den Arm, kurz unterhalb des Ärmels des karierten Kurzarmhemdes. Walter Lübcke fühlt sich kalt an. Keine Reaktion. Auch nicht, als Jan-Hendrik Lübcke ihm auf die Wange klopft und auf den Bauch. Panik steigt in ihm auf. Ein Herzinfarkt vielleicht? Davor hat man den Vater ja immer gewarnt, in seinem Alter, 65, nicht gerade schlank, passionierter Raucher, politischer Spitzenbeamter mit langen Arbeitstagen. Er wählt den Notruf. DieStimme am anderen Ende der Leitung gibt jetzt Anweisungen. Er soll prüfen, ob sein Vater atmet. Jan-Hendrik Lübcke hört keine Atmung. Er will seine Mutter wecken, seinen Bruder zu Hilfe holen. Nur nicht alleine sein. Der Mann in der Notrufzentrale erlaubt es nicht. Er solle bei seinem Vater bleiben, hört er dessen Stimme sagen. Nicht weggehen, nicht auflegen, nicht aufgeben, das Handy auf Lautsprecher schalten, Herz-Lungen-Wiederbelebung.

Jan-Hendrik Lübcke greift seinen Vater an der Hüfte, zieht ihn über den Stuhl auf den Terrassenboden, legt seinen Kopf vorsichtig auf dem Steinboden ab. Später weiß er nicht, wie er das überhaupt geschafft hat. Walter Lübcke ist über 1,90 Meter groß. Über das Telefon kommen weitere Anweisungen. Der Rettungswagen ist unterwegs, heißt es. Zu sehen ist das Blaulicht aber noch nicht. Auf dem Festplatz geht die Party weiter.

Etwas mehr als ein Jahr danach muss Jan-Hendrik Lübcke diese Momente noch einmal durchleben. Er sitzt im dunkelgrauen Anzug und schwarzen Hemd an einem kleinen Tisch mit Mikrofon im Zentrum des mit hellem Holz vertäfelten Saals 165 C vor dem 5. Strafsenat des Oberlandesgerichts Frankfurt. «Wir werden damit niemals fertig werden», sagt er. Es bleibe «unbegreifbar». Jan-Hendrik Lübcke schildert den Richtern die Details jener Nacht konzentriert, präzise. Er spricht über seinen Vater als liebevollen Menschen, der sich darauf gefreut habe, den Ruhestand zu genießen.

Bis zum Notruf ist jener Tag ein ganz normaler Samstag. Ein fast normaler, ein besserer eigentlich: Jan-Hendrik Lübcke hat vorgearbeitet, will an diesem Samstag nicht wie sonst in der Fotovoltaik-Firma beschäftigt sein, die er mit Bruder und Cousin gegründet hat. Den Vater sieht er in Engelbert-Strauss-Latzhose, Karohemd und Schlappen nachmittags beim Unkrautabflämmen. Später kommt sein kleiner Neffe vorbei, Walter Lübckes erster Enkel. Er soll zum ersten Mal bei den Großeltern übernachten.

Abends macht sich Jan-Hendrik Lübcke mit Freunden auf den Weg zur Kirmes. Einmal im Jahr wird in Istha groß gefeiert. Auf dem Festplatz des Dorfs in Nordhessen nahe Kassel, knapp 900 Einwohner zählend, steht dann ein weißes Bierzelt mit Holzfußboden. Im Gehen sieht er seinen Vater noch auf der Terrasse am Tisch mit einem Pfarrer aus Kassel. Dort saß Walter Lübcke oft abends, las auf seinem iPad, scherzte mit Freunden. Diesmal eben mit spontanem Besuch. Die Männer lachen viel, an eine «wunderbare Stimmung» erinnert sich später die Frau von Walter Lübcke, die kurz dazukommt.

Den Mitschnitt des Notrufs aus der Nacht wird die Polizei sichern. Die Abschrift füllt fünf Seiten von Zehntausenden in 260 Ordnern mit Akten zu dem Fall, die später dem Gericht vorliegen.

Weitermachen, tönt es aus dem Handy, und laut mitzählen. Jan-Hendrik Lübcke macht weiter, berichtet er als Zeuge später. Aber sein Vater kommt nicht wieder zu sich. Auch die Sanitäter können ihn nicht zurückholen. Stunden später, um 2.45 Uhr, wird der Kasseler Regierungspräsident in der Kreisklinik Wolfhagen für tot erklärt.

«Ungeklärte Todesart», kreuzt der Arzt auf dem Formular an. Um 3.17 Uhr informiert er deshalb die Polizei. Das ist Vorschrift und Routine.

Der Mediziner berichtet einer Beamtin und einem Beamten vom Kriminaldauerdienst, wie er versucht habe, den Patienten wiederzubeleben, und von einer Platzwunde am Kopf, die aber seiner Einschätzung nach nicht die Ursache für den Tod gewesen sein könne. Der Arzt tippt auf Lungenembolie. Um 4.15 Uhr bricht einer der Beamten die vorgeschriebene Leichenschau nach nur zehn Minuten ab. Als Erstes wickelt er jetzt die Hände des Leichnams von Walter Lübcke in Plastiktüten. Er will so mögliche Schmauchspuren sichern. Die vermeintliche Platzwunde am Kopf, oberhalb des rechten Ohrs und von Haaren bedeckt, ist kreisrund, Durchmesser etwa sechs Millimeter, stellt der Kriminalhauptkommissar fest: Eine Schussverletzung mit «an Sicherheit grenzender Wahrscheinlichkeit», heißt es später in seinem Vermerk.

Er geht mit seiner Kollegin in den Raum, in dem sich die Angehörigen versammelt haben. Spricht sein Beileid aus, bittet Jan-Hendrik Lübcke hinaus. Im Kopf seines Vaters sei ein «Gegenstand» gefunden worden, sagt er ihm auf dem Flur der Intensivstation. Später wird sich herausstellen: Der Gegenstand ist ein verformtes Geschoss, Kaliber .38 Special. Abgefeuert aus nächster Nähe, durchschlug es beinahe horizontal Schädel und Gehirn, blieb stecken und war wohl sofort tödlich.

Erst später wird klar: Es war ein Attentat. Es war der erste rechtsextreme Mord an einem hohen Beamten und Politiker in der Geschichte der Bundesrepublik. Rechter Terror.

Strategie der Gewalt – eine Einleitung

«Ich möchte, dass der Terror zu ihnen kommt», wird der Täter später einmal über seine Pläne für jene Nacht in Istha sagen. Etwa eineinhalb Jahre nach dem Schuss verkündet das Gericht in Frankfurt sein Urteil: Heimtückischer Mord aus niedrigen Beweggründen, lebenslange Freiheitsstrafe, besondere Schwere der Schuld, Sicherungsverwahrung bleibt vorbehalten.

Insgesamt 45 Verhandlungstage lang beschäftigt der Prozess den Staatsschutzsenat des Oberlandesgerichts. 53 Zeuginnen und Zeugen sagen aus – manche mehr, manche weniger. Der zweite Angeklagte wird schließlich vom Vorwurf der Beihilfe zum Mord freigesprochen. Es bleiben «dunkle Flecken», resümiert selbst die Anklage.

Das Gericht verhandelt unter besonderen Sicherheitsvorkehrungen und speziellen Einschränkungen aufgrund der Corona-Pandemie in einem 1960er-Jahre-Betonwürfel. In den Saal dringt nur trübes Tageslicht durch dicke Milchglasscheiben. Draußen an der Fassade hat der ehemalige hessische Generalstaatsanwalt Fritz Bauer, Architekt der Auschwitz-Prozesse, in großen Lettern «Die Würde des Menschen ist unantastbar» anbringen lassen. Es ist nicht der einzige Satz, der hier an ihn erinnert. Wenige hundert Meter weiter ragt ein großer Findling aus dem Gehweg vor dem Oberlandesgericht. Auf einer Tafel steht ein Zitat des Juristen: «Sie müssen wissen, es gibt einen Eisberg, und wir sehen einen kleinen Teil und den größeren sehen wir nicht.»

Noch immer nicht, könnte man hinzufügen. Das Zitat stammt aus dem Jahr 1964, aus einer Diskussion Bauers mit jungen Leuten. Er wird nach seiner Einschätzung zur damals gerade gegründeten «Nationaldemokratischen Partei Deutschlands» (NPD) gefragt, in die mehr als 30 Jahre später auch der Mörder von Walter Lübcke eintreten wird. Kann eine derartige Minderheit, eine nationalistische Splitterpartei überhaupt eine Gefahr darstellen, wollen zwei junge Männer von dem Staatsanwalt wissen. Bauer antwortet mit seinem Eisberg-Bild und berichtet von den anonymen Briefen, die er bekommt. Es sei eben ein großer Unterschied zwischen dem, was in der Bundesrepublik offiziell gesagt werde, und dem, was manche zu sagen wagten.

Das ist heute anders. Schamloser. Zwar bekam auch Walter Lübcke anonyme Droh-E-Mails, aber Unzählige hetzten ganz öffentlich unter ihrem vollen Namen gegen ihn, bis heute ist das nachzulesen. Das Eis gibt sein Geheimnis preis. Vieles ist schon lange sagbar gewesen, und inzwischen noch lauter zu hören.

Das Bild vom Eisberg verdeutlicht zugleich: Die breite Basis, meist verborgen im Dunkeln, gibt der Spitze erst Auftrieb.

Kein Einzelfall

Der Mord an Walter Lübcke in der Nacht vom 1. auf den 2. Juni 2019 ist nicht als Einzelfall zu verstehen – und nicht als Tat eines Einzeltäters. Das Attentat fügt sich in die Strategie der Gewalt des rechten Terrors und steht damit in einer langen, traurigen deutschen Tradition.

Mindestens 187 Menschen haben allein seit 1990 ihr Leben verloren, weil rechte Täter sie zu Zielen ihres Hasses machten. Ihre Namen sind, soweit bekannt, im Umschlaginneren dieses Buches dokumentiert. Sich ihrer hier zu erinnern, zeigt zugleich, welches Ausmaß rechte Gewalt und rechter Terror seit Jahrzehnten haben. Die Namen auf dieser viel zu langen Liste bezeugen zudem die gefährliche Verharmlosung dieser Gefahr, nicht nur durch Politik und Behörden. Einige sind bis heute von der Bundesregierung nicht als Opfer politischer Gewalt anerkannt. Dass ihre Geschichten überhaupt erzählt werden können, verdanken wir einer verdienstvollen Langzeitrecherche von *Zeit Online*, dem *Tagesspiegel* und anfangs der *Frankfurter Rundschau*. Viele der Toten tragen keinen Namen wie Walter Lübcke, für viele wehten die Flaggen nicht auf halbmast.

Der Anschlag auf Walter Lübcke – vom Täter als Exempel gedacht – ist insofern nicht exemplarisch. Und doch zeigt die Tat wie unter einem Brennglas die gefährliche neue Dynamik des rechten Terrors der Gegenwart. Eines Rechtsterrorismus, der längst nicht mehr nur aus der militanten Neonazi-Szene droht, sondern einem viel breiteren und unübersichtlichen Milieu entspringt.

Terror. Schon der Begriff ist umkämpft – politisch, juristisch, wissenschaftlich. Mehr als 250 Definitionsversuche werden in mancher Publikation gezählt. Vorausgesetzt wird meist ein gewisser Grad an konspirativer Planung, verbunden mit dem Ziel, nicht nur den unmittelbaren Opfern selbst zu schaden, sondern zugleich eine Botschaft zu senden, die sich an bestimmte Gruppen, die Gesellschaft als Ganzes, den Staat richten kann – und nicht zuletzt an das eigene Lager.

Rechter Terror ist dabei oft durchs Raster gefallen, weil er nicht immer in das Bild vom Terrorismus passt, wie es lange vorgeherrscht hat. Nicht immer gibt es klandestine Kommandostrukturen, Bekennerschreiben, einen ganz direkten Angriff auf den Staat oder seine Repräsentanten wie beim Attentat auf Walter Lübcke. Viele der tödlichen Taten sind irgendwo zwischen politischer Straßengewalt und Terrorismus anzusiedeln. Aber auch die mehr oder weniger spontanen Anschläge gehören zu einer von vielen geteilten, wenn auch nicht immer ausformulierten Gewaltstrategie. Die Täter müssen nicht unbedingt aus dem Untergrund handeln, sie müssen keine Pamphlete verfassen, sie noch nicht einmal immer lesen, und sie müssen keiner komplexen politischen Theorie folgen.

Die Strategie der Gewalt kann auch als scheinbare Strategielosigkeit daherkommen, weil rechte Gewalt nicht bloß als Mittel zum

Zweck entfesselt wird, sondern immer auch um ihrer selbst willen, weil sie zum Wesen einer Weltanschauung gehört, die auf einer radikalen Ideologie der Ungleichheit beruht. Weil es manchem gar nicht darauf ankommt, ob mit der Gewalttat außerdem noch etwas erreicht werden kann.

Die Taten sind dennoch immer auch Botschaften. Sie sollen – nicht zuletzt in ihrer Summe – einerseits Terror verbreiten und andererseits Nachahmern als Fanal dienen. Sie sind immer zugleich Angriff auf eine Gesellschaft, in der man ohne Angst verschieden sein könnte.

Rechter Terror ist in diesem Sinne – und so meint es dieses Buch – ein Begriff, der Taten von dieser Wirkung her versteht und nicht zwingend nach der Frage bewertet, ob sie im Einzelfall nach einem der «Terror-Paragrafen» des Strafgesetzbuches verfolgt werden sollten. Er sollte zugleich nicht dazu dienen, die Täter und – seltener, aber auch – Täterinnen am vermeintlichen extremen Rand so gut wie außerhalb der Gesellschaft zu verorten. Das würde verkennen, wie viel die Ideologie hinter den Taten mit gesellschaftlichen Unterströmungen verbindet, die bis in ihre sogenannte Mitte reichen. Auch das zeigt der Mord an Walter Lübcke: Der Rechtsterrorist als ruhiger Nachbar, geschätzter Kollege, engagiertes Vereinsmitglied.

Wer nicht nur auf die Spitze des Eisbergs blicken will, muss sich mit dem befassen, was unter der Oberfläche schwimmt: mit einer oft verdrängten Geschichte des rechten Terrorismus. Mit den sich wandelnden Strategien der Gewalt militanter Rassisten, alter und neuer Nazis, mit Kontinuitäten und neuen Konstellationen. Mit der Rolle von Sicherheitsbehörden und Geheimdiensten. Mit Milieus, die lange wie Eisschollen nebeneinander hergetrieben und in den vergangen Jahren immer mehr miteinander verschmolzen sind. Und nicht zuletzt mit dem gesellschaftlichen Klima, das die Kälte erzeugt, in der solche Taten möglich werden.

Dazu will dieses Buch etwas beitragen. Es beruht auf Recherchen, die am Tag nach der Festnahme des Mörders Mitte Juni 2019 begannen, auf Beobachtungen während der 45 Verhandlungstage im Gericht, auf der Auswertung interner Akten und Archivmaterialien – und nicht zuletzt auf der Zusammenarbeit mit Kolleginnen und Kollegen sowie der Vorarbeit vieler.

Das Buch folgt zunächst den ersten Schritten der Ermittlungen, die anfangs «in alle Richtungen» geführt werden, wie es bei diesen Gelegenheiten oft heißt. Schon damals zeigen hämische Reaktionen im Netz, wie dort die Botschaft des Schusses entschlüsselt wird.

Wer war Walter Lübcke als Politiker und Mensch? Darauf geben Weggefährten, Freunde aber auch politische Gegner Antworten.

Es ist eine winzige Spur, die zum Täter führt. Die Tat aber steht in einer langen Tradition des Terrors. Der Blick zurück zeigt, dass es für vieles, was wir gegenwärtig beobachten können, Vorbilder gibt: Pseudomilitärische Strukturen, die sich auf einen Tag X vorbereiten; kleine Zellen, die nach dem Prinzip des «führerlosen Widerstandes» handeln; militante Netzwerke und Alleintäter, die zugleich ohne ihr Umfeld nicht zu verstehen sind. Die Terrorismus-Taktiken, die in der extremen Rechten kursieren, wandeln sich und haben doch erstaunliche Konstanten. Sie zu kennen hilft, die Gefahren von heute zu verstehen.

Ein Schwerpunkt liegt dabei auf den 1990er Jahren. In diesem Jahrzehnt wird in der Neonazi-Szene eine «Generation Terror» sozialisiert, zwischen den Angriffen auf Unterkünfte von Geflüchteten und einer aufgeheizten Debatte um das Grundrecht auf Asyl. Die Täter vom «Nationalsozialistischen Untergrund» (NSU) sind darunter, der Mann, der Jahrzehnte danach die heutige Kölner Oberbürgermeisterin Henriette Reker töten wollte, genau wie der spätere Mörder von Walter Lübcke. Er fällt damals mit seinem ersten rassistischen Anschlag auf.

Im Jahrzehnt darauf gerät der damals noch junge Mann nach einer Haftstrafe zunehmend in den Fokus des hessischen Verfassungsschutzes. Das Buch folgt ihm durch die Akten des Inlandsgeheimdienstes und dokumentiert zugleich, wie dieser auf die Szene blickt, als in Kassel der NSU den 21-jährigen Halit Yozgat erschießt.

In welchem Zustand das Landesamt für Verfassungsschutz in dieser für den Rechtsterrorismus bis heute prägenden Zeit war, gibt ein interner Bericht preis, der eigentlich einst 120 Jahre geheim bleiben sollte. Einblicke in die Akte, die mir im Laufe der Recherche zugespielt wird, zeigen gravierende Mängel eines «Frühwarnsystems».

Der Blick auf den Täter

Der Weg des Mörders von Walter Lübcke zeigt fast idealtypisch die Entwicklung der Gewalt von rechts seit der Wende: In den 1990er Jahren legt er eine Rohrbombe neben einer Unterkunft von Geflüchteten ab, später taucht er in der militanten Kameradschaftsszene auf. Während der «Nationalsozialistische Untergrund» mordend durch Deutschland zieht, brüllt er auf Demonstrationen Parolen, die auch die damals Untergetauchten wohl früher gerufen hatten. Er greift politische Gegner und Polizisten an. Den Mord an Walter Lübcke aber begeht er als Teil einer neuen rechten Bewegung, deren Konturen gefährlich verwischen: Er spendet an die AfD, hilft ihr im Wahlkampf, scheint das Neonazi-Milieu hinter sich gelassen zu haben, gilt beim Verfassungsschutz als «abgekühlt» – und drückt dann ab.

Seine Tat zeigt das gefährliche Verschmelzen von Milieus der radikalen Rechten, eine potenziell tödliche Dynamik.

Deshalb wird seiner Geschichte hier nachgegangen, verschränkt mit der Geschichte des rechten Terrorismus. Der Blick auf den Täter soll die Ideologie, das Umfeld, die Ermöglicher erhellen, nicht einem Mörder unverdiente Aufmerksamkeit schenken. Er ist nicht im Fokus, weil er als Person irgendeine besondere Bedeutung hätte. Im Gegenteil: weil er nicht der Einzige ist.

Damals, vor fast sechzig Jahren, hatte Fritz Bauer übrigens noch eine Warnung für sein junges Publikum parat: «Da sind so viele Eisberge unter dem Wasser, die wir nicht kennen.»

I
Die Ermittlung

In alle Richtungen

Die Nachricht aus dem Krankenhaus kommt schnell im Polizeipräsidium Nordhessen an. Nachdem sie die Schusswunde entdeckt haben, lautet die Einschätzung der beiden vom Kriminaldauerdienst: Ein Tötungsdelikt kann nicht ausgeschlossen werden. Aus einem Rettungseinsatz wird jetzt ein Ermittlungsverfahren. Und damit rollt die Maschinerie der Polizei in den frühen Morgenstunden des 2. Juni an: Das Haus der Lübckes, eben noch Einsatzort der Sanitäter, ist jetzt ein Tatort. Im Sicherheitsapparat läuft die Meldung entlang der Meldekette weiter, zuerst an das nordhessische Kommissariat 11, zuständig für Tötungsdelikte. Aber auch das Landeskriminalamt (LKA) in Wiesbaden erreicht die Information: Der Kasseler Regierungspräsident ist tot.

Auf der Intensivstation in der Klinik fällt einer Kriminaloberkommissarin etwas auf. In Zimmer 23, in dem ein Arzt eben noch versuchte, Walter Lübcke wiederzubeleben, steht ein Mülleimer. Er ist bis zur Hälfte mit medizinischen Utensilien gefüllt. Die Beamtin entdeckt aber auch ein blau-rot-kariertes Kurzarmhemd und ein weißes Unterhemd in dem Behälter. Die blutverschmierten Kleidungsstücke liegen noch ganz oben auf. Sie wurden bei den Reanimationsversuchen seitlich zerschnitten. Für gewöhnlich würden sie mit den Resten der Notfallbehandlung im Krankenhausmüll landen.

Das kann die Polizistin verhindern. Ein Pfleger besorgt ihr eine gelbe Plastiktüte – eine unbenutzte, wie sie in ihrem Vermerk später ausdrücklich festhalten wird. Die Beamtin verstaut Hemd und Unterhemd, knotet die Tüte zu. Es ist einer der ersten Schritte der Ermittlungen. Ohne das Hemd in der gelben Tüte wären sie womöglich ins Leere gelaufen.

Ein paar Stunden später, um 10.05 Uhr erreicht über Polizeisystem EPOST810 ein «Fernschreiben», wie es in der Beamtensprache heißt, alle Polizeipräsidien im Bundesland. Es ist eine Art E-Mail mit der intern darüber informiert wird, dass seit 9.45 Uhr das Landeskriminalamt die Führung übernommen hat, wegen des «hohen politischen Amtes» des Toten. Im LKA hat man am frühen Sonntagmorgen eine Besondere Aufbauorganisation (BAO) gegründet. Das ist üblich, wenn schnell viele Beamte zusammengezogen werden müssen. Sie bekommt den Namen «Documenta», wie die weltberühmte Kunstausstellung in Kassel, dem Dienstsitz des getöteten Regierungspräsidenten. Aus Wiesbaden machen sich Spezialisten für Tatortarbeit auf den Weg in das rund 200 Kilometer entfernte Istha in Nordhessen. Ein Bereitschaftsstaatsanwalt aus Kassel ist bereits informiert. Er ordnet eine Obduktion an.

In Istha spricht sich die Nachricht bereits herum. Der Pfarrer erfährt es kurz vor dem Gottesdienst. «Der Walter ist tot», sagt ihm jemand. Vielleicht Herzinfarkt. Wolfgang Hanske hatte eigentlich eine «Predigt mit Witz und Humor» vorbereitet, so wie immer am Katersonntag nach der Kirmes, erinnert er sich. Sonst würden die Leute im Gottesdienst ja einschlafen. Er disponiert um. In der Kirche seien viele entsetzt gewesen, sagt er, als er der Gemeinde die Todesnachricht überbringt. Später will er die Familie als Seelsorger besuchen. Das Haus ist längst von der Polizei abgesperrt.

Am Sonntagnachmittag verschickt das LKA eine knappe Pressemitteilung: «Regierungspräsident Dr. Walter Lübcke verstorben.» Bei einer kurzfristig einberufenen Pressekonferenz am Montag sitzen der Leitende Oberstaatsanwalt Horst Streiff und LKA-Chefin Sabine Thurau in einem schmucklosen Raum vor einem Strauß von Mikrofonen.

Die Journalisten erfahren, dass Lübcke an den Folgen einer Schussverletzung gestorben ist, wie die Obduktion am Vortrag ergeben hat, und dass gegen unbekannt ermittelt wird. Bislang gebe es keine konkreten Hinweise auf einen Tatverdächtigen oder ein Motiv. Dann fällt ein Satz, der häufig zu hören ist, bei solchen Gelegenheiten: «Die Ermittlungen laufen jedoch in alle Richtungen mit Hochdruck.»

Nur, was heißt «in alle Richtungen» genau?

Gleich die erste Frage bei der Pressekonferenz führt zurück in die «Zeiten der Flüchtlingskrise», wie es der FAZ-Reporter formuliert. Damals sei Walter Lübcke ja bedroht worden nach seiner Rede bei einer Bürgerversammlung. Könnte es da einen Zusammenhang mit der Tat geben? «Das kann ich nicht bestätigen», antwortet Streiff. Er habe ja schon gesagt, dass man noch keine Hinweise auf ein Motiv habe, fügt er noch hinzu.

LKA-Präsidentin Thurau verweist in den folgenden Minuten mehrfach darauf, wie wichtig die erste Phase nach der Tat für den Ermittlungserfolg sei, und warnt vor Spekulationen. Sie kann noch nicht ahnen, dass eine Polizistin längst einen entscheidenden Beitrag dazu geleistet hat, dass im Labor ihrer Behörde die wichtigste Spur in dem Fall gefunden werden wird.

Mehrmals werden Staatsanwalt und LKA-Chefin noch gefragt, ob auch ein politisches Motiv in Frage käme. Der Chefredakteur eines lokalen Anzeigenblattes, ein persönlicher Freund Lübckes, erkundigt sich etwa nach den Ermittlungen zu den bereits angesprochenen Drohungen. «Das, was 2015 vorgefallen ist», habe «nach aktuellem Kenntnisstand keinen Bezug zur jetzigen Tat», bekräftigt Thurau.

Daniel Muth verfolgt all das nur aus der Ferne. Der Polizist, Mitte vierzig, zum Seitenscheitel gekämmte braune Haare, Vollbart mit grauen Einsprengseln, hat schon im Entführungsfall Würth ermittelt, damals war ein Sohn des Schrauben-Unternehmers gefesselt im Wald gefunden worden. Inzwischen ist er Chef der Kriminalpolizei im osthessischen Fulda. Die Pressekonferenz in Kassel sieht er sich über eine der Liveübertragungen an. Er hört die LKA-Chefin ankündigen, dass eine Beamtin oder ein Beamter des höheren Diensts die Leitung der Sonderkommission übernehmen soll. Ein spannender

Fall bei der Ausgangslage, denkt sich Muth. So erinnert er sich jedenfalls später vor Gericht. Wer der Beamte sein soll, das weiß er damals noch nicht.

Am Morgen darauf klingelt sein Telefon. Anruf aus dem Innenministerium. Jetzt erfährt er: Der Beamte des höheren Dienstes ist er. Muth wird ab dem 4. Juni Leiter der Sonderkommission Liemecke, benannt nach einem Bach, der durch Istha fließt. Am selben Tag noch macht er sich auf den Weg.

Vor Ort hat sich die Anzahl der Beamten seit der ersten Streife am frühen Sonntagmorgen vervielfacht. Tatortarbeit, Spurensuche, Spurensicherung. Und: Hypothesenbildung. Muth erfährt von seinen Kolleginnen und Kollegen auch, dass sie damit nicht entscheidend vorangekommen sind. Anfangs ist vieles denkbar: Suizid, Unfall, Mord. Falsche Hypothesen will Muth jetzt schnellstmöglich ausschließen. Das ist seine Methode. So wird er es als Zeuge später schildern.

Die Ausgangslage dafür ist deutlich schlechter, als Muth geahnt hat: Die Terrasse der Lübckes, der Tatort, ist gereinigt worden. Und das gründlich mit Wurzelbürste und Reinigungsmittel. Gartenmöbel wurden verschoben, Blutflecken an der Wand abgebürstet, das Pflaster geschrubbt, vielleicht entscheidende Spuren vernichtet. «Die Platte war geputzt», sagt Muth vor Gericht.

Auch sonst greifen die üblichen Ansätze nicht: In dem kleinen Dorf gibt es keine Geschäfte mit Überwachungskameras, deren Aufnahmen man auswerten, auf denen man den Täter vielleicht durchs körnige Videobild huschen sehen könnte. Die Nachbarn werden schon seit Sonntag befragt. Aber kann man auf Entscheidendes hoffen, wenn in jener Nacht rund tausend Menschen in den Ort zum Feiern gekommen waren? Wer soll da auffallen? Was soll man hören bei dem Lärm aus dem Festzelt?

Einen Verdächtigen gibt es immerhin schon – und schnell eine Hypothese weniger.

An den Händen von Lübckes Leichnam sind keine Schmauchspuren entdeckt worden. Die Ermittler wissen inzwischen auch, dass aus nächster Nähe auf Lübcke geschossen, die Tatwaffe aber in der Umgebung nicht gefunden wurde. Ein Suizid wird ausgeschlossen. Das bedeutet: «Fremdeinwirkung».
Außerdem ist eine Person aus dem Umfeld der Familie aufgefallen. Schon am Tag der Pressekonferenz gibt es einen Anfangsverdacht gegen den Mann, von dem die Öffentlichkeit nichts erfährt. Der damals 33-Jährige aus dem Dorf ist ein Bekannter der Söhne von Lübcke. Er ist schon bei dem Erste-Hilfe-Einsatz mit auf der Terrasse, will als Feuerwehrmann und Sanitäter helfen. Er war es, der den Tatort so sorgfältig reinigte, nachdem der Rettungswagen Lübcke in die Klinik gefahren hatte. Weil er Spuren verwischen wollte? In den ersten Vernehmungen gibt es Ungereimtheiten, notiert ein Beamter. Außerdem ist er Waffenbesitzer. Die Beamten hören sein Telefon ab und observieren den Mann verdeckt.

Die Tat als Botschaft

Hunderte Kilometer von Kassel entfernt macht sich um diese Zeit auch eine Politikerin über die Nachricht vom Tod von Walter Lübcke Gedanken, die politisch kaum etwas mit dem CDU-Mann verbindet. Walter Lübcke hat sie nie getroffen, sein Name sagt ihr damals nichts: Martina Renner, Bundestagsabgeordnete der Linken, stammt aus Mainz, war in Thüringen Landtagsabgeordnete. Seit Jahrzehnten befasst sie sich mit der extremen Rechten, saß im Landtag in Erfurt im NSU-Untersuchungsausschuss, jetzt im Innenausschuss in Berlin. Sie stellt parlamentarische Anfragen, gibt Interviews, spricht bei Vorträgen über die Gefahr von rechts. Das bleibt nicht ohne Folgen: Renner bekommt Drohungen geschickt, wird auf Facebook und Twitter beschimpft, gilt in der rechten Szene als Feindin. Wie viele Frauen, die sich in der Öffentlichkeit politisch positionieren, wie viele, die zur extremen Rechten arbeiten, ist sie das schon fast gewohnt. Schreiben mit barocken Gewaltfantasien, frauenverachtende Hasskommentare, Morddrohungen – all das gehört für manche Menschen in Deutschland zum Alltag.

Viele Betroffene blenden das aus. Das jedenfalls bekommt man zu hören, wenn man nachfragt. Manchen gelingt das besser, manchen schlechter, manchmal hängt es auch einfach von der Tagesform ab. In Renners Büro gibt es schon eine eingespielte Routine. Inhalt strafbar mit Morddrohung? Anzeige raus, Hinweis an das Berliner LKA, Bundeskriminalamt, Bundestagspolizei. Einfache Beleidigung? Einfache Anzeige. Inhalt nicht strafbar? Löschen. In etwa einem von 50 Fällen habe die Anzeige Erfolg, berichtet mir Renner fast eineinhalb Jahre nach dem Schuss auf Lübcke in Berlin. In dem Konferenzraum in einem Bundestagsgebäude sind die Fenster geöffnet, von draußen hämmert der Krach einer Baustelle herein.

Ihre eigene Gefährdungslage nimmt Renner ernst. Aber es gibt auch einen Gewöhnungseffekt angesichts der Flut von Hass und Hetze. Diese Nachrichten auszublenden, so wie den Baustellenlärm, das heißt auch, sich zumindest ein Stück weit auf die Annahme zu verlassen, dass hinter den meisten Drohungen fragile Männlichkeit, armselige autoritäre Sehnsüchte, hasserfüllte Hetze, vielleicht auch manchmal eine Portion Langeweile stecken, aber eben nicht tatsächlich die Ankündigung eines Attentats. Hunde, die bellen, beißen nicht, hat Lübcke einmal zu seinem Sohn Jan-Hendrik gesagt.

Stimmt das? Und wie ist es im Fall des ermordeten Regierungspräsidenten?

Auch Martina Renner treibt das in jenen Tagen um, seit sie erfahren hat, dass Lübcke im Herbst 2015 nach einer Bürgerversammlung, bei der er als Regierungspräsident gesprochen hatte, bundesweit zur Hassfigur im rechten Milieu geworden war, zum «Volksverräter», der sich angeblich lieber für Flüchtlinge einsetzt als für «uns Deutsche». Auch er bekam E-Mails, wurde auf Facebook an den Galgen gewünscht. Wer sich durch die Kommentare jener Tage scrollt, sieht, wie verschiedene Milieus hier virtuell zueinanderfinden: Es sind Rentner aus hessischen Vororten, die damals online mithetzen, und sächsische Wutbürger. Eine ältere Frau aus Köln, die sich sonst für Obdachlose einsetzt, schreibt: «Der gehört erschossen.» Auch organisierte Rechtsradikale, Neonazis, Pegida-Anhänger hassen mit, dazu später mehr. Manches, was Lübcke damals abbekommt, hört sich so ähnlich an wie die Nachrichten, die Renner seit Jahren erhält. Hat jetzt einer von den Drohschreibern den Worten Taten folgen lassen?

«Mir war relativ schnell klar, dass die Tat einen rechten Hintergrund haben muss», sagt Renner beim Gespräch in Berlin. Mit Entsetzen habe sie die Nachricht wahrgenommen, erinnert sie sich. Entsetzen über eine schreckliche Tat, aber auch darüber, dass vielleicht genau das eingetreten sei, vor dem man über viele Monate gewarnt habe. Dass man recht behalten hat mit den Warnungen, auch wenn man gar nicht recht behalten wollte. Sie habe gleich an das Messerattentat auf die spätere Kölner Oberbürgermeisterin Henriette Reker im Herbst 2015 gedacht, erinnert sich Renner. Schon deshalb habe sie befürchtet, Lübcke könne ebenfalls für seine Haltung in der Flüchtlingspolitik attackiert worden sein. Aber es gibt noch etwas, das ihre Vermutung stützt: der Modus Operandi. Ein Schuss aus nächster Nähe, zu Hause, wo sich Lübcke sicher fühlte. «Allein daraus lese ich schon die Message: ‹Ihr seid nirgends sicher. Der Volksgerichtshof wird euch hinrichten›», sagt Renner.

Botschaftstaten: Der Fachbegriff fällt oft, wenn es um rechte Gewalt geht. «Taten statt Worte» gab sich der NSU selbst als Motto. Handeln statt reden ist damit gemeint, aber eben auch: so handeln, dass die Taten zugleich auch Worte sind, eine Botschaft senden. Eine Botschaft, die vielleicht nicht alle verstehen, aber jene, die gemeint sind – und jene, die mitmachen sollen. Einschüchtern und aufstacheln, das ist die Strategie. Botschaftstaten brauchen deshalb keine Bekennerschreiben, auf die rechter Terrorismus in vielen Fällen verzichtet. Sie sollen aus sich heraus verstanden werden oder zumindest ausreichend Zweifel säen.

Bei Martina Renner kommt die Botschaft jedenfalls an. Sie kann sie schnell entschlüsseln, denn sie ist vielleicht mitgemeint – und kennt die Szene. «Es passte in eine Zeit, in der wir schon lange beobachteten, dass ein Teil der Strukturen sehr viel Energie darauf verwendet, herauszufinden, wo bestimmte Leute wohnen», sagt Renner. Deswegen war auch der Tatort für sie Teil der Botschaft.

Einschüchtern lässt sich die Mittfünfzigerin nicht, sagt sie. Auch nicht, wenn manche der Schreiben an sie inzwischen mit «NSU 2.0» unterschrieben sind, persönliche Daten enthalten und die Spur ausgerechnet in die Polizei selbst führt – ausgerechnet nach Hessen, übrigens.

Renner ist nicht die Einzige, für die der Schuss in Istha eine Botschaft ist. Auch auf der anderen Seite, in jenem Umfeld, aus dem sich einst der virtuelle Hass-Mob gegen Lübcke formiert hatte, wird die Nachricht vernommen und dekodiert. «Ich trinke auf ihn – denn nun isser tot!», kommentiert einer bei YouTube ein Video von der Bürgerversammlung, auf der Lübcke 2015 gesprochen hatte. «Und das ist gut so!», schreibt ein anderer. Auch das Regierungspräsidium bekommt schon kurz nach der Tat wieder E-Mails. «Mit Freude und Gerechtigkeit» habe man zur Kenntnis genommen, «daß der schäbige Politdreckslump [...] hingerichtet wurde», heißt es in einer Zuschrift vom 3. Juni. «Wir danken dem edlen, heroischen Volkswiederstand und sind überzeugt, daß das Paradigma wirkt» [sic].

Parallelen zum NSU

Manchen reicht es nicht, sich nur im Internet auszutoben. An Lübckes Dienstsitz am Rande der Innenstadt liegt ein Kondolenzbuch aus. Irgendjemand kommt in den Tagen nach der Tat dorthin, um diesen Satz handschriftlich hineinzukrakeln: «Wer mit dem Feuer spielt, muss sich nicht wundern, wenn er sich verbrennt – selbst schuld!»

Mehr als hundert Ermittlungsverfahren leitet die Generalstaatsanwaltschaft in Hessen in der Folge ein: Es geht um die Aufforderung zu und Billigung von Straftaten, Volksverhetzung, das Verunglimpfen des Andenkens Verstorbener. Insgesamt 64 Tatverdächtige werden namentlich ermittelt. Viele andere kommen straffrei davon, etliche Kommentare sind bis heute online. Sie dokumentieren deutlich: Selbst Jahre nachdem Lübcke online mit Hass überzogen worden war, hat man ihn dort nicht vergessen. Und dass aus den kollektiven Gewaltfantasien Realität geworden ist, sorgt bei einigen offensichtlich für große Freude.

Schon bei den Taten des NSU ließ sich all das beobachten, wenn auch mit entscheidenden Unterschieden. Während viele der Angehörigen und Betroffenen ein rassistisches Motiv vermuteten, kam kaum ein Ermittler auf die Idee, dass Neonazis dahinterstecken könnten. Kein Bekennerschreiben, kein Terrorismus, hörte man später oft in den Untersuchungsausschüssen der Parlamente als Begründung von Beamten.

In den Medien spielt ein möglicher rassistischer Hintergrund der ungeklärten Mordserie kaum eine Rolle. Stattdessen ist von einer «düsteren Parallelwelt» die Rede, von «Döner-Morden». Und das, obwohl die Mehrzahl der Opfer mit dem beliebten Gericht eigentlich nichts zu tun hatte, außer vielleicht ab und an beim Mittagessen. Viele Berichte in Zeitungen und Fernsehen orientierten sich an den Sackgassenthesen der Ermittler, die vor allem die Familien der

Getöteten in den Fokus nahmen, nach einer ominösen Türken-Mafia suchten, nach Verbindungen zur verbotenen kurdischen Arbeiterpartei PKK oder zu Drogenschmugglern – und sich über eine Mauer des Schweigens beklagten.

In der Neonazi-Szene dachte vielleicht so mancher bei der Mord- und Anschlagsserie schon früher an untergetauchte Kameraden als Täter, man hielt jedenfalls nach außen still – von dem 2010 erschienenen Rechtsrock-Song «Döner-Killer», der darauf anspielt, einmal abgesehen.

Aber auch jenseits militanter Zirkel konnte so mancher Bundesbürger ganz intuitiv und ohne Insiderwissen die Botschaft der Taten korrekt entschlüsseln, genau wie die Hetzer direkt nach dem Mord an Lübcke. In den erfolglosen NSU-Ermittlungen gibt es eine bittere Begebenheit, die das verdeutlicht.

Irgendwann im Jahr 2006, der NSU hatte inzwischen neun Männer in ihren Geschäften erschossen, kommt ein Kunde an einen Dönerwagen in München. Es ist kein gewöhnlicher Imbiss, hinter dem Tresen steht ein Spitzel der Polizei. Der Mann soll, als Dönerverkäufer legendiert, insbesondere den Praktiken «türkischer Geldverleiher» auf die Spur kommen, heißt es in einem Aktenvermerk. Er wurde vorab eigens «sensibilisiert», auf Straftäter aus dem «Türkenmilieu» zu achten.

An diesem Tag aber greift er aus einem ganz anderen Grund zum Handy und alarmiert seinen Kontaktbeamten. Ein Kunde hat ihn gerade eine Viertelstunde lang beschimpft. 50 bis 60 Jahre alt, Deutscher oder Österreicher. Der Mann wirft ihm Sprüche an den Kopf. Die Türken würden den Deutschen die Geschäfte wegnehmen, sich unkontrolliert in Deutschland ausbreiten. Dann zeigt der Mann auf das Fahndungsplakat zur Mordserie am Imbisswagen und sagt: Wenn man die Türken nicht vertreiben könne, dann würden sie halt so heimgeschickt.

Genauso hatten sich die Täter vom NSU das auch gedacht. Der

Einsatz hätte die Ermittler ganz ungewollt auf die richtige Fährte bringen können, auf die Spur ins «Deutschenmilieu». Der NSU kann noch ungehindert eine Polizistin ermorden, bis er sich nach einem Banküberfall fast fünf Jahre später selbst enttarnt.

Motivsuche

Nach dem Tod von Walter Lübcke ist allerdings auch manches anders. Von Anfang an ist etwa die Welle der Drohungen gegen Lübcke medial Thema, und damit die Spur nach rechts: auf der Pressekonferenz am Montag nach der Tat, in Zeitungen und auf Nachrichten-Websites. Auch die Ermittler ziehen ein politisches Motiv schon in den ersten Tagen nach der Tat zumindest in Betracht. Wenngleich sie das noch für eher unwahrscheinlich halten. In der Sonderkommission von Muth geht in der ersten Woche nur ein Unterabschnitt der Frage nach, ob ein politisches Motiv hinter der Tat stecken könnte. Die meisten Mörder sind Angehörige, Bekannte, haben jedenfalls eine mehr oder weniger persönliche Beziehung zu ihrem Opfer. Diese Verbindung ist auch ein Grund für die hohe Aufklärungsrate von mehr als 90 Prozent.

Muths Mitarbeiter, die in der Anfangsphase der politischen Hypothese nachspüren sollen, fangen ganz vorne an: bei Lübcke selbst. Sie suchen nach einer Beziehung des möglichen Täters zum Opfer, auch wenn es eine nicht-persönliche ist, eine ganz und gar einseitige vielleicht. Per Internetrecherche verschaffen sie sich einen Überblick über die Vita des Regierungspräsidenten, heften etwa den Wikipedia-Artikel zu seiner Person in die Akte, markieren einzelne Passagen daraus. In der Enzyklopädie ist bereits ein Hinweis auf die Drohungen im Jahr 2015 zu finden.

Bei der Durchsuchung des Büros von Lübcke im Regierungspräsidium stoßen die Beamten auf nichts Auffälliges, nichts, das ihnen bei der Motivsuche helfen würde. Ein Mitarbeiter weist in seiner Vernehmung auf Themen hin, bei denen es Konflikte gab: die Diskussion um die Salzeinleitung in den Fluss Werra durch ein Bergbauunternehmen, die Entscheidung über Flächen für Windenergie, der Wasserstand des Edersees, ein Gewerbegebiet, ein Tunnel. Könnte ein Motiv daraus folgen? Die für die Spur in Richtung politisch motivierte Kriminalität zuständigen Ermittler halten das für unwahrscheinlich.

Zuletzt spricht der Mann auch die Unterbringung von Flüchtlingen im Jahr 2015 an. 24 Einrichtungen hätten damals in der Zuständigkeit des Regierungspräsidiums gelegen. Eine große Herausforderung, und es habe auch Widerstand gegeben. Er erwähnt die Informationsveranstaltungen in jener Zeit. Um das Thema sei es aber zuletzt ruhig geworden. Erst seit dem Tod von Walter Lübcke sei all das wieder aufgekommen. Die Beamten haben denn auch vor allem Fragen zu anderen Themen. Sie erstellen eine Liste von «Reichsbürgern», die sich mit dem Regierungspräsidium gestritten haben. Sie widmen sich weiteren Hinweisen, darunter ein Tipp eines «Mediums». Der Mann glaubt, den Vornamen des Täters aus einer Eingebung zu kennen (und liegt sogar bei der Schreibweise richtig, wie sich später herausstellt). All das führt zu nichts.

Zu den Drohungen nach der Bürgerversammlung fassen die Polizisten ebenfalls nach. Ein Beamter, der seinerzeit ermittelt hat, berichtet ihnen, dass der Großteil der E-Mails damals «schwere und unhöfliche Kritik» enthielt, aber weder als beleidigend noch als bedrohend einzustufen gewesen sei. Eine an Lübcke gerichtete Nachricht über das Kontaktformular des Regierungspräsidiums habe allerdings eine vergleichsweise konkrete Drohung enthalten. Wortlaut: «Sie haben Deutsche zur Ausreise aufgefordert. Das ist Hochverrat. Die Kugel liegt für sie [sic] bereit. Wir wissen, wo Sie und Ihre Familie und Freunde anzutreffen sind.» Der Verfasser konnte nicht ermittelt werden, das Verfahren wurde damals ohne

Ergebnis eingestellt. Einer der Soko-Ermittler holt sich die alte Akte aus dem Archiv beim Amtsgericht und blättert sie durch. Aber daraus ergeben sich «keine weiteren Ermittlungsansätze für eine Identifizierung des Täters der Bedrohung», notiert er abschließend. Der Hinweis wird unter der laufenden Nummer 003 abgeheftet.

Währenddessen observieren Soko-Ermittler den noch verdächtigen Sanitäter. Sie notieren, wann er mit dem Auto sein Grundstück verlässt, schicken sogenannte stille SMS an sein Handy, die dazu dienen, das Gerät unbemerkt zu orten. Das Haus der Lübckes wird aus der Luft mit einer Drohne fotografiert, das Grundstück und die Umgebung mit einem 3D-Laserscan vermessen, mit einer Sphärenkamera dokumentiert. Vermessungsingenieure des LKA erstellen daraus ein komplexes digitales Modell des Tatorts und der Umgebung. Die abgeschrubbten Blutspuren an der Hauswand und dem Terrassenboden machen Ermittler mit einer fluoreszierenden Chemikalie sichtbar. Dadurch positionieren sie den Stuhl, auf dem Lübcke gesessen hat, in ihrem Tatort-Modell so wie in der Tatnacht. Darauf setzen sie eine neongrüne digitale Dummy-Figur und versuchen den Standpunkt des Schützen zu bestimmen.

Mit den Angehörigen sprechen die Ermittler gleich zu Beginn, fragen nach Ärger in der Familie, nach Schulden, nach Feinden, Affären. Ohne Ergebnis. Das Haus der Lübckes wird durchsucht, Smartphones der Hinterbliebenen ausgewertet. Die Telefone der Witwe und der beiden Söhne werden abgehört.

Für Freitagmittag, 7. Juni, bestellen die Ermittler die Angehörigen von Walter Lübcke ein. Der Mord ist schon beinahe eine Woche her. Jetzt sollen die Witwe, die Söhne, die Schwiegertöchter, ein Neffe abermals befragt werden. Gleichzeitig – und getrennt voneinander. Gibt es vielleicht doch ein Motiv, das man bisher übersehen hat? Verwickeln sie sich in Widersprüche? Bis in den Abend dauert manche der Befragungen. Danach sind die Ermittler um Soko-Chef Muth überzeugt: Aus dem Kreis der Familie kommt der Täter nicht.

Am Tag darauf, dem Samstag, erreicht Muth ein Hinweis aus der Telefonüberwachung: Der verdächtige Ersthelfer könnte sich absetzen. Er plant einen Kurzurlaub auf der Insel Wangerooge, ist mit dem Auto unterwegs in Richtung Nordsee. Den Weg an die Küste aus Wolfhagen-Istha bei Kassel bis zum Hafen von Harlesiel können die Ermittler über sein Handy mitverfolgen, das sich unterwegs in Funkmasten entlang der Autobahn einbucht. Taucht er ab? Was, wenn er die Tatwaffe von der Fähre in die Nordsee wirft und sie für immer auf dem Meeresgrund verschwinden lässt? Muth entscheidet, zu handeln und die verdeckten Ermittlungen gegen den einzigen Verdächtigen damit aufzugeben.

Mit einer Durchsage wird der Mann unter einem Vorwand von der Fähre gelockt, bevor sie ablegt. Wenig später sitzt er gefesselt in einem Hubschrauber Richtung Kassel. Detailliert gehen die Ermittler im Verhör mit ihm jene Nacht durch, von der Kirmes bis zum Rettungseinsatz, bei dem er half, und dann zu seiner Reinigungsaktion. Er sagt aus, er habe der Frau von Walter Lübcke nur den Anblick auf der Terrasse ersparen wollen und nicht geahnt, an einem Tatort zu stehen.

Bis fast drei Uhr nachts dauert die Befragung. Die Beamten notieren sich später: Gewissenhaft und glaubhaft habe der Festgenommene ausgesagt. Bei den Durchsuchungen ist keine Tatwaffe entdeckt worden. Auch Muth findet, der Mann habe eigentlich alles schlüssig erklären können, und setzt sich dafür ein, dass er wieder auf freien Fuß kommt.

Wieder eine Hypothese weniger.

Sonntag, 9. Juni. Muth hält eine Ansprache vor seinen Leuten. Ernüchterung hat sich breitgemacht. Sie sollen den Kopf jetzt nicht hängen lassen, es sei schließlich auch etwas wert, falsche Hypothesen ausschließen zu können. Hypothesen aufstellen, Hypothesen ausschließen. Mordermittlung nach dem Ausschlussprinzip. An diesem Sonntag wird für Muth eine andere Hypothese wahrscheinlicher, rein mathematisch. Er schichtet Kräfte um, macht aus einem kleinen Unterabschnitt der Soko einen eigenen Ermittlungsabschnitt mit deutlich mehr Beamten, die jetzt in Richtung PMK ermitteln sollen. PMK, das steht für politisch motivierte Kriminalität. Man diskutiert kurz über Islamisten oder radikale Windkraftgegner. Aber am wahrscheinlichsten erscheint Muth jetzt, dass «im rechten Spektrum eine Motivlage entstanden sein könnte». So beschreibt er es im Nachhinein dem Gericht.

Kollegen vom Staatsschutz sollen sich deshalb als Erstes einen Überblick über die polizeibekannten Neonazis in der Region verschaffen. Muth geht von einem Täter aus der Umgebung aus, weil andere Politiker bundesweit als Feindbilder viel exponierter sind. Wer kennt denn den Kasseler Regierungspräsidenten jenseits von Nordhessen? Sie beginnen damit, auf den Fotos von der Bürgerversammlung in Lohfelden nach bekannten Gesichtern zu suchen, obwohl die Veranstaltung lange her ist – mit überschaubarem Erfolg.

Walter Lübcke: Konservativer, Christ, Pragmatiker

Die Glocken läuten minutenlang. Auf den Bänken der Martinskirche in Kassel sitzen Menschen in Schwarz Schulter an Schulter. Im Mittelalter wurde das Gotteshaus auf dem höchsten Punkt der Stadt errichtet, bis heute ist die Kirche mit den Doppeltürmen die größte in Kassel. Früher haben sie hier die hessischen Landgrafen in einer Gruft beigesetzt. An diesem Donnerstagnachmittag, 13. Juni, steht der Sarg von Walter Lübcke vor dem Altar, mit der rot-weißen Landesfahne mit dem Löwen im Wappen bedeckt. Irmgard Braun-Lübcke und ihre Söhne Christoph und Jan-Hendrik Lübcke kommen in die Kirche, schreiten den langen Gang zwischen den Bänken entlang. Es folgt ihnen der hessische Ministerpräsident Volker Bouffier.

«Immer noch sind wir erschüttert und fassungslos» sagt Martin Hein, damals Bischof der Evangelischen Kirche von Kurhessen-Waldeck. Zur Grausamkeit der Tat komme die Ungewissheit: «Wer war es, der diesem Leben kaltblütig und hinterrücks ein Ende setzte?» Hein spricht in seiner Predigt auch über die «wild wuchernden Spekulationen», den «schieren Hass», der dem Verstorbenen im Netz entgegenschlage. «Nicht zum Aushalten» sei das alles.

Volker Bouffier erinnert in seiner Trauerrede daran, dass er es war, der Lübcke vor zehn Jahren, damals noch als Innenminister, zum Regierungspräsidenten ernannt hatte. Kurz darauf ist das Foto entstanden, das jetzt hinter Bouffier vor dem Altar steht. Es zeigt Walter Lübcke im dunklen Anzug, randlose Brille, grau melierter Schnauzer, die Stirn in Falten, ein leichtes Lächeln. Inzwischen ist das Bild aus zahllosen Nachrichtensendungen bekannt. Ursprünglich ein Farbfoto, steht es in der Kirche als Schwarzweiß-Abzug mit Trauerflor.

Die Karriere in der Politik bis an die Spitze des Regierungspräsidiums sei Walter Lübcke keineswegs vorgezeichnet gewesen, sagt

Bouffier. Tatsächlich hat Walter Lübcke keine typische Beamtenlaufbahn und keine klassische Politikerkarriere hinter sich. Geboren wird er am 22. August 1953 im nordhessischen Bad Wildungen. Aufgewachsen ist er in dem nur wenige Kilometer entfernten Ort Anraff, nicht weit vom Edersee. Als «Junge vom Dorf» wird er sich später immer wieder selbst bezeichnen, mit Stolz und einer Prise Selbstironie, berichten Weggefährten. Lübcke macht den Hauptschulabschluss, besucht die kaufmännische Berufsschule, absolviert eine Lehre zum Bankkaufmann bei der Deutschen Bank. Nach der Fachhochschulreife verpflichtet er sich für acht Jahre bei der Bundeswehr. Als Soldat lernt er Personalfachkaufmann und übernimmt beim Heer verschiedene Aufgaben.

In dieser Zeit heiratet er. In dem Jahr, in dem seine Frau in der Kirche Rosen auf seinen Sarg legt, hätten die beiden ihren 40. Hochzeitstag gefeiert.

Lübcke wechselt von der Kaserne zur Kunst. Er arbeitet 1982 für die *documenta 7* in Kassel als Pressereferent. Es ist jene Ausstellung, auf der Joseph Beuys mit seiner Aktion «7000 Eichen – Stadtverwaldung statt Stadtverwaltung» für Aufsehen sorgt. Manche der Bäume samt Steinstelen sind heute noch in der Stadt zu sehen. Lübcke konnte sehr launig von seinen Begegnungen mit Beuys erzählen, erinnert sich Bischof Hein beim Gottesdienst.

Schon bei der Bundeswehr beginnt Lübcke ein Studium der Wirtschaftswissenschaften an der damaligen Gesamthochschule Kassel. Er konzentriert sich auf Personalwirtschaft und Arbeitsökonomie. Seine erste Examensarbeit trägt den Titel «Alkohol am Arbeitsplatz». Später beschäftigt er sich mit der Arbeitszeitflexibilisierung in der Metallindustrie. Er schließt das Studium 1986 als Diplom Ökonom ab.

Für seine Doktorarbeit sucht der Mann, der damals in die CDU eintritt, eine Fragestellung aus, die auf den ersten Blick überrascht: «Die frühen wirtschaftlichen Planungsversuche in der Sowjetunion

1924–1928: Sozialismus zwischen Utopie und Pragmatismus». Auf rund 150 Seiten setzt sich Lübcke mit der Sozialgeschichte von Utopie und Reform seit der Antike und den «semantischen Problemen der Marx-Interpretation» auseinander.

Bereits im Vorwort seiner 1991 eingereichten Arbeit wird deutlich, dass Lübcke sein Sujet nicht aus heimlicher Sympathie für den Sozialismus wählte. Dieser «große Angriff auf die bürgerliche Zivilisation» sei gescheitert, hält er dort fest. Es bleibe ein «Rest von Wehmut über die Fähigkeit des Menschen, für eine ungewisse Utopie sein Leben zu vernutzen». Der bürgerliche Sozialstaat habe den Sozialismus überflüssig gemacht, ist er überzeugt. Nun müsse die «Heilung des Produktionsfaktors Natur» gelingen, damit das auch für die Öko-Bewegung gelte. Etwas mehr als 20 Jahre später sollte seine CDU in Hessen erstmals in einem Flächenland mit den Grünen regieren.

Während er promoviert, ist Lübcke in der Bildungsarbeit tätig, zuerst als Referent bei einer Heimvolkshochschule und der CDU-nahen Konrad-Adenauer-Stiftung und später als Studienleiter bei einem Institut für berufliche und politische Bildung im hessischen Rosbach. Damals reist Lübcke mehrmals mit Gruppen in die DDR, fährt nach Berlin, nach Erfurt. Er fällt der Stasi auf. Über die Akte, die der DDR-Geheimdienst zu ihm anlegt und die er sich Jahre später schicken lässt, macht er unter Kollegen manchmal Scherze.

Nach der Wiedervereinigung zieht es Lübcke noch einmal in den Osten: Er wird ab 1989 für zehn Jahre Direktor einer Landesjugendbildungsstätte in Ohrdruf in Thüringen. Michael Panse, heute Stadtratsvorsitzender in Erfurt, damals Landesgeschäftsführer der Jungen Union, war mit seinem Verband oft im etwas abgelegenen Haus Mühlberg zu Gast. Mit dessen Leiter Walter Lübcke habe er sich sofort gut verstanden. Klar, man kam aus derselben politischen Ecke, sagt Panse. Er habe aber auch seine direkte Art geschätzt, dass er immer gemeint habe, was er sagte. Und dass er das auch deutlich vertrat, etwa in Auseinandersetzungen mit dem Thüringer Sozialministerium. Lübcke habe sich dort dafür eingesetzt, die Bildungsstätte nicht zu schließen, weil man auch in der ländlichen Region «Signale setzen» müsse, erinnert sich Panse.

Teile Thüringens und auch die Kleinstadt Ohrdruf bei Gotha selbst seien ein «schwieriges Pflaster» gewesen. In der Region breiteten sich damals bereits extrem rechte Strukturen aus. Man buchte sicherheitshalber Security-Leute bei Konzerten wie «Rock gegen Gewalt» auf dem Gelände. Lübcke habe ihm oft beratend zur Seite gestanden, Kontakte zu Referenten vermittelt, mit denen dann am Lagerfeuer diskutiert wurde. «Er war ein Glücksfall für uns, weil er aus der politischen Bildungsarbeit kam», sagt Panse. Er sei einer jener «Aufbauhelfer» gewesen, die tatsächlich geholfen hätten und nicht nur auf der Suche nach einem Posten in den Osten gekommen seien.

«Hobbys: Kommunalpolitik und Feuerwehr.» Das hält Lübcke schon 1991 in seiner Doktorarbeit fest. Die Politik wird bald mehr als ein Hobby werden. Anfangs sitzt er für die CDU in der Stadtverordnetenversammlung von Wolfhagen. Er wird Kreis-, dann Bezirksvorsitzender, schließlich Mitglied im Landesvorstand seiner Partei, die in Hessen lange Jahre hinter der SPD zurücksteht, besonders im Norden.

1998 verliert Helmut Kohl die Bundestagswahl. In Berlin regiert jetzt wie in Wiesbaden eine rot-grüne Koalition. Das will Lübcke ändern und tritt bei den Landtagswahlen 1999 an. Spitzenkandidat seiner Partei ist damals Roland Koch. Die Umfragen aber sehen SPD und Grüne vorn.

Im Wahlkampf spielt eine Kampagne der Union gegen eine geplante Reform des Staatsbürgerrechts der Bundesregierung eine zentrale Rolle. An hessischen Wahlständen liegen Unterschriftenlisten gegen die doppelte Staatsbürgerschaft aus. Schon damals gibt es Kritik, die in Hessen ohnehin rechts geprägte CDU schüre populistisch Ressentiments. Ein Beitrag des ARD-Magazins *Panorama* aus der Zeit dokumentiert, wie manche CDU-Anhängerin interpretiert, um was es bei der Kampagne geht: «Deutschland den Deutschen, finde isch», spricht eine ältere Dame am Rande eines Schlachtfests in Eschborn bei Frankfurt auf Hessisch in die Kamera. An einem Wahlstand in Wetzlar meint ein Mann, Rot-Grün wolle den «Untergang unseres Volkes im Vielvölkerstaat». Der dortige CDU-Rechtsausleger Hans-Jürgen Irmer, inzwischen Bundestagsabgeordneter, warnt im Interview vor «bürgerkriegsähnlichen Zuständen». Er selbst habe die Kampagne für eine «zwiespältige Sache» gehalten, weil man damit zündelte, erinnert sich Panse. Er vertritt damit eine Mindermeinung in der Union. Koch meint damals, die Aktion löse «eine Menge demokratischen Engagements aus». Es unterschreiben bundesweit rund fünf Millionen Menschen.

In der Partei argumentieren viele, man grabe den Rechtsradikalen das Wasser ab, wenn man das Thema derart besetze. Der damalige CDU-Bundestagsabgeordnete Martin Hohmann aus Fulda sagt das zu jener Zeit so: «Rechts neben der CDU gibt es keine demokratische, rechte Partei.» Heute sitzt er rechts von der Unionsfraktion für die AfD im Bundestag. Aus der CDU wird der frühere Beamte des Bundeskriminalamts wegen einer vielfach als antisemitisch kritisierten Rede 2004 ausgeschlossen. Zu Zeiten von Kochs Wahlkampf verbreitet er die These, wenn die doppelte Staatsbürgerschaft eingeführt werde und Eingebürgerte künftig wählen dürften, dann wäre die vergangene Bundestagswahl die letzte, bei der «der Souverän deutsches Volk» entschieden habe. Nach dem Mord an Walter Lübcke sagt er über seinen früheren Parteifreund, er würde noch leben, hätte es «die illegale Grenzöffnung durch Kanzlerin Angela Merkel» nicht gegeben.

Die CDU unter Koch gewinnt damals die Wahl. Rot-Grün wird 1999 in Wiesbaden abgelöst und Lübcke Landtagsabgeordneter. Im Parlament sieht er sich als Vertreter nordhessischer Interessen und gilt umgekehrt als Seismograf für die Stimmung der Menschen dort. 70 bis 80 Stunden in der Woche nehme das Amt in Anspruch, erzählt er damals dem *Hessischen Rundfunk*. Lübcke, inzwischen Vater zweier Söhne, ist viel unterwegs. Von Istha, wo er mit seiner Familie wohnt, sind es mehr als 200 Autokilometer in die Landeshauptstadt. Auf der Heckscheibe macht er Werbung für die Kirmes im Ort, wenn es wieder so weit ist. Seine Region, mitunter «Hessisch Sibirien» geschimpft, will er entwickeln, besser erschließen. Lübcke wird verkehrspolitischer Sprecher seiner Fraktion. Er setzt sich für Autobahnen und den Flughafen Kassel-Calden ein.

Es sind Themen, bei denen er besonders mit dem Widerstand der Grünen konfrontiert ist. Zum Beispiel mit dem von Martin Häusling, der heute im Europäischen Parlament sitzt. Der ist seinerzeit in einer Bürgerinitiative gegen den Ausbau der A 49 aktiv, für den Lübcke eintritt. Die beiden Nordhessen lernen sich im Parlament kennen. «Wir saßen damals nicht weit auseinander», erinnert sich Häusling. Hier der Biobauer, dort der Konservative, der in den konventionellen landwirtschaftlichen Betrieb der Familie seiner Frau eingestiegen war. Häusling und Lübcke finden dann doch ein Thema, das sie verbindet, jenseits der nordhessisch-ländlichen Herkunft: Windkraft. «Da lag er weit von der CDU-Linie unter Koch.» Die Partei macht noch gegen die «Windkraftmonster» mobil, da ist Lübcke schon längst als Windmüller in das Geschäft eingestiegen. Es sei doch gut, nicht von den Einkünften als Abgeordneter und damit von der Politik allein abhängig zu sein, argumentiert er.

Der hessische Landtag ist für seine Härte bekannt. Häusling erinnert sich an eine geradezu feindselige Stimmung einiger CDU-Leute gegen die Grünen. Lübcke habe das meist etwas lockerer gesehen. Er sei vielleicht «der unideologischste Politiker» gewesen, den er kenne.

Mann der klaren Sprache

Ein anderer Nordhesse, Günter Rudolph, inzwischen Parlamentarischer Geschäftsführer der SPD, ist vier Jahre vor Lübcke in den Landtag eingezogen. Lübcke sei ein Konservativer gewesen, einer, der seinen Ministerpräsidenten und die Partei stets verteidigt habe. Aber eben auch ein Mann der klaren Sprache, «einer der austeilen, aber auch einstecken konnte», erinnert sich Rudolph, der das auch für sich selbst in Anspruch nimmt. Und nach einem verbalen Schlagabtausch habe man mit Lübcke immer noch vernünftig reden können.

Gelegenheiten zum Schlagabtausch gibt es genug. Kurz nach Lübckes Einzug in den Landtag nimmt die hessische CDU-Spendenaffäre ihren Lauf und stürzt die Partei in eine schwere Krise. Es geht um Schwarzgeld in Millionenhöhe, geparkt in der Schweiz und in Liechtenstein. Das Geld hat die Partei ausgerechnet als «jüdische Vermächtnisse» getarnt. Aus den geheimen Kassen wird auch Kochs erfolgreicher Wahlkampf 1999 mitfinanziert.

Das Interesse in Medien und Öffentlichkeit ist riesig. Mehr als genug zu tun für Michael Brand, der mit Ende zwanzig Pressesprecher der hessischen CDU-Fraktion wird. Als er 2001 in Wiesbaden anfängt, kommt er fast frisch von der Universität und ist sofort mit den «Aufräumarbeiten» der Affäre beschäftigt, erinnert er sich. Wie er Walter Lübcke damals kennengelernt hat, weiß der heutige Bundestagsabgeordnete noch genau. Im gerade bezogenen Pressesprecher-Büro im Landtag kamen an seinem ersten Arbeitstag die Abgeordneten vorbei, um ihn kennenzulernen. Zuerst einer, der gleich zu verstehen gab, wie wichtig er sei. Danach Walter Lübcke. «Das krasse Gegenteil», sagt Brand. Nach ein paar Minuten duzt der Berufseinsteiger den zwanzig Jahre Älteren. Brand erinnert sich an einen meist gut gelaunten Abgeordneten, der ihn bald nur noch «Brandy» ruft.

In den Sitzungswochen lädt Lübcke damals zu Nordhessen-Abenden in sein Abgeordnetenbüro unterm Dach. Auch Ministerpräsident Bouffier erinnert beim Gottesdienst daran. Nicht nur Parlamentarier und Minister, sondern auch Mitarbeiter waren willkommen. Es wurde die luftgetrocknete «Ahle Worscht» serviert, getrunken und natürlich geraucht. Man habe in Wiesbaden schon mal gemeinsam einen draufgemacht, sagt Brand. In jenen Jahren sei eine zuerst politische, dann auch persönliche Freundschaft entstanden. Am Tag der Trauerfeier sitzt Brand in der Kirche. Später wird er als einer der wenigen aus der Politik an vielen Prozesstagen im Gericht sein, um der Familie seines Freundes den Rücken zu stärken. In sein Büro im Bundestag hat er ein Foto des lächelnden Lübcke gehängt. «Er war ein so guter und fröhlicher Charakter, ein Mensch, mit dem man einfach gern zusammen war», sagt Brand.

Dem Landtagsabgeordneten Walter Lübcke, dem es 2003 noch gelingt, den SPD-dominierten Wahlkreis Kassel-Land I zu erobern, wird schließlich der Erfolg der eigenen Partei zum Verhängnis. Nach der Landtagswahl 2008 versucht die SPD-Spitzenkandidatin Andrea Ypsilanti eine rot-grüne Regierung zu bilden, die sich mangels Mehrheit von den Linken tolerieren lassen müsste. Eine Zusammenarbeit mit dieser Partei hatte sie vor der Wahl ausgeschlossen und scheitert nun am Widerstand in den eigenen Reihen. Es gibt im Januar 2009 Neuwahlen, und die CDU gewinnt so viele Direktmandate, dass Kandidaten auf der Landesliste nicht mehr zum Zug kommen. Lübcke verliert seinen Wahlkreis knapp an die SPD und scheidet aus dem Landtag aus. Es hätte das Ende seiner politischen Karriere sein können.

Wenig später, im Mai 2009, wird Lübcke zum Kasseler Regierungspräsidenten ernannt. Eine Behörde mit deutlich über tausend Mitarbeitern, die als Schnittstelle zwischen der Landesregierung und der Region fungiert, zuständig für eine fast unüberschaubare Bandbreite an Themen: von Ausländerrecht, Arbeitsschutz, Abfall über Bußgelder und Beamtenversorgung bis hin zu Genehmigungsverfahren, Naturschutz, Jagd, Verkehr. Hessen ist in drei Regierungspräsidien gegliedert, die Chefs sind politische Beamte. Unter den Landtagskollegen wird über die Personalie seinerzeit auch die Stirn gerunzelt. «Wir waren alle überrascht», sagt Häusling. Lübcke war kein Jurist, kein Verwaltungstyp. «Er war nicht unbedingt als Aktenleser bekannt», erinnert sich Rudolph.

Christoph Lübcke sagt später einmal, für seinen Vater sei das neue Amt zur Berufung geworden. Jan-Hendrik Lübcke sagt vor Gericht, dass sein Vater auf einer Karikatur einmal als Fürst von Nordhessen dargestellt wurde – samt Krone. Andere hätten das vielleicht als schlechten Scherz empfunden. Seinem Vater habe es ganz gut gefallen. Er sieht sich als Vertreter von Nordhessen, wie zu seiner Zeit als Abgeordneter. Den neuen Job interpretiert er politisch und nicht nur administrativ.

Das Streitthema Windenergie begegnet Lübcke als Regierungspräsident wieder. Seine Behörde ist mit der Genehmigung für die Anlagen befasst. Kritiker werfen ihm vor, nicht neutral zu sein, weil er selbst in die Technik investiert habe. Lübcke weist das zurück. Im *Spiegel* meldet er sich einmal nach einem Artikel per Leserbrief zu Wort: «Zu mutmaßen, eine Behörde mit mehr als 1200 Bediensteten könnte mit dem Planungs- und Genehmigungsrecht so umgehen, wie es ein Behördenleiter gutsherrschaftlich wünsche, ist nicht nur absurd, es beleidigt auch die Menschen, die im Regierungspräsidium Kassel arbeiten.» Mit seinem Amtsantritt habe er die Tätigkeit als Geschäftsführer des von ihm in den 1990er Jahren gegründeten Windparks niedergelegt, sagt er der *Hessisch-Niedersächsischen Allgemeinen*. So ist es für das Geschäftsjahr 2009 auch im Bundesanzeiger dokumentiert. Außerdem entscheide letztlich die Regionalversammlung darüber, wo neue Anlagen errichtet würden.

Bouffier lobt Lübckes ganz eigenen Stil an der Spitze der Behörde, die er weitsichtig, pragmatisch und erfolgreich geführt habe. Mitarbeiter sprechen von ihrem Chef als Anpacker und Netzwerker, der jeden kannte. Oft stand er unter dem ausladenden Vordach des neunstöckigen Fünfziger-Jahre-Amtsgebäudes in der Kasseler Innenstadt und rauchte. Einer Auszubildenden stellt er sich an deren erstem Tag als Hausmeister vor, erinnert sich ein Mitarbeiter. Er sei Menschen auf Augenhöhe begegnet, heißt es oft, egal ob Pförtner oder Ministerpräsident. Dabei helfen ihm seine Schlagfertigkeit, seine berühmt-berüchtigten Sprüche, auch wenn die nicht bei allen immer gleich gut ankommen.

Geselligkeit sei ihm wichtig gewesen, sagt Bouffier beim Gottesdienst. Offenbar auch beim Sport: Mit zwei Freunden, einer ist Chefredakteur eines Anzeigenblattes, der andere Unternehmer, geht Lübcke gemeinsam ins Fitnessstudio. Sogar T-Shirts mit der Aufschrift «Die Drei» lässt sich das Trio drucken und fährt als Männerrunde in den Urlaub, zuletzt ins Allgäu.

Zu Hause in Istha kennt man Lübcke nicht als den Regierungspräsidenten, sondern als den Walter, den Nachbarn, der in Latzhose im Garten arbeitet. So wie am Tag der Tat. Seine Witwe beschreibt Lübcke später vor Gericht als lebensbejahenden Menschen, der sich auf den kommenden Ruhestand freute, auf mehr Zeit für die Familie und auf die neue Rolle als Opa.

Als bei der Trauerfeier seine Verdienste in seinem letzten Amt gewürdigt werden, spielt der Einsatz für die Unterbringung von Geflüchteten ab dem Sommer 2015 nur eine untergeordnete Rolle. Es ist eine Aufgabe, die damals auch dem Regierungspräsidium zufällt, und keine leichte. Bischof Hein erinnert sich beim Gottesdienst an gemeinsame Besuche mit Lübcke in den teils improvisierten Unterkünften. «Mit spürbarem Stolz vermittelte er mir, was zu schaffen war, wenn man will», sagt Hein. Er sei stolz auf seine Leute gewesen, die selbstverständlich mitmachten, «oft völlig unbürokratisch und manchmal sehr unkonventionell». Hein erinnert auch an die Anfeindungen in jener Zeit, die «offene Aggressivität». Lübcke sei ein überzeugter evangelischer Christ gewesen, das habe ihm ein «inneres Geländer» gegeben.

Und wo stand der Pragmatiker Lübcke politisch? Die Frage wird etwas mehr als ein Jahr später der Vorsitzende Richter Thomas Sagebiel auch Jan-Hendrik Lübcke am Tag seiner Zeugenaussage stellen. Seine erste Antwort kommt innerhalb von Sekunden und besteht aus nur drei Buchstaben: «CDU». Christlich-konservativ, schiebt er dann nach, aber «solide Mitte». Ein «christlich geprägter Patriot» sei Lübcke gewesen, sagt Michael Brand. Nicht zuletzt Lokalpatriot: Bei der Trauerfeier erzählt ein anderer Wegbegleiter, der hessische Europa-Staatssekretär Mark Weinmeister, dass Lübcke gerne seine Mitmenschen neckte, sie zum Beispiel mit der Frage irritierte, ob sie denn nicht die Nationalhymne auf ihrem Handy hätten. Wenn die ihn fragend anguckten, habe er sein Telefon aus der Tasche gezogen und das «Waldecker Lied» abgespielt. An jenem Donnerstag im Juni 2019 erklingt das Loblied auf seine Geburtsregion in der Martinskirche. Weinmeister kämpft mit den Tränen und erinnert auch an einen anderen, einen leisen Lübcke. Der sei ihm etwa begegnet, als die beiden in einer großen Transall zu einer Bundeswehrübung geflogen wurden. «Da saß er ganz still neben mir und hielt mir einfach nur die Hand, weil wir beide uns in diesem Flugzeug nicht sehr wohl gefühlt haben.»

Bischof Hein spricht schließlich «angesichts des Sarges, der ein gelebtes Leben birgt», auch über den noch unbekannten Mörder. In seinem Schlussgebet bittet er für ihn um «Einsicht und Umkehr, das Getane zu gestehen, denn keine Flucht kann auf Dauer gelingen». Der Täter ist damals gar nicht auf der Flucht. Er geht ganz normal jeden Tag zur Arbeit und sonntags in den Schützenverein. Am Tag der Trauerfeier für sein Opfer weiß er noch nicht, wie schnell sich das ändern wird.

Eine entscheidende Spur

Am Freitag nach dem Gottesdienst will Muth einige seiner Kollegen zumindest über das Wochenende nach Hause schicken. Viele sind nicht nur ernüchtert, sondern auch erschöpft. Man habe fast rund um die Uhr gearbeitet, erinnert sich Muth vor Gericht. Seine Ansprache, nachdem der erste Verdächtige entlastet war, ist jetzt schon fast wieder eine Woche her. Die Polizisten sollen sich zumindest etwas erholen und statt in einem Kasseler Hotelbett einmal wieder zu Hause übernachten.

Daraus wird nichts. Gegen 13.30 Uhr bekommt der Soko-Chef einen Anruf aus Wiesbaden, aus dem Kriminalwissenschaftlichen und -technischen Institut im Hessischen Landeskriminalamt. Harald Schneider, Chef der Fachgruppe 63, zuständig für DNA-Analytik, hat eine eilige Nachricht. Das blutige Hemd von Walter Lübcke wurde inzwischen in seinem Labor untersucht.

Dort kommt eine spezielle Technik zum Einsatz, wie sie nur wenige Institute in Europa nutzen. Schneider, Ende 50, schlohweiße Haare, hessisch-weicher Einschlag in der Stimme, gilt als Pionier. Er hatte sich früher nicht mit Kriminalfällen, sondern mit Krebszellen befasst und war eher zufällig Anfang der 1990er Jahre beim LKA gelandet. Inzwischen ist er als Sachverständiger gefragt. Bevor er die konkreten Ergebnisse präsentiert, stellt er Gerichten mit animierten PowerPoint-Präsentationen in hessischen Landesfarben laientauglich die Grundlagen seiner Arbeit vor. Über die hat er auch schon bei der Talkshow von Markus Lanz gesprochen. Mit seinem Contact-Trace-Analysis-Ansatz können selbst Kleinstspuren gesichert und ausgewertet werden. Dabei ruht die Hoffnung des promovierten Biologen auf dem unter Forensikern als Locard'sches Prinzip bekannten Grundsatz: Jeder Kontakt hinterlässt eine Spur.

Nur finden muss man sie. Dafür werden spezielle Klebefolien eingesetzt, «überdimensionierte Tesastreifen» wird Schneider sie später einmal vor dem Oberlandesgericht Frankfurt nennen. Unter sterilen Bedingungen werden sie etwa an Kleidungsstücken aufgebracht und vorsichtig wieder abgelöst. Unter dem Mikroskop und mit der richtigen Beleuchtung sind dann kleinste Partikel, meist Hautschuppen, zu erkennen und können einzeln abgetragen und in kleinen Reagenzgläsern aufbereitet werden. Die allermeisten dieser Teilchen stammen vom Opfer selbst und sind für die Ermittlungen wertlos. Das sieht man ihnen nur vorher nicht an, untersucht werden müssen sie trotzdem.

Insgesamt vier solcher Folien werden auf das Hemd von Walter Lübcke geklebt, eine auf den rechten Arm, eine auf die rechte untere Vorderseite und links ebenso. Weil die Methode so aufwendig ist, gehen die Analysten gezielt vor: Wo könnte ein Täter sein Opfer überhaupt angefasst haben? Allein vom Hemd des Regierungspräsidenten werden auf diese Weise insgesamt 300 Partikel, im Durchschnitt kleiner als ein Millimeter, gesichert. Sie alle werden auf Erbgut-Spuren untersucht. Nur eines dieser Teilchen stammt nicht von Lübcke selbst. Eine Fremdspur, sagen die Forensiker. Sie wird mit der Nummer 4.1.12. katalogisiert.

Es ist keine besonders gute Spur, sie enthält nur wenig Erbgut-Informationen. Aber die Menge an daraus extrahierter DNA reicht dennoch aus, um zumindest einige Merkmale untersuchen und feststellen zu können: Die Spur stammt von einem Mann. Und der genetische Teilfingerabdruck passt zu keiner der Vergleichsspuren in Schneiders Labor: nicht zu Lübckes Söhnen, nicht zu den Ersthelfern. Schneider lässt eine Software das extrahierte Muster in einen maschinenlesbaren Data-Matrix-Code aus kleinen schwarzen Pixelquadraten übersetzen. Er sieht aus wie ein überkomplexer QR-Code für Smartphones. Dann füttert er die DNA-Analyse-Datei der deutschen Behörden damit, die rund 800 000 Einträge enthält. Und greift zum Telefon.

Soko-Leiter Muth erfährt deshalb jetzt: Es gibt einen Treffer in der Datenbank. Zumindest gibt es einen Hinweis auf einzelne übereinstimmende Merkmale zu jener Spur 4.1.12. Schneider warnt zugleich: Erst mal sei der Treffer nur ein Ermittlungshinweis, keinesfalls eine hundertprozentige Identifizierung, auch ein Zufall ist noch nicht auszuschließen. Dass die Methode in seinem Labor so präzise und sensibel ist, ist ihr großer Vorteil, aber auch eine Gefahr: Wenn selbst kleinste Anhaftungen entdeckt werden, die auch von einer unbedeutenden, rein zufälligen Begegnung stammen können, müssen die Ermittler sich immer die Frage stellen: Hat der Treffer etwas mit der Tat zu tun? Hinzu komme, dass das in der Datenbank hinterlegte Vergleichsmuster nicht nach aktuellen Standards aufbereitet ist, berichtet Schneider. Die Löschung jenes Datensatzes stand aufgrund von Fristen bereits kurz bevor. Außerdem hat Schneider erst eine einzige Schuppe auf dem Hemd mit diesem DNA-Profil gefunden. Und es gibt noch einen weiteren Leitsatz neben dem von Locard, der in der Praxis mindestens genauso wichtig ist: *Eine* Schuppe ist *keine* Schuppe. Deswegen sucht Schneider weiter. Er wird fündig.

Am anderen Ende der Telefonleitung im Büro der Soko in Kassel ist man trotz all dieser Einschränkungen erst einmal erleichtert, dass es überhaupt wieder eine Spur gibt. Auch wenn sie so winzig ist, dass man sie mit dem bloßen Auge gar nicht erkennen kann. Im kleinen Kreis diskutiert Muth den Beweiswert. Könnte das Erbgut auf andere Weise aufs Hemd gelangt sein? Im Krankenhaus vielleicht? Oder erst später bei der Polizei? Verdächtigt man vielleicht einen Unschuldigen?

Für die Sauberkeit in seinem Labor aber legt Schneider die Hand ins Feuer. Zuvor wurde das Karohemd aus der Plastiktüte im Polizeipräsidium Nordhessen am Kasseler Hauptbahnhof getrocknet. Der Mann, dessen DNA-Profil darauf jetzt entdeckt wurde, war den Unterlagen der Polizei zufolge das letzte Mal 2004 in dem Präsidium, wurde damals «erkennungsdienstlich behandelt». Eine Kontamination auf der Dienststelle könne «mit an Sicherheit grenzender Wahrscheinlichkeit» ausgeschlossen werden, vermerkt ein Kommissar noch am selben Tag. Gegen einen Fehler spricht für Muth auch, dass die DNA nicht irgendeinem Täter gehört, sondern einem polizeibekannten Mann aus Kassel.

Um 15.45 Uhr informieren die Polizisten die Staatsanwältin im Polizeipräsidium Nordhessen über den neuesten Stand der Ermittlungen. Um 18.16 Uhr legen sie ihr die Erkenntnisse auch schriftlich vor. Am selben Tag erlässt der Ermittlungsrichter am Amtsgericht auf Antrag der Staatsanwältin gleich mehrere Beschlüsse: Durchsuchung, Telekommunikationsüberwachung, Observation, Entnahme einer neuen DNA-Vergleichsprobe. Das volle Programm.

Alle diese Dokumente sind auf ein und denselben Namen ausgestellt: Stephan Ernst.

Zugriff

Am Rande des Kasseler Stadtteils Forstfeld reihen sich kleine Einfamilienhäuser aneinander: Jägerzäune, Ligusterhecken, gepflegte Vorgärten. Man hört die Autos auf der A7 in der Nähe vorbeirauschen. Viel los ist hier normalerweise nicht. Schon gar nicht um diese Zeit. Am Samstag, 15. Juni, kurz nach zwei Uhr morgens, laufen Beamte der Spezialeinheit des Polizeipräsidiums Nordhessen durch eine der Straßen. Ein Nachbar, der im Dunkeln auf den Stufen vor seinem Haus hockt, schaut ungläubig hinterher. Er denkt zuerst, es seien vielleicht Jugendliche, erzählt er später. Die hat er im Verdacht, ihm seine Mülltonne angesteckt zu haben.

Zwei Häuser weiter stürmen die Polizisten durch die Wohnungstür. Im Durchsuchungsbeschluss ist von Gefahr im Verzug die Rede, deswegen kommen sie nachts. Und sie klopfen nicht erst an. Gesucht werden ein Revolver Kaliber .38, Datenträger, Unterlagen und «Tex-

tilien, die Blut-, Gewebe oder Schmauchanhaftungen aufweisen».
Wenig später nehmen die Einsatzkräfte Stephan Ernst fest.

Der damals 45-Jährige wird noch auf der Straße vor seinem Haus von einem Polizisten belehrt. Er ist Beschuldigter in einem Strafverfahren. Vorwurf: Mord. Er habe das Recht zu schweigen. Davon will er offenbar Gebrauch machen. Ernst gibt an, er wolle sich nur über einen Anwalt äußern.

Am Sonntagnachmittag verbreitet sich die Nachricht der Festnahme. Kurz darauf gibt es erste Berichte, dass es sich bei dem Verdächtigen um einen Rechtsextremen handeln solle. Am Montagvormittag ist es dann vorbei mit der Ruhe in Forstfeld. Kamerateams, Reporter mit Block in der Hand sind unterwegs. Nachbarn sagen, was Nachbarn sagen in solchen Situationen: unauffällig, zurückgezogen, hätte man ihm niemals zugetraut. Der Mann mit der abgefackelten Mülltonne erzählt seine Geschichte aus der Nacht. Er ist Kommunalpolitiker bei den Grünen und trägt ein blaues Fußball-Shirt. «Kick rechts weg» steht darauf. Reiner Zufall, meint er. Die antifaschistische Rechercheplattform «Exif» veröffentlicht erste Fotos von Ernst, die ihn in den 2000ern im Kreise von Neonazis zeigen.

Die Nachrichten überschlagen sich: Der erste Mord von rechts an einem deutschen Politiker seit 1945? Ausgerechnet in Kassel, einem NSU-Tatort? Steckt ein Netzwerk dahinter? Ist das der Beginn einer Serie?

Die Tatwaffe finden die Ermittler nicht in dem Haus. Aber schon bei der ersten Auswertung des Handys des Festgenommen stoßen sie auf Inhalte, die auf eine «rechtsextreme Geisteshaltung» hindeuten, wie es in einem Vermerk heißt. Die Ermittlungen im Mordfall Lübcke führt bislang eine Kasseler Staatsanwältin, weil der Tatort in den Zuständigkeitsbereich ihrer Behörde fällt. Spätestens am Sonntagnachmittag ist klar, dass sie mit der für Terrorverfahren zuständigen Bundesanwaltschaft in Karlsruhe Kontakt aufnehmen muss. Dem kommt der Generalbundesanwalt mit einem Anruf am Montagmorgen um neun Uhr zuvor und zieht die Ermittlungen an sich.

Stephan Ernst, gebürtiger Wiesbadener, ist für die Behörden kein Unbekannter – jedenfalls für die Polizei nicht. In ihren Dateien stehen eine ganze Liste an Vorstrafen und alten Ermittlungen zu dem Mann. Ein Messerangriff auf einen Imam 1992, ein versuchter Rohrbombenanschlag auf eine Flüchtlingsunterkunft 1993, sechs Jahre Haft. Zuletzt eine Bewährungsstrafe nach einem eskalierten Neonazi-Aufmarsch in Dortmund am 1. Mai 2009. Im Landesamt für Verfassungsschutz Hessen aber gilt Ernst als «abgekühlt». Seine Akte ist nicht gelöscht, aber für die Bearbeitung gesperrt, und das seit ziemlich genau vier Jahren.

Mit was für einem Tatverdächtigen hat man es hier zu tun?

Soko-Chef Muth erinnert sich als Zeuge vor Gericht, dass sich Ernst direkt nach dem Zugriff der Spezialeinsatzkräfte und bei der Vorführung beim Amtsrichter sehr verschlossen gezeigt habe. Ein Blick in die Altakten habe ihm aber gezeigt: In der Vergangenheit hatte sich Ernst «zu einem Zeitpunkt X» zu seinen Taten bekannt. Deswegen schickt Muth rund eine Woche nach der Festnahme nach Absprache mit den Karlsruher Bundesanwälten insgesamt drei Beamte und eine Beamtin in die Haftanstalt in Kassel, «um einen Versuch zu wagen», mit ihm ins Gespräch zu kommen, wie er es beschreibt. Muth hat sie speziell ausgewählt. Ernst schickt sie wieder weg, aber er spricht auch kurz mit ihnen. Am Ende schiebt er ungefragt hinterher, dass er aussagen wolle, aber dies noch nicht der richtige Zeitpunkt sei. Mit Spekulationen zu Beziehungen zum NSU sei man aber «auf dem Holzweg». So notiert es ein Ermittler später.

Der erste Pflichtverteidiger, der Ernst zugeteilt wird, gibt sein Mandat schnell zurück. Vier Tage nach der Festnahme erhält ein Anwalt aus dem hessischen Örtchen Schöffengrund-Niederquembach bei Wetzlar eine Besuchserlaubnis. Dirk Waldschmidt, ein

Mann mit Stiernacken, Glatze, Drahtgestellbrille, ist seit Jahrzehnten in der hessischen Neonazi-Szene bekannt. Früher mal als NPD-Kader, heute eben als einschlägiger Anwalt. Am 24. Juni besucht er Ernst in der Justizvollzugsanstalt und wird sein Verteidiger. Später wird er behaupten, ein anonymer Anrufer habe ihn auf das Mandat aufmerksam gemacht. Zu den Inhalten des ersten Gesprächs gibt es zwei widersprüchliche Versionen: die von Ernst und die von Waldschmidt.

Am Tag nach Waldschmidts Besuch meldet sich Ernst jedenfalls bei den Wärtern. Er will jetzt reden. Zwei von Muths Leuten fahren zum Gefängnis. In einem Vorgespräch sagt Ernst, er wolle sich zum Tatvorwurf äußern und verzichte darauf, seinen Anwalt zu kontaktieren. So beschreiben es die beiden Beamten später in ihrem Aktenvermerk. Sie nehmen Ernst mit ins Polizeipräsidium Nordhessen am Rande der Kasseler Innenstadt und zeichnen die Vernehmung auf Video auf.

Rund vier Stunden lang spricht Ernst. Er gesteht den Mord. Walter Lübcke habe er nach dessen Rede bei der Bürgerversammlung im Oktober 2015 für Anschläge und Verbrechen von Islamisten und Migranten verantwortlich gemacht, zuletzt für die grausamen Morde an zwei skandinavischen Rucksacktouristinnen in Marokko. Er habe die Tat allein geplant und durchgeführt, sagt er.

Ernst nennt aber auch Namen. Zuerst nur Initialen, aber das hält er nicht durch. Er erzählt von zwei Arbeitskollegen, denen er Waffen verkauft haben will, von seinem Kameraden Markus H., den er aus der Neonazi-Szene kenne und Jahre später am Arbeitsplatz wiedergetroffen habe, von einem Trödelhändler, der ihm die Tatwaffe verkauft haben soll. Und er macht eine Skizze für die Beamten. Eine Art Schatzkarte zu seinem Waffendepot.

Auf dem Gelände eines Kasseler Industriebetriebes graben die Ermittler daraufhin ein ganzes Arsenal aus. Die Waffen liegen gefettet, geölt und fein säuberlich in Mülltüten verpackt unter Holzplanken, keinen Meter tief in der Erde. Sie sind so präpariert, dass sie auch nach langer Zeit noch einsatzbereit gewesen wären: eine Maschinenpistole, eine Bockdoppelflinte mit gekürztem Lauf, Pistolen, Schalldämpfer, Munition. In einem der Pakete ist auch ein Revolver Rossi, Kaliber .38 Special. Es ist die Tatwaffe, sogar die leere Hülse steckt noch in der Trommel. Später findet das LKA seine DNA an der brasilianischen Waffe. Sie nehmen auch eine Speichelprobe von Ernst und vergleichen das Erbgut mit der Spur an Lübckes Hemd. Schneider findet dort eine weitere Schuppe. Er kommt zu dem Schluss, dass auch sie von Ernst stammt, dies sei 30 Milliarden Mal wahrscheinlicher als das Gegenteil.

Es folgen weitere Durchsuchungen: Am 26. Juni nehmen die Beamten den damals 64-jährigen Trödelhändler, den Ernst als Waffenlieferanten benannt hat, und Markus H., 43 Jahre alt, fest. Für Letzteren kommt das wohl nicht ganz überraschend. Vor seiner Tür stehen seit ein paar Tagen Journalisten, die ihn dem Umfeld von Ernst zuordnen, noch bevor der ausgesagt hat.

Der Name von H. taucht auch in Akten nach den Ermittlungen zu einem NSU-Mord auf. Der Mann ist kein Unbekannter in der Szene. Er schickt einem Freund, ebenfalls aus nordhessischen Neonazi-Kreisen bekannt, Nachrichten über die verschlüsselte Messenger-App Threema, noch bis kurz vor seiner Festnahme. Dort diskutieren sie auch über die Ermittlungen. Es klingt alles eher beiläufig. Sogar seinem Arbeitgeber, einem Kasseler Rüstungsbetrieb, hat er Bescheid gegeben, dass er den Mordverdächtigen kenne und fürchte, dass die Polizei nun zu ihm kommen werde. Den Richter beim Bundesgerichtshof in Karlsruhe soll H. bei der Vorführung gefragt haben, ob ihm auch Mitgliedschaft in einer terroristischen Vereinigung vorgeworfen werde. Wird ihm nicht. Aber Beihilfe zum Mord. Er sitzt insgesamt 15 Monate in Untersuchungshaft, bis er im Laufe des Prozesses freikommt. Die Richter, die ihn später vom Vorwurf der Beihilfe zum Mord freisprechen werden, sehen da bereits keinen dringenden Tatverdacht mehr. H. schweigt zu diesem Vorwurf auch während des Prozesses.

Ernsts erste Aussage hingegen ist nicht seine letzte. Sie wird später oft als «erstes Geständnis» bezeichnet, weil noch weitere folgen. Es sind widersprüchliche Varianten der Tat, die er zu Protokoll gibt. Angeklagt und verurteilt wird Ernst später vor allem basierend auf dieser ersten Vernehmung. Sie gilt Gericht und Ermittlern jedenfalls im Kern als glaubwürdig und leitet auch die Ermittlungen, was später auch für Kritik sorgt. Für die Soko ist das gerichtsverwertbare Geständnis ein Erfolg der Taktik, mit Ernst ins Gespräch zu kommen. Daran kann auch nichts ändern, dass der es schon wenig später widerruft. Er hat jetzt einen anderen Anwalt und trennt sich von Waldschmidt. Der Neue ist Frank Hannig aus Dresden, der später auf seinem YouTube-Kanal eifrig über das Verfahren berichten wird. Auch von Hannig wird sich Ernst später im laufenden Prozess lossagen.

Als die Festnahmen bekannt werden, hat die Debatte um den Mord schon begonnen. Tatsächlich ist es damals zugleich auffällig leise in der Republik, finden manche Beobachter. Der CDU fällt es schwer, mit dem sich jetzt aufdrängenden Verdacht umzugehen, dass einer der ihren zum Ziel eines rechtsterroristischen Attentats geworden ist. Oft ist von Zäsur die Rede, wenn es um die Tat geht. Sie steht aber zugleich in einer langen, blutigen Tradition des Rechtsterrorismus. Einer oftmals verdrängten Geschichte der tödlichen Strategie der Gewalt der radikalen Rechten.

II
Terror mit Tradition

Alles für Deutschland am Tag X

Waffenverstecke, Todeslisten, fragwürdige Verbindungen zu Behörden: Der hessische Landtag in Wiesbaden ist in Aufruhr. Am Ende der Plenarsitzung an jenem Mittwoch im Oktober, in der sich die Abgeordneten mit Landkreisgrenzen und einem FDP-Antrag zu landwirtschaftlichen Forschungsarbeiten beschäftigt hatten, platzt die Nachricht, dass eine bewaffnete Gruppe Rechtsextremer ausgehoben wurde. Eine Gruppe mit tödlichen Plänen offenbar. Der hessische Ministerpräsident hat das Wort im Parlament ergriffen und klärt die Abgeordneten auf.

Im südhessischen Wald-Michelbach im Odenwald hatte die klandestine Gruppierung ihr Versteck, erfahren die Parlamentarier. In einem weiß gestrichenen Haus mit Vorgarten und Jägerzaun versteckten sie vollautomatische Waffen, Granatwerfer, Sprengstoff. Sie trainierten mit Gleichgesinnten in einer umgebauten Garage das Schießen mit Schalldämpfer, streiften in Uniformen durch die nahen Wälder, waren bundesweit vernetzt. Die Gruppe bereitete sich auch darauf vor, später einmal die Bundeswehr zu unterwandern. Und auf einen Tag X. Dann sollten die Waffen aus den Depots geholt werden – und politische Feinde aus ihren Häusern.

Das legt zumindest eine Liste nahe, die der Polizei in die Hände gefallen war. Die Rechten hatten Namen von missliebigen Personen notiert, darunter rund 80 Sozialdemokraten: Minister, Gewerkschafter, aber auch der Chefredakteur der Nachrichtenagentur dpa. Fein säuberlich waren dort biografische Daten festgehalten, Personenbeschreibungen. Zusammengetragen von einer Art parageheimdienstlichen Abteilung. Die Akten ähneln im Aufbau denen des Bundesamtes für Verfassungsschutz, stellen die Behörden später fest. Sogar einen «Sachbearbeiter für Liquidierung» habe es gegeben, heißt es jetzt im Landesparlament. Die Personen in der Kartei sollten folglich «kaltgestellt» werden. Das hatte einer der festgenommenen Anführer der Gruppe ausgesagt. «Notfalls mit der Waffe», erklärt der hessische Ministerpräsident, damit es auch jeder im Plenarsaal versteht.

Nach einer Unterbrechung der Sitzung sind sich alle Fraktionen einig und fordern den Regierungschef auf, «volle Aufklärung zu schaffen und alle Vorbereitungen zu treffen, dass ähnliche Bestrebungen schon in den Anfängen mit allen Mitteln unterbunden werden». Der Ministerpräsident hatte da schon einen Untersuchungsausschuss versprochen und dass die Landesregierung «in aller Sorgfalt» prüfen werde, welche Maßnahmen gegen Vereinigungen dieser Art zu ergreifen seien. Sein Name: Georg-August Zinn.

Es ist das Jahr 1952.

Der «Technische Dienst» des 1950 in Frankfurt gegründeten «Bundes Deutscher Jugend» (BDJ) ist eines der ersten Beispiele organisierter bewaffneter Rechtsextremer in der jungen Bundesrepublik. Das Ziel, wie es Zinn in seiner Regierungserklärung beschreibt: eine «Partisanen-Organisation» zu schaffen, die sich im Falle eines Angriffs der Sowjetunion überrollen lassen sollte, um dann «in dem besetzten Gebiet Versorgungsanlagen zu zerstören, Brücken zu sprengen und Unterkünfte zu überfallen». Eine Organisation, die aber laut Zinn auch als Ausgangspunkt für «innenpolitischen Terror» dienen sollte: In der genannten Kartei sammelte man als «politisch unzuverlässig» eingestufte Personen, darunter KPD-, aber vor allem SPD-Mitglieder.

Zinn sprach damals von 1000 bis 2000 Angehörigen der Organisation, die Zahlen schwanken. Die meisten seien ehemalige Offiziere von Luftwaffe, Heer und Waffen-SS. Rund hundert hätten die «Partisanen-Lehrgänge» durchlaufen.

Ein Vertreter der amerikanischen Hohen Kommission und «einer Dienststelle der amerikanischen Armee» hatte sich wenige Tage vor der Plenarsitzung mit ihm in Verbindung gesetzt, berichtet der SPD-Mann Zinn weiter. Ihm sei mitgeteilt worden, dass die Organisation tatsächlich als «Widerstandsbewegung» im Falle eines russischen Einmarsches «aufgezogen, ausgebildet und finanziert» worden sei. Man habe sich aber ohnehin entschieden, sie aufzulösen. Angeblich seien «neofaschistische Tendenzen» unerwünscht gewesen.

Dabei war schon der BDJ eine jedenfalls streng antikommunistische Organisation, die nicht nur ehemalige SS-Männer anzog, sondern auch solche, die die militante Szene auf Jahrzehnte prägen sollten, wie den späteren Gründer der Neonazi-Partei FAP, Friedhelm Busse. Der BDJ, der sich nach außen in die Tradition bündischer Jugendbewegungen stellt, erhält nicht nur Unterstützung aus den USA. Mindestens für ein «Pfingsttreffen» 1952 fließt auch eine Beihilfe der Bonner Bundesregierung aus den Töpfen des Innenministeriums und 10 000 DM vom Ministerium für gesamtdeutsche Fragen. Bei dem Treffen treten dann zwei Bundestagsabgeordnete von FDP und CDU als Redner auf. Einer der beiden, Kurt Georg Kiesinger, wird etwas mehr als zehn Jahre später zum Bundeskanzler gewählt.

Kurz nach der denkwürdigen Regierungserklärung in Wiesbaden macht sich ein Reporter des *Spiegel* auf den Weg in das Dorf. «Sechzehn kurvige Autokilometer» legt er von Weinheim an der Bergstraße bis auf eine «einsame Odenwaldhöhe» zurück, wie er später in seinem Artikel notiert. Das Versteck der Partisanen in spe beschreibt er als schmuckes Häuschen mit zwei Garagen am Ende einer Straße, die dort nur noch ein steiler Waldweg ist.

Im Dorf will keiner gewusst haben, was hier vor sich ging. Das Haus sei ein «Erholungsheim» war die Legende der Verschwörer. Ein Anwohner sagt dem Reporter: Wenn diese Leute «nach links ausgerichtet gewesen wären, dann hätte ich mich mehr daran gestört». Da es sich aber um Rechte gehandelt habe, die sich für den Fall rüsteten, dass «die Russen uns überlaufen, dann war das doch schließlich alles für Deutschland». Kann man sich als Untergrundorganisation bessere Nachbarn wünschen?

Manche Parallelen zur Gegenwart sind gespenstisch: die Feindeslisten, die Waffendepots, die Vorbereitungen und Fixierung der Fantasien auf einen Tag X, die paramilitärischen Strukturen, die Verbindungen zu den Behörden, das Herunterspielen. Übrigens kommt auch manches, was bei der Aufarbeitung so geschieht, seltsam bekannt vor. Der von Zinn angekündigte deutsch-amerikanische Untersuchungsausschuss ist nur wenige Wochen später nach vier Sitzungen «entschlafen», wie es im *Spiegel* hieß, auch wegen des Streits um – man ahnt es schon – vernichtete Akten. Der Anführer des «Technischen Dienstes» hatte das gerade erst gegründete Bundesamt für Verfassungsschutz, in dem sich so manche Alt- und Immer-noch-Nationalsozialisten tummelten, schon ein Jahr zuvor aufgesucht. Nicht, um sich zu stellen, sondern um dort «das Geheimnis um seine Partisanentruppe halbamtlich zu lüften», wie das Magazin recherchiert hatte. Der damalige Bundesinnenminister versicherte, man habe daraufhin alle Landesämter für Verfassungsschutz informiert. In Hessen wusste man davon angeblich nichts.

Verdrängte Geschichte

Schon diese Episode macht deutlich: Rechtsterrorismus hat in der Bundesrepublik eine lange, oftmals verdrängte Tradition. Bis heute hat jedenfalls die Gesellschaft als Ganzes keinen Umgang damit gefunden, auch wenn sich das langsam ändern mag. Vielfach sind es kleine zivilgesellschaftliche Initiativen, die sich für ein Gedenken an Jahrestagen oder für Orte der Erinnerung einsetzen. Mancherorts dauern diese Mühen Jahre bis zum Erfolg, andernorts gibt es bis heute nicht einmal eine Plakette.

Die Einsicht, dass die Geschichte der Bundesrepublik nicht erst seit 1990 auch eine Geschichte rechtsextremer Gewalt ist, hat sich bisher in der Breite der Bevölkerung kaum durchgesetzt. Sie hat jedenfalls keinen Platz in der Erzählung der Deutschen über sich selbst, wie sie an Jahrestagen, Sonntagsreden oder im Geschichtsunterricht wiederholt wird. Dabei gibt es gerade im Rechtsterrorismus viele Konstanten und lange Traditionslinien, auch wenn sich Strategie, Taktik, Vorgehen im Lauf der Jahre zum Teil anpassen – an den Zeitgeist, an gesellschaftliche Stimmungen und Strömungen. Und die Verdrängung dieser Tradition des Terrorismus war und ist Bestandteil seiner Verharmlosung in der Gegenwart.

Viele Täter agieren in Mustern, die man von ihren Vorläufern kennen könnte. Und die Reaktionen des Staates folgen oft ausgetretenen Pfaden. Ein Teil der Vorgehensweisen, etwa die militärisch-straff organisierten Strukturen, wie sie anfangs verbreitet sind, rücken zeitweise stärker in den Hintergrund. Oft tauchen sie dann aber zumindest in vergleichbarer Form wieder auf, wie heute in Form von Netzwerken vermeintlicher «Prepper», die sich nicht zuletzt aus Angehörigen von Sicherheitsbehörden rekrutieren. Viele Muster des rechten Terrorismus überdauern die Zeit, wie man bis hin zum Fall Stephan Ernst beispielhaft erkennen kann. Und Ernst ist keinesfalls eine als Person herausragende Figur der extremen Rechten in Deutschland. Er ist einer von Tausenden.

Umso gefährlicher, dass so vieles in Vergessenheit geraten ist.

Die Historikerin Barbara Manthe will dazu beitragen, dass sich das ändert. Sie forscht an der Universität Bielefeld zu genau dieser Geschichte, die in vielen Lehrbüchern bisher zu kurz kommt. Erst seit wenigen Jahren habe sich die Geschichtswissenschaft dem Rechtsterrorismus nach 1945 und bis 1990 systematisch zugewandt, sagt sie.

Warum eigentlich?

Für Manthe gibt es gleich mehrere Gründe, die ineinandergreifen: Viele in der deutschsprachigen Wissenschaft hätten bis zur Selbstenttarnung des NSU im Herbst 2011 die Einschätzung der

Sicherheitsbehörden geteilt, dass es sich um ein Nischenphänomen handele, von dem keine große Gefahr ausgehe. Die Geschichtswissenschaft konzentrierte sich zudem aus guten Gründen lange auf die Erforschung des historischen Nationalsozialismus, sagt Manthe über ihr Fach. Den Diskurs um Innere Sicherheit und zeitgenössischen Terrorismus prägte dann die «Rote Armee Fraktion» (RAF), auch Jahrzehnte nach dem «Deutschen Herbst» 1977. Manthe beobachtet zudem die Tendenz, die Geschichte der Bundesrepublik als Erfolgsgeschichte der Demokratisierung zu erzählen. Dabei stören problematische Kontinuitäten.

Liegt diese seltsame Unaufmerksamkeit auch daran, dass sich extrem rechte Täter häufig Opfer suchen, die ohnehin gesellschaftlich eher an den Rand gedrängt werden, die Taten deshalb weniger Beachtung fanden und finden? Jein, sagt Manthe. Einerseits beobachtet sie in den zeitgenössischen Quellen etwa der 1980er und 1990er Jahre tatsächlich eine erschreckende Indifferenz, wenn Migranten von Neonazis getötet werden, andererseits gerieten schon früh auch Vertreter der Funktionseliten in den Fokus, gerade in den 1970er Jahren: Polizisten, Richter, Kommunalpolitiker. Eine breite gesellschaftliche Gegenmobilisierung blieb aber auch in diesen Fällen aus. Viele aus der Mehrheitsgesellschaft hätten sich schlicht nicht bedroht gefühlt.

Hinzu kommt ein häufig enger, zu enger Begriff von Terrorismus, der sich stark an dem Kriterium der Gefährdung der staatlichen Ordnung orientiert. So geraten etwa Angriffe auf Minderheiten und weniger komplexe Taten schnell aus diesem Fokus, auch wenn die Taten und die Botschaften dahinter in den betreffenden Communitys Terror verbreiteten.

Der gesellschaftliche Blick auf die Täterinnen und Täter folgt schon früh Deutungsmustern, die wir auch heute noch kennen. So gebe es etwa die Neigung, die Taten, anders als bei ideologisch links verorteten Tätern, durch psychische Störungen zu erklären, berichtet Manthe. Oft gehen Pathologisierung und Entpolitisierung einher mit der inzwischen immer mehr in die Kritik geratenen «Einzeltäter-Theorie», die Netzwerke, Strukturen und das Milieu hinter dem Täter am Tatort ausblendet. Während bei der «Roten Armee Fraktion» (RAF) das Umfeld sogenannter Sympathisanten sowohl für die Medien als auch für die Sicherheitsbehörden ein großes Thema war, beobachtet Manthe Vergleichbares beim historischen Rechtsterrorismus nicht.

Klar, auch die Geschichte des Rechtsterrorismus wiederholt sich nicht einfach, auch nicht einmal als Tragödie und einmal als Farce, selbst wenn manche der handelnden Personen genau so wirken. Sie ist aber alles andere als bloße Vergangenheit. Es lohnt sich, diese Geschichte oder zumindest einige dieser Geschichten, noch einmal zu erzählen, wenn man die heutigen Strategien der Gewalt verstehen will. Denn es wird schnell deutlich, wie viel die braunen Wurzeln mit ihren faulen Früchten verbindet.

Gewaltfantasien und Werwolf-Kitsch

Die ideologischen Traditionslinien des Terrors lassen sich zurückverfolgen bis in die Zeit vor der Herrschaft der Nationalsozialisten, in die völkische Bewegung, zu marodierenden Freikorps, zu Fememorden und Attentaten. Eliminatorische Gewalt, die Vernichtung des anderen, gehört zum Wesen des radikal rechten Weltbilds. Ausgelebt wird diese je nach Gelegenheit auf andere Weise: Aus den letzten Tagen des vermeintlich tausend- und tatsächlich zwölfjährigen Reiches stammt eine Handlungsanweisung für den Kampf unter Bedingungen der Besatzung, die Neonazis bis heute fasziniert.

Als bei nationalsozialistischen Anführern die Einsicht einsickert, dass vom proklamierten «Endsieg» nicht der Sieg, sondern vor allem das Ende des deutschen Überlegenheitswahns bleiben würde, beauftragt der Reichsführer-SS Heinrich Himmler die Gründung sogenannter «Werwolf»-Gruppen. Sie sollen hinter feindlichen Linien Sabotageakte durchführen und so die verbrecherische Partisanenbekämpfung des nationalsozialistischen Regimes unter umgekehrten Vorzeichen fortsetzen.

Mit der Schreibweise ohne «h» und der Wolfsangel als Symbol will man an die germanische Mythologie anknüpfen. Im schrumpfenden Restreich wird damals eine kleine Fibel mit Anleitungen für den nationalsozialistischen Guerillakrieg gedruckt. Sie enthält mehr oder weniger ausgeklügelte «Winke» für wackere Werwölfe, wie sie der Untertitel verspricht. Kostprobe: «Wo nicht ein schon vorhandener Abort benutzt werden kann, muss [...] die Verrichtung der Notdurft, auch das Urinieren, und die Anhäufung von Abfällen in der Nähe der Unterkunft unbedingt vermieden werden, um den Feind nicht aufmerksam zu machen.»

Die Handreichung birgt allerdings jenseits solcher Tipps auch bereits die ausformulierte Idee eines Terrorismus von rechts für eine Zeit, in der dieser kein Staatsterrorismus mehr sein kann, weil es keinen nationalsozialistischen Staat mehr gibt. Der Kleinkrieg sei «wesentlicher Bestandteil der neuzeitlichen Kriegsführung», heißt es da. In «verzweifelter Lage» gilt er als letztes Mittel, um «Freiheit und Leben des Volkes bis zum äußersten zu verteidigen». Als Ziele werden Sabotageakte ausgegeben, aber auch die «Ausrottung der Helfershelfer des Feindes». Das Motto der Nationalsozialisten dazu lautet ausgerechnet: «Gewalt gegen Terror!»

Die Werwolf-Einheiten bleiben militärisch unbedeutend. Größter Propaganda-Erfolg dürfte ein Mordanschlag im damals bereits amerikanisch besetzten Aachen sein. Ein Fallschirmkommando erschoss am 25. März 1945 den neu eingesetzten Bürgermeister Franz Oppenhoff, einen konservativen Katholiken und Juristen, vor seinem Haus. An dem Attentat waren auch ein Jugendlicher und eine junge Bund-Deutscher-Mädel-Funktionärin beteiligt.

Der «Generalbevollmächtigte für den totalen Kriegseinsatz» Joseph Goebbels proklamiert in den letzten Tagen des Regimes noch eine Ausweitung der Ideologie: Der Aufruf, zum Werwolf zu werden, gilt jetzt auch der Zivilbevölkerung. Ein Radiosender «Werwolf» geht noch für wenige Wochen auf Sendung. In der Propaganda-Presse wird er als Organ einer angeblichen «Bewegung nationalsozialistischer Freiheitskämpfer» bejubelt. Als Schlachtruf wird ausgegeben: «Hass ist unser Gebet und Rache unser Feldgeschrei!»

Goebbels sagt in einer Rundfunkansprache, die Werwölfe seien nicht an die Beschränkungen regulärer Kriegsführung gebunden, «für die Bewegung sind jeder Bolschewist, jeder Brite und jeder Amerikaner auf deutschem Boden Freiwild. Wo immer wir eine Gelegenheit haben, ihr Leben auszulöschen, werden wir das mit Vergnügen und ohne Rücksicht auf unser eigenes Leben tun.» Der Werwolf halte selbst Gericht und «entscheidet über Leben und Tod».

Etliche der von solchen und ähnlichen Aufrufen inspirierte Taten richten sich gegen Deserteure oder die eigenen «Volksgenossen», die beim «Volkssturm» nicht mitmachen wollen. Sie sind heute als Endphaseverbrechen bekannt.

Nach der bedingungslosen Kapitulation der Wehrmacht bleibt der von den Nationalsozialisten erträumte Volksaufstand aus. Das Werwolf-Schriftchen und die Wolfsangel kursieren aber bis heute in der Szene. Genau wie die damit verbundene Männerfantasie, die Vorstellung vom Rächer im Rückzugskampf gegen den übermächtigen Feind, vom Widerstand gegen Besatzer, vom Kampf hinter feindlichen Linien. Die Selbststilisierung zum opferbereiten Freiheitskämpfer prägt in Variationen bis heute die Imagination extrem rechter Täter.

Die Repräsentation der «Feindmacht» wandelt sich, wie die gewählten Ziele, im Laufe der Jahrzehnte zum Teil. Das Selbstbild bleibt. Und es ist nicht trotz, sondern gerade wegen seiner peinlichen Lächerlichkeit gefährlich. Denn in dieser Gedankenfigur findet sich die Selbstermächtigung zur Gewalt: Wer in Notwehr handelt, darf zu jedem Mittel greifen. Wer sich selbst zum Richter erhebt, ist zugleich Henker. Wer eine historische Niederlage nicht akzeptieren will, ist vielleicht zu allem bereit.

Und es steckt eine Art Strategie dahinter, wenn auch eine irrationale: Selbst wenn gar nicht mehr zu erwarten ist, dass die Gewalt ein erfolgversprechendes Mittel ist, um ein konkretes Ziel zu erreichen, gilt ihr Einsatz als legitim. Gewalt ist für den Rechtsterrorismus von Anfang an nicht nur Mittel zum Zweck, nicht nur bloße Fortsetzung der Politik mit anderen Mitteln, sondern auch Selbstzweck. Sie soll immer auch ein Symbol sein. Die Täter verwirklichen den Vernichtungswahn, der mit ihrem Weltbild untrennbar verbunden ist. Und Gewalt dient ihnen nicht zuletzt dazu, sich durch die brutale Missachtung anderer selbst zu erhöhen. Sie ist damit immer auch «identitär».

Es ist Vorsicht geboten bei Bezeichnungen wie «einsamer Wolf», die teils in die Sprache von Behörden und Medien eingesickert sind, weil sie auch die Fantasie der Täter und eine verzerrte Vorstellung transportieren können, die mitunter vom Rudel ablenkt.

Die nationalsozialistische Terrorideologie wirkt auch in ihrem Kitsch fort. So in Kassel: Jahrzehnte nach der Zerschlagung der letzten «Werwolf»-Einheiten tippt ein einschlägig vorbestrafter Neonazi vermutlich um das Jahr 2005 eine Art Kurzgeschichte in seine Tastatur. «Berlin 1945» nennt er die Word-Datei. In den Metadaten ist als Benutzername «werwolf» eingetragen. Der Mann, damals Anfang 30, verwahrt sie noch Jahre danach in einem eigens verschlüsselten Daten-Container auf einem USB-Stick. In dem zweiseitigen Dokument notiert er einen Teil einer Horrorstory im Fanfiction-Stil: Ein Berliner Pastor, der in der NS-Zeit die Alliierten mit Informationen versorgt hatte, wird da von einem leibhaftigen von Himmler zum Leben erweckten Werwolf in seiner Kirche zerfleischt. Währenddessen fallen schon die Bomben auf die Hauptstadt. Hinter dem Pseudonym steckt Stephan Ernst.

Untergrund, Parteien, Straßenkampf

Bereits kurz nach der Kapitulation der Wehrmacht und der Zerschlagung der NSDAP und ihrer Gliederungen entstehen neue Zusammenschlüsse der extremen Rechten in der Bundesrepublik. Manche in Form geheimer Seilschaften, andere als ganz offen agierende Parteien. Solche Strukturen spielen bei der Herausbildung des Rechtsterrorismus in Deutschland anfangs eine entscheidende Rolle. Sie stellen Infrastruktur zur Verfügung, tradieren Wissen, ermöglichen in Zeiten ohne Facebook, Imageboards und Telegram-Gruppen den Aufbau persönlicher Verbindungen und die gegenseitige Bestätigung. Und häufig finden im Umfeld dieser Organisationen Täter zusammen, oder Einzelne schreiten scheinbar oder tatsächlich alleine zur Tat.

Die allzu offen an die nationalsozialistische Ideologie anschließende Sozialistische Reichspartei, die auch auf die Farben Schwarz-Weiß-Rot setzt, die bis heute in der rechten Szene als Surrogat verbotener Symbole beliebt sind, wird vom Bundesverfassungsgericht 1952 verboten. Aus ihrer Jugendorganisation entwickelt sich aber die Wiking-Jugend, die lange Zeit als bedeutendste Kaderschmiede der extremen Rechten gilt. Mit militärischem Drill werden dort Kinder und Jugendliche im Stil von Hitlerjugend und Bund Deutscher Mädel erzogen. Eine von Anfang an durch nationalsozialistische Ideologie geprägte Sozialisation und Schulung ist das Ziel. Auch diejenigen, die aufgrund ihres Alters selbst keine oder nur wenig eigene Erfahrungen in den Organisationen des nationalsozialistischen Staates gesammelt haben, sollen in dessen Ungeist aufwachsen, so zur «Bekenntnisgeneration» werden. Als Erkennungszeichen nutzt die Wiking-Jugend die Odal-Rune. Erst 1994 wird die Gruppe verboten. Bis heute gibt es ähnliche Jugendverbände, die das Erbe antreten.

Bis zum Verbot hatte die Wiking-Jugend lange genug Gelegenheit, ein Netzwerk zu knüpfen, das die militante Szene auf Jahrzehnte prägen wird. Aus diesem Umfeld stammen etwa der spätere Oktoberfest-Attentäter Gundolf Köhler und andere Gewalttäter, genauso wie etliche Anführer von Kameradschaften und Parteien: Thorsten Heise zum Beispiel, einschlägig vorbestraft, inzwischen Vize-Vorsitzender der «Nationaldemokratischen Partei Deutschlands» (NPD), Versandhändler mit Sitz in Thüringen und zentraler Netzwerker der extremen Rechten. Auch Stephan Ernst wird ihn kennenlernen, mit ihm gemeinsam zu Demonstrationen fahren, Sonnenwende feiern, sogar einmal zu dessen Wohnhaus nicht weit von der hessischen Grenze fahren, um es vor einem befürchteten Angriff politischer Gegner zu beschützen, wie er vor Gericht einräumt.

Bereits Anfang der 1950er Jahre entsteht auch die «Germanische Glaubens-Gemeinschaft wesensgemäßer Lebensgestaltung», kurz «Artgemeinschaft», die bis heute völkisch-antisemitische Ideologie verbreitet und vermeintliches Brauchtum zelebriert, das sie germanisch-heidnisch nennt. Ihre Ursprünge reichen zurück in Zirkel der völkischen Bewegung noch vor dem Nationalsozialismus. Inzwischen ist die «Artgemeinschaft» – Ordnung muss sein – ein eingetragener Verein, veranstaltet Julfeste, verschickt Propagandamaterial, schult Kinder und Jugendliche. Und sie übt weiter Anziehung auch auf die Teile der Szene aus, die sich nicht nur für Lagerfeuer und die «Kleine Runenkunde» interessieren. So tauchte etwa der verurteilte NSU-Helfer und frühere NPD-Kader Ralf Wohlleben nach dem Urteil gegen ihn in diesen Kreisen auf. Und bei Stephan Ernst finden die Ermittler Ausgaben der Zeitung der «Artgemeinschaft». Sein Name taucht auf einer Mitgliederliste auf. Offenbar zahlte er irgendwann keine Beiträge mehr.

Zu Beginn der 1960er Jahre finden militante Rechte auch in einem neuen Sammlungsprojekt ihren Platz. 1964 entsteht die NPD. Mehr als drei Jahrzehnte später wird auch der junge Stephan Ernst in diese Partei eintreten, mit seinen Kameraden in Kneipenhinterzimmern sitzen, zu Demonstrationen im gesamten Bundesgebiet reisen.

Die NPD ist im Gegensatz zur Sozialistischen Reichspartei bis heute nicht verboten. Am Ende des zweiten Verbotsverfahrens 2017 sichert der NPD keinesfalls etwa programmatische Harmlosigkeit, sondern ihre tatsächliche Bedeutungslosigkeit das Überleben als Partei. Sie ist inzwischen in keinem Landtag mehr in Fraktionsstärke vertreten und hat längst mächtige Konkurrenz.

Damals, kurz nach der Parteigründung, ist das anders. Der jungen NPD gelingt es, in mehrere Landesparlamente einzuziehen, auch in Hessen.

Jahrzehntelang bildet die NPD so einen Gravitationspunkt der extremen Rechten. Und es sind oft die Satelliten, von denen die Gefahr ausgeht: Denn bereits damals, in den Gründungsjahren, entstehen in ihrem direkten Umfeld militante Gruppen. Diese Gruppierungen sind ebenso stark antikommunistisch geprägt wie die frühen rechtsterroristischen Netzwerke, aber sie sehen sich auch im Kampf gegen die in den 1960er Jahren beginnende gesellschaftliche Liberalisierung der westdeutschen Gesellschaft. Manche sind beeindruckt von nationalistischen Terroristen in Südtirol und deren Sprengstoff-Anschlägen, in der Szene verniedlichend «Bumser» genannt, manche mischen auch selbst dort mit, so wie später Neonazis in Jugoslawien oder heute bei bewaffneten Konflikten in Osteuropa.

Es kommt auch in der Bundesrepublik immer wieder zu Gewalt. Bekanntestes Beispiel: Am 11. April 1968 fährt Rudi Dutschke auf dem Fahrrad über den Kurfürstendamm. Dreimal feuert ein junger Mann aus einem Revolver auf das bekannteste Gesicht des Sozialistischen Deutschen Studentenbunds, ruft: «Du dreckiges Kommunistenschwein!». Er hat ein rechtsextremes Blatt mit Anti Dutschke-Schlagzeilen samt Foto dabei, auch den Zeitungen des Springer-Verlags wird der Vorwurf gemacht, sich an der Hetze gegen Dutschke beteiligt zu haben. Der SDS-Aktivist überlebt die Schüsse, erliegt aber Jahre danach den Spätfolgen des Attentats.

Nicht nur in Berlin wird geschossen: In Kassel zieht am 16. September 1969 der Chef des sogenannten Ordnungsdienstes der NPD seine Pistole. Er ist eine Art Leibwächter des damaligen Parteichefs Adolf von Thadden, der wegen der nahenden Bundestagswahl auf Wahlkampftour ist. Das bleibt vielerorts nicht ohne Widerspruch. Auch vor der Wohnung eines hessischen NPD-Landtagsabgeordneten formiert sich an diesem Tag Protest. Der bewaffnete NPD-Mann schießt zuerst in die Luft und dann auf die Gegendemonstranten, verletzt zwei von ihnen. Dann flieht der Schütze durch die Wohnung seines Kameraden vor der Polizei, wird von der Partei gedeckt, schließlich dennoch gefasst.

Der hessische Landtag arbeitet die Geschehnisse später in einem Untersuchungsausschuss auf. Die Abgeordneten stellen fest, die NPD habe mit ihrem «Ordnungsdienst» versucht, einen «zentral geleiteten und schnell verfügbaren» Verband mit «para-militärischem Charakter» samt spezialisierten Einheiten aufzustellen, und sei nur an der eigenen «Organisationsschwäche» gescheitert. Die Partei bildet aber etliche «Ordner» aus, etwa im Einsatz von Schmerzgriffen. Sie treten teils in einheitlichen weißen Helmen mit Plexiglasklappvisieren auf, tragen Lederkoppel und Stiefel. Und sie setzen vor allem auf Straßengewalt: Immer wieder kommt es zu Ausschreitungen, werden Linke zusammengeschlagen. Das hessische Innenministerium trägt allein 1969 Vorfälle in zwölf Städten des Bundeslandes zusammen. Nach der öffentlichen Aufregung wird der «Ordnungsdienst» später aufgelöst. Die NPD gründet stattdessen einen «Organisationsdienst», die Abkürzung lautet wie zuvor: OD. Für viele Mitglieder dürfte gegolten haben: Gelernt ist gelernt.

Bei der Bundestagswahl am 28. September 1969 scheitert die NPD knapp an der Fünf-Prozent-Hürde. Da das «demokratisch» im Namen schon immer einen bloß taktischen Bezug auf den Parlamentarismus mehr schlecht als recht verdecken sollte, brechen bei Ausbleiben des erhofften Erfolgs Konflikte in der Partei um den weiteren Kurs der «nationalen Bewegung» aus. Die NPD wird an der Wahlurne nie wieder so erfolgreich sein wie in jenen Jahren. Sie dient aber weiter als legaler Arm etwa für die Anmeldung von Veranstaltungen oder um öffentliche Aufmerksamkeit zu erlangen, sie eröffnet Räume, stellt Ressourcen bereit.

Die Siebziger: eine neue Qualität der Gewalt

Im Jahr nach den Schüssen ist Kassel erneut in den Schlagzeilen. Am 20. Mai 1970 verhaften die Behörden in Nordrhein-Westfalen Mitglieder einer Gruppe namens «Europäische Befreiungsfront», möglicherweise im letzten Moment: Sie sollen unter anderem einen Anschlag in der nordhessischen Stadt geplant haben, und zwar am Tag darauf. Dort treffen Bundeskanzler Willy Brandt und DDR-Ministerpräsident Willi Stoph zu einem historischen zweiten Gipfeltreffen nach Brandts Besuch in Erfurt zusammen, Teil der den Rechtsextremen verhassten neuen Ostpolitik. Die selbsternannte Befreiungsfront wollte offenbar mit Sprengstoff das Stromnetz der Stadt angreifen. Dazu kommt es nicht.

Gefunden werden bei der Truppe, darunter Mitglieder des früheren NPD-«Ordnungsdienstes», unter anderem Pistolen, Gewehre, Munition, Listen missliebiger Politiker und Journalisten. Auch die Provokation von Zwischenfällen an der Grenze zur DDR soll zu den Plänen gehört haben, sind die Ermittler überzeugt. Pamphlete legen nahe, dass aus der «Befreiungsfront» eine konspirative, straff organisierte, bundesweit agierende Terrororganisation werden sollte, samt Oberkommando, Spezialabteilungen und Staffelkommandeuren. Sie sind Teil einer neuen Phase rechtsterroristischer Organisierung. 1972 erkennt das Landgericht Düsseldorf in der Gruppe jedenfalls eine kriminelle Vereinigung.

Und schon damals taucht ein Problem auf, das bis heute die Debatte um den staatlichen Umgang mit rechtem Terrorismus prägt: Der Hauptbelastungszeuge ist ein in der Gruppe aktiver V-Mann des nordrhein-westfälischen Verfassungsschutzes. Er gibt vor Gericht «eine so zwielichtige Vorstellung» ab, wie es damals in der *Frankfurter Allgemeinen Zeitung* heißt, dass sich die Anklageschrift, die auf Material des Inlandsgeheimdienstes aufbaute, «in vielen Punkten als nicht beweisbar zeigte». So lieferte der Mann dem Amt zwar «fleißig Berichte über die Absicht einiger NPD-Funktionäre, nach der verlorenen Bundestagswahl 1969 in den Untergrund zu gehen und hier politisch-militant weiterzuarbeiten», aber die Hauptangeklagten behaupten nun, dass er sie auch dazu angestiftet habe. Urteil: Vier Freisprüche, fünf Freiheitsstrafen auf Bewährung.

Am Tag nach der Festnahme der Männer gehen Rechtsradikale eben ohne sie gegen den Besuch des DDR-Regierungschefs auf die Straße. Dabei erschallt eine Beschimpfung aus der Reihe der Rechten, die auch heute wieder populär ist: Volksverräter. «Volksverräter Hand in Hand – Willi Stoph und Willy Brandt», ist zu hören, als die beiden Politiker in einem gepanzerten Mercedes 600 vom Bahnhof aufbrechen. So notiert es damals ein Reporter der *Zeit* in Kassel.

47 Jahre später in derselben Stadt. 26. Juni 2017. Stephan Ernst verschickt ein Bild per WhatsApp: Im Hintergrund der Reichstag in Berlin, im Vordergrund ein Galgen. «Das ist symbolisch gemeint», erklärt Ernst in einer weiteren Nachricht. «Was ist da heute los?», wird er gefragt. Antwort: «Volksverrat ... wie immer.»

Das Feindbild vom Politiker, der vermeintlich das Volk verrät, ist bereits in der Zeit vor dem Nationalsozialismus virulent und überdauert das «Reich» um viele Jahrzehnte. Das Ressentiment gegen «die da oben», das als Ersatz für eine tatsächliche Kritik gesellschaftlicher Verhältnisse dienen soll, ist fester Bestandteil der Weltbilder antidemokratischer Bewegungen weltweit – von Rechtspopulisten bis zu Rechtsterroristen.

Den Veränderungen in Westdeutschland steht die militante Rechte in den 1970ern letztlich etwas hilflos gegenüber: der Ostpolitik, der beginnenden kritischen Auseinandersetzung mit dem Nationalsozialismus, dem gesellschaftlichen Aufbruch. Was tun? Ein früherer Offizier der Waffen-SS, inzwischen NPD-Stadtrat in Coburg, hat einen Vorschlag.

Im März 1970 erscheint in seiner Zeitschrift *Nation Europa* ein Nachdruck der von ihm verfassten «Werwolf»-Fibel aus der Endphase des Nationalsozialismus. An Militärhistoriker dürfte Arthur Ehrhardt sich damit nicht gerichtet haben. Auch wenn sich die in dem Buch vorgestellten militärischen Strategien kaum eins zu eins auf die damalige Situation übertragen ließen, hat es für die Szene eine ideologische Anziehungskraft. Der Autor bemüht damals bereits eine Vorstellung, die bis heute in der radikalen Rechten kursiert – je nach Milieu «Volkstod» genannt oder lieber «der Große Austausch». Schon damals wird eine vermeintliche «Überfremdung» zum Thema: Es geht um die angebliche «Auslöschung des deutschen Volkes», die der «Werwolf»-Autor bereits damals als «Genozid» bezeichnet, wie der Politikwissenschaftler Gideon Botsch dokumentiert hat. Zur Erinnerung: Die Befreiung von Auschwitz liegt da nur 25 Jahre zurück.

Als die deutsche Gesellschaft und die Sicherheitsbehörden vor allem mit der RAF beschäftigt sind, werden zeitgleich, aber in der Wahrnehmung in deren Schatten, immer wieder bewaffnete Gruppen der militanten Rechten ausgehoben, die heute kaum jemand mehr kennt. Sie heißen «Nationale Deutsche Befreiungsbewegung» (gegründet im hessischen Hanau), «Gruppe Hengst» oder «Nationalsozialistische Kampfgruppe Großdeutschland».

Auch das Konzept Wehrsportgruppe kommt in jener Zeit in Mode. 1973 ruft Karl-Heinz Hoffmann, der sich in Uniform und seinem karikaturhaften Schnauzer schon früh geschickt medial in Szene setzt, die nach ihm benannte Gruppierung ins Leben. Die

Wehrsportgruppen schließen an die militaristischen Traditionen des Rechtsterrorismus an und wirken speziell auf junge Männer in der Szene anziehend. Auch hier ist die in vielen Fällen sicher mehr pseudo- als paramilitärische Ausbildung vielleicht nicht das Entscheidende. Keine der Nazi-Wehrsportgruppen schafft es je tatsächlich, sich zu einer Guerilla-Truppe zu entwickeln, die über einzelne Aktionen hinaus langfristig einen Kleinkrieg führte. Das Netzwerk der Wehrsportgruppe Hoffmann, der Umgang mit und Zugang zu Waffen, die Agitation, Selbstvergewisserung und die Enthemmung sollten trotzdem tödliche Folgen haben.

Hoffmann selbst ist bis heute aktiv. Er tritt als Redner auf oder veröffentlicht bizarr anmutende Videos auf YouTube, die ihn mit ergrautem Bart und struppigen Brauen mal vor einer Bücherwand zeigen oder auch nackt in der Badewanne. Auch Stephan Ernst hat wohl einige davon gesehen, ist aber irgendwann nicht mehr so richtig zufrieden. Ende August 2018 macht er seinem Ärger Luft. «Sehr geehrter Herr Hoffmann», schreibt er bei YouTube, die Videobotschaften seien zu «defätistisch». Ernst hat sich selbst dort das Pseudonym «Game over» gegeben, das nicht gerade den optimistischen Esprit des Aufbruchs versprüht. Müsse es in Bezug auf die Ziele, die man habe, nicht heißen: «Meine Ehre heißt Treue ..., auch und gerade im Angesicht von Verrat und Niederlage ?» [sic], fragt er Hoffmann. Dessen Antwort fällt knapp aus und klingt leicht beleidigt. Enttäuscht ist offenbar auch Ernst, weil Hoffmann aus seiner Sicht einmal «gross angefangen» habe. Damit dürfte er die Gründungsphase der Wehrsportgruppe in den 1970er Jahren meinen, vielleicht auch die Attentate aus ihrem Umfeld, die dann folgten.

In den 1970ern kommt es zu schweren Straftaten radikaler Rechter: Brandstiftung, Sprengstoff-Anschläge, Überfälle. Immer wieder sind politische Gegner im Fadenkreuz, die Taten richten sich auch gegen die DDR und angebliche Repräsentanten in Westdeutschland,

Einrichtungen der US-Armee geraten in den Fokus. Zunehmend treten Antisemitismus und Angriffe auf Gedenken und Erinnern an die Verbrechen zur Zeit des Nationalsozialismus in den Vordergrund, beobachtet Gideon Botsch. Beispielhaft dafür sind die Anschläge des in Wiesbaden geborenen NPD-Kaders und Diplom-Chemikers Peter Naumann auf Sendemasten bei Koblenz und Coesfeld, um die Fernsehausstrahlung der einflussreichen US-Serie «Holocaust» zu verhindern. Es ist nicht der erste Anschlag des Mannes mit dem Spitznamen «Bombenhirn». Er wird Jahre später vom Oberlandesgericht in Frankfurt verurteilt, taucht aber auch nach seiner Haftstrafe immer wieder in der Szene auf.

Stephan Ernst hört ihn bei Demonstrationen sprechen, zum Beispiel am 3. Oktober 2001 in Berlin. Darüber berichtete Ernst den Kameraden von der NPD später bei einem Stammtisch im Nebenraum der Kasseler Kneipe «Goldener Anker». Ein bisschen Ärger gibt es auch, weil die Anreise mit dem Bus nicht wie versprochen geklappt hat. Mit am Tisch sitzt an dem Abend wieder ein Spitzel des hessischen Landesamtes für Verfassungsschutz, das so eine Art Protokoll des Treffens geliefert bekommt.

Gut acht Jahre später referiert Naumann bei seinen hessischen Kameraden, diesmal in einer nordhessischen Kleinstadt an der Eder. Sein Thema: «Biologische Kriegsführung gegen Deutschland?». Es geht mal wieder um die vermeintliche «Überfremdung». Naumann sagt seinen Kameraden, dass er diese für verbrecherisch hält, weswegen man Politiker als Verbrecher bezeichnen dürfe. So steht es jedenfalls in den Akten des Inlandsgeheimdienstes. Damals lauscht demzufolge auch Markus H. dem «Bombenhirn».

Der Werwolf-Mythos wird in den 1970er Jahren nicht nur theoretisch, durch den Fibel-Nachdruck, aufgewärmt. Auch Michael Kühnen beteiligt sich daran. Er ist schon mit Mitte zwanzig eine zentrale Figur in der militanten Szene. Bundesweit bekannt, geschickt in der medialen Selbstinszenierung und in der Lage, das Milieu zu mobilisieren, wird er bei dem Aufbau einer solchen Organisation erwischt: 1979 kommt der umstrittene Terrorismus-Paragraf 129a, der die «Bildung einer terroristischen Vereinigung» unter Strafe stellt und im Kampf gegen die RAF geschaffen wurde, erstmals gegen Rechtsextreme zum Einsatz – unter anderem gegen den damals erst 23-jährigen Kühnen. Mitglieder einer «Wehrsportgruppe Werwolf» und seiner «Aktionsfront Nationaler Sozialisten» müssen sich vor dem Oberlandesgericht Celle verantworten. Es geht um Raubüberfälle, Bankraub, Diebstahl von Waffen, unter anderem von niederländischen Soldaten, die bei einer Biwak-Übung überrascht wurden. Unter den Angeklagten sind auch Kader der «Wiking-Jugend» und ein ehemaliger Bundeswehr-Stabsunteroffizier. Kühnen und Komplizen planten laut Anklage eine «Werwolf-Untergrundorganisation», die Bundeswehr-Einheiten oder Nato-Einrichtungen angreifen oder die Berliner Mauer mit Sprengstoff attackieren sollte. Auch Anschläge auf den Obelisken der KZ-Gedenkstätte Bergen-Belsen oder Attentate auf die als Nazi-Jäger bekannten Beate und Serge Klarsfeld wurden wohl diskutiert. Größenwahnsinnig wurde sogar die Befreiung des ehemaligen Hitler-Stellvertreters Rudolf Heß aus dem Kriegsverbrecher-Gefängnis in Berlin-Spandau erwogen. Die Neonazis nehmen sich damals unter anderem das Vorgehen der RAF zum Vorbild. Bei einem Raubüberfall versuchen die Täter sogar zur Tarnung als linke Terroristen zu erscheinen, agieren unter falscher Flagge; eine Taktik, die unter Rechtsextremen bis heute diskutiert wird.

Stephan Ernst macht sich viele Jahre später dazu einmal selbst Notizen. In sauberer, kindlich wirkender Schreibschrift sind auf einem Zettel Konzepte für einen «unkonventionellen Krieg» festgehalten. Ernst notiert, wie man mit Terroranschlägen, die Linken in die Schuhe geschoben werden, «die unpolitische Bevölkerung manipulieren» könne: Ziele sind demnach «kleine Beamte, Polizisten, Briefträger, Mitglieder des Stadtrates, Lehrer und manchmal ein Bürgermeister».

Diese Sätze hat er wohl aus einem Buch abgeschrieben. Sie tauchen mehrfach in Beiträgen über die türkischen extrem rechten Grauen Wölfe auf. Dort werden sie als Übersetzung eines CIA-Handbuches zitiert. In einer anderen Notiz fantasiert Ernst über einen fingierten Raubmord an einem Sozialarbeiter, der einem Schwarzen angehängt werden soll, indem die Täter dort die Tatwaffe deponieren. Das Ziel: «Wenn dies nach Plan gut über die Bühne läuft dann haben die Rechten eine gute Presse» [sic]. Die Zettel stammen vermutlich aus der Zeit, in der Ernst mit Anfang zwanzig eine Haftstrafe absitzt. Später scannt er sie ein und speichert die Bilddateien verschlüsselt ab.

Die Gruppe um Kühnen steht aus Sicht der Historikerin Barbara Manthe beispielhaft für die Folgen der Radikalisierung von Neonazis in der Bundesrepublik in jener Zeit. Sie zeigt auch die ambivalente Reaktion des Staates: Einerseits werden erstmals Neonazis als Mitglieder einer terroristischen Vereinigung angeklagt, andererseits werden die Ermittlungen eng auf die Haupttäter begrenzt. In deren Umfeld ist wieder ein fragwürdiger V-Mann aktiv. Den Prozess vor dem Oberlandesgericht Celle in der Justizvollzugsanstalt Bückeburg nutzen die Angeklagten als Bühne und lassen sich aus dem Publikum bejubeln. Alle sechs Angeklagten erhalten Haftstrafen. Neonazi-Ikone Kühnen kommt mit einer Verurteilung wegen Propaganda-Delikten davon, seine Rädelsführerschaft sehen die Richter nicht als bewiesen an. Kühnen macht später bis zu seinem frühen Tod unbeeindruckt weiter.

Zur Zeit jenes ersten Terror-Prozesses gegen Rechtsextreme laufen noch weitere Verfahren, gleich zwei davon in Hessen: Die Bundesanwaltschaft ermittelt gegen einen Hanauer Kellner. Der 32-Jährige soll mit Kameraden Anschläge auf den Ankläger in den Nürnberger Kriegsverbrecherprozessen Robert Kempner und auf den Professor und Buchenwald-Überlebenden Eugen Kogon geplant haben, Autor des Standardwerks «Der SS-Staat». Die

Staatsanwaltschaft Frankfurt geht derweil gegen einen Oberfähnrich der Reserve vor, der noch aus der Untersuchungshaft in Frankfurt-Preungesheim, wo später Stephan Ernst und Markus H. untergebracht werden sollten, Kassiber mit Anweisungen zu Aktionen nach draußen schmuggelt.

«Die neue Qualität der Taten, den Trend zu Terror und Gewalt am rechten Rand des politischen Spektrums, beobachten Sicherheitsbehörden seit gut einem Jahr mit ‹wachsender Sorge›», heißt es in einem *Spiegel*-Bericht aus der Zeit. Auch im Innenministerium ist man darauf aufmerksam geworden, dass die Zahl der registrierten Delikte steigt: 1976 waren es noch 319, im Jahr darauf schon 616 und 1978 gut 1000 Fälle. Im Jahr 1979 kommt es zu einem Höchststand nach Kriegsende, worauf auch der Verfassungsschutz des Bundes in seinem Jahresbericht hinweist: Insgesamt 1483 Straftaten werden demnach gezählt, 97 sind Gewalttaten. In dem Bericht wird vor der «Bereitschaft, terroristische Gewaltmethoden zur Durchsetzung rechtsextremistischer Ziele anzuwenden», gewarnt. Dennoch heißt es: «Der deutsche Rechtsextremismus stellte, wie in den letzten Jahren, auch 1979 keine Gefahr für die freiheitliche demokratische Grundordnung dar.»

Derweil gibt es erste institutionelle Reaktionen des Staates: Die im Bundesamt für Verfassungsschutz zuständige Abteilung II wird aufgestockt. Bei der Bundesanwaltschaft gibt es nun ein spezielles Referat für einschlägige Verfahren. Generalbundesanwalt Kurt Rebmann wolle aber «nichts dramatisieren», wird er im Frühjahr 1979 im *Spiegel* zitiert. Und auch FDP-Innenminister Gerhart Baum sieht die Bedrohung von rechts als «quantitativ und qualitativ» geringer als die von links.

«Blut muss fließen»

21. August 1980, kurz vor Mitternacht, Hamburg-Billbrook. Gerade hat der Regen etwas nachgelassen. In dem langgestreckten Backsteinhaus brennt hinter einigen Fenstern noch Licht. Hier, in einem Industriegebiet gleich beim Dreieck Hamburg-Südost der A1, leben Geflüchtete, viele von ihnen kommen damals aus Vietnam.

Offenbar etwas überraschend für die lokalen Behörden sind gerade noch neue Bewohner hinzugekommen. Das *Hamburger Abendblatt* hat die Nachricht an diesem verregneten Sommertag zur Spitzenmeldung auf der Titelseite gemacht. Überschrift: «Asylbewerber nach Hamburg geschickt». Der Senat der Hansestadt sei verärgert, dass am Vortag überraschend «19 Zigeuner und weitere zehn Asylbewerber» aus einer Unterkunft in Fulda in Hamburg am Hauptbahnhof angekommen seien, heißt es in dem Zweispalter. Die hessischen Behörden hätten darüber erst 53 Minuten vor deren Ankunft informiert. Auf Seite 2 kommentiert ein Redakteur: «Auch Hamburg, die weltoffene Stadt mit liberaler Tradition, kann nicht unbegrenzt Problem-Ausländern Gastrecht gewähren.» Schon auf Seite 1 hatten die Leserinnen und Leser erfahren, dass die Stadt schließlich schon mit «9000 Asylbewerbern überlastet» sei. Auch die Straße, in der das Heim in Billbrook liegt, wo die Menschen aus Hessen jetzt unterkommen, nennt die Meldung.

Dort, in der Halskestraße 72, Zimmer Nummer 34, haben sich Đỗ Anh Lân und Nguyễn Ngọc Châu in dieser Nacht schon schlafen gelegt. Sie wohnen bereits etwas länger hier, teilen sich ein kleines Zimmer mit zwei Betten. Nguyễn Ngọc Châu ist Lehrer, damals 22 Jahre alt. Er kam in Saigon zur Welt, ging während seiner Flucht an Bord der legendären Cap Anamur, gelangte schließlich nach Deutschland. Sein Mitbewohner Đỗ Anh Lân ist gerade einmal 18 Jahre alt, er saß mit Tausenden Boat People auf der Insel Pulau Bidong fest, kam mit einer Hilfsaktion der Wochenzeitung *Die Zeit* etwa ein Jahr zuvor in die Hansestadt. Auf einem Polaroid-Foto von damals sieht man zwei schlanke Männer lachen, denen die Haare im Nacken auf die Hemdkragen fallen, Nguyễn Ngọc Châu hat einen dünnen Schnurrbart im Gesicht, Đỗ Anh Lân ein Jeanshemd mit großen Brusttaschen an.

Plötzlich durchschlägt etwas die Fensterscheibe ihres Zimmers im Hochparterre, zieht einen hellen Feuerschweif hinter sich durch die Dunkelheit. Im Zimmer zersplittert eine Glasflasche. Die Täter haben sie aus Dettingen auf der Schwäbischen Alb mitgebracht, unterwegs den Orangensaft ausgetrunken, Benzin hineingefüllt und Putzwolle um die Flaschenhälse gewickelt. Der Treibstoff flammt auf und verpufft. Es fliegen noch weitere Flaschen hinterher.

Manche der Bewohner im Haus hören den Knall, riechen den Qualm, der aus dem Zimmer quillt. Die Tür lässt sich von außen aber nicht öffnen. Đỗ Anh Lân dreht von innen den Schlüssel um und wankt seinen Mitbewohnern entgegen. Ihm hängt die Haut in Fetzen von den Armen, erzählt ein Bewohner später einem Journalisten. Auf dem Weg nach draußen verliert einer der Verletzten eine «völlig versengte Fußsohlenhaut», wird es im Gerichtsurteil später heißen. Nguyễn Ngọc Châu stirbt Stunden später. Todesursache: massiver Verbrennungsschock, etwa drei Viertel seiner Körperoberfläche sind verbrannt. Die Ärzte kämpfen weiter um das Überleben von Đỗ Anh Lân, am Nachmittag des 31. August erliegt auch er seinen Verletzungen.

In ihrem Zimmer ist der Fußboden angeschmolzen, die Gardinen sind verbrannt. Das Feuer greift aber nicht auf den Rest des Gebäudes über. Draußen haben die Täter mit roter Farbe «Ausländer raus» an eine Wand gesprüht, bevor sie die mitgebrachten Molotow-Cocktails durch die Scheibe schmeißen.

«Befreiung beginnt», notiert sich der Anführer der Gruppe in seinem Taschenkalender, als er vom Tod eines der beiden jungen Männer erfährt. Für ihn seien sie keine Menschen, sondern «Halbaffen», soll er später zu seinen Kameraden gesagt haben, die er nach dem Anschlag laut Tagebuch zu einem «Festessen» einlädt.

Der Mann ist Manfred Roeder, Jahrgang 1929. Er gibt gerne damit an, noch an der Schlacht um Berlin teilgenommen zu haben, ist eine Zeitlang CDU-Mitglied, später Anwalt von Rudolf Heß gewesen. Aus einem Brief des Kriegsverbrechers und ehemaligen Reichspräsidenten Karl Dönitz leitet Roeder seine vermeintliche Position als «Reichsverweser» ab, eine Art Nachlassverwalter des NS-Staates. Zu seinem Stützpunkt hat er ab 1975 ein Anwesen am Rande des nordhessischen Schwarzenborn gemacht, bekannt als «Reichshof». Er wird lange ein Anlauf- und Anziehungspunkt bleiben. Von dort verbreitete er offen antisemitische, rassistische, revisionistische Pamphlete.

Am Tatort in Hamburg ist Roeder nach Ergebnis der Ermittlungen nicht gewesen. Aber er hört noch am Morgen vor der Tat am Telefon von der Nachricht im *Abendblatt*. Die Haupttäter, Raymund Hörnle, ein schwäbischer Schlosser, und die Radiologie-Assistentin Sibylle Vorderbrügge aus Bremerhaven, sind beim Tanken nur durch einen Zufall auf die Meldung gestoßen. Sie sind eigentlich aus einem anderen Anlass nach Hamburg gefahren, entscheiden sich spontan zur Tat.

Es ist nicht der erste Anschlag der Truppe, die sich den Namen «Deutsche Aktionsgruppen» gegeben hat. Aber es ist ihr erster mit Todesopfern. Und wohl der erste rassistische Anschlag in Deutschland, bei dem Menschen ihr Leben verlieren. Es ist zugleich der Auftakt für eine beispiellose Serie von Gewalttaten. 1980 wird als das blutigste Jahr des deutschen Rechtsterrorismus in die Geschichte eingehen.

München, Theresienwiese, 26. September, 22.20 Uhr. Der Mord an den beiden Geflüchteten in Hamburg ist gerade einen Monat her, es sind noch ein paar Tage bis zur umkämpften Bundestagswahl 1980, Strauß gegen Schmidt. Auf dem Festplatz in der bayerischen

Landeshauptstadt dröhnt noch die Blasmusik aus den Bierzelten, aber viele Feiernde sind schon auf dem Heimweg. Dann detoniert eine Bombe, abgelegt in der Nähe des Haupteingangs in einem Abfallkorb. 12 Menschen und den Täter reißt sie in den Tod, mehr als 220 weitere werden verletzt. Bis heute ist es der schwerste Terroranschlag in der Geschichte der Bundesrepublik.

Mit den folgenden Ermittlungen ist vor allem das Wort «Einzeltäter» verknüpft. Die Behörden machen damals eine unpolitische Tat aus dem Anschlag, begangen von Gundolf Köhler, dem vermeintlich suizidalen Eigenbrötler. Die rechte Szene wird nicht umgekrempelt. Bereits 1982 wandern die Akten vorerst ins Archiv. Für den Journalisten Ulrich Chaussy, der seit 40 Jahren dazu recherchiert, ist das der Beginn der Verdrängung des Rechtsterrorismus, der steilen Karriere der «Einzeltätertheorie», eine umfassende Aufklärung sei bewusst blockiert worden. Schon damals ist klar, dass Köhler Kontakte zur Wehrsportgruppe Hoffmann hatte. Sie war im Winter von FDP-Innenminister Gerhart Baum verboten worden. Bayerns Ministerpräsident Franz Josef Strauß, der Kanzlerkandidat der Union, hatte die Truppe vor dem Anschlag verharmlost: «Mein Gott, wenn ein Mann sich vergnügen will, indem er am Sonntag auf dem Land mit einem Rucksack und mit einem mit Koppel geschlossenen Battle-Dress spazieren geht, dann soll man ihn in Ruhe lassen», wird er zitiert.

Kurz vor dem 40. Jahrestag des Anschlags im Sommer 2020 stellt der Generalbundesanwalt die 2014 doch noch einmal aufgenommenen Ermittlungen zum Oktoberfestattentat ein zweites Mal ein. Der Prozess gegen Stephan Ernst und Markus H. hat da gerade begonnen. Ein rechtsextremes Motiv bei dem Anschlag von München wird jetzt anerkannt. Dies folge aus den Kontakten des 21-jährigen Täters «in rechtsextremistische Kreise, seinen kurz vor der Tat getätigten Äußerungen, wie man die bevorstehende Bundestagswahl beeinflussen könne, sowie seinem in diesem Zusammenhang ebenfalls geäußerten Wunsch nach einem dem nationalsozialistischen Vorbild folgenden Führerstaat», heißt es in der wohl letzten Mitteilung der Karlsruher Behörde zu dem Fall. Auch Köhlers Verbindungen in die militante Neonazi-Szene werden benannt: zum Hochschulring Tübinger und Reutlinger Studenten, zur NPD und ihrer Jugendorganisation, zur Wiking-Jugend, zur Aktionsfront Nationaler Sozialisten um Kühnen, zur Volkssozialistischen Bewegung Deutschlands / Partei der Arbeit sowie zur Wehrsportgruppe Hoffmann. Zum Komplex «der sogenannten Stay-Behind-Organisationen westlicher Nachrichtendienste», die im Kalten Krieg in der Bundesrepublik Depots mit Waffen und Sprengstoff angelegt hatten, so wie damals der Technische Dienst, habe man ebenfalls ermittelt.

Die Wiederaufnahme des Verfahrens war auch Ergebnis der Kämpfe engagierter Anwälte von Betroffenen und journalistischer Recherchen. Mehr als tausend weitere Vernehmungen führen die Ermittler, prüfen nach eigenen Angaben 770 Spuren, sichten mehr als 300 000 Seiten Akten. Es ist ein später Versuch, noch aufzuklären. Das Ergebnis: Eine Beteiligung weiterer Personen «als Anstifter, Gehilfen oder Mittäter» könne zwar nicht ausgeschlossen werden, konkrete Anhaltspunkte gebe es aber nicht. Das gelte, obwohl «Fragen offengeblieben sind sowie einzelne Sachverhalte nicht vollständig festzustellen oder zu bewerten waren». Dazu zählt etwa die Suche nach der Person, der eine abgerissene Hand fehlt, die am Tatort gefunden wurde. Ein unbekannter Mittäter, der lieber flüchtete, als sich behandeln zu lassen? Oder gehört der Körperteil zu Köhler, wie die Behörden annehmen? Eine klärende DNA-Untersuchung ist nicht mehr möglich: Der «Verbleib der sichergestellten Hand» konnte «nicht mit letzter Gewissheit geklärt werden», hält der Generalbundesanwalt fest.

Aufgeklärt wird so auch viele Jahre danach nicht mehr, ob der Anschlag in Verbindung zu einer weiteren Tat von 1980 steht.

Erlangen, 19. Dezember. 18.30 Uhr. Ein Bungalow im Norden der

Stadt, nahe der Universität. Als es klingelt, geht Shlomo Lewin zur Tür. Vor den Nazis rechtzeitig aus Deutschland geflüchtet, kehrte er in den 1960ern zurück, wurde Verleger und zeitweise Vorsitzender der jüdischen Gemeinde in Nürnberg. Als er seine Haustür öffnet, feuert der Attentäter aus einer Maschinenpistole auf den damals 69-Jährigen. Auch Lewins Lebensgefährtin Frida Poeschke erschießt der Mann – und flieht. Der Journalist Ronen Steinke hat in seinem Buch «Terror gegen Juden» rekonstruiert, wie die Ermittlungen sich von Anfang an gegen das Umfeld der Mordopfer richten. Das zeigt zugleich, was sich die deutschen Behörden darunter so vorstellen: Eine Beteiligung des israelischen Geheimdienstes Mossad wird in Betracht gezogen, im Keller vermuten die Ermittler «kompromittierendes Material», das Lewin vielleicht gesammelt habe, um andere Juden zu erpressen. Dabei diente das Archiv der Arbeit seines Verlags. Auch in den Medien ist zu lesen, der Mann könnte ein Agent gewesen sein, habe angeblich eine «schillernde» Vergangenheit. Freunde, Verwandte, Wegbegleiter werden verhört.

Als fünf Wochen nach der Tat Haftbefehl gegen den tatsächlichen Täter erlassen wird, ist der schon im Ausland. Bis dahin hätte man ihn vielleicht ganz in der Nähe finden können. Nicht einmal eine halbe Stunde Autofahrt vom Haus von Lewin und Poeschke entfernt liegt Schloss Ermreuth, Sitz der bereits verbotenen Wehrsportgruppe Hoffmann. Eine am Tatort zurückgelassene Sonnenbrille hatte die Ermittler schließlich zu Karl-Heinz Hoffmann und dessen Lebensgefährtin geführt. Sie werden Jahre später vor Gericht von dem Vorwurf freigesprochen, mit dem Mord etwas zu tun gehabt zu haben. Als Schütze gilt Wehrsportgruppen-Mitglied Uwe Behrendt. Der ist damals flüchtig, wenig später tot, und ein weiterer «Einzeltäter».

Der Doppelmord von Erlangen bleibt nicht die letzte tödliche Tat im Terrorjahr 1980: Am 24. Dezember versucht der deutsche Neonazi Frank Schubert, aus der Schweiz mit einem Schlauchboot

Waffen über den Rhein in die Bundesrepublik zu schmuggeln. Der 23-Jährige wird entdeckt und schießt auf Schweizer Beamte. Es gibt Verletzte und zwei Tote, einen Grenzer und einen Polizisten. Später richtet er seine Waffe gegen sich selbst, wird in der Gemeinde Böttstein tot im Straßengraben gefunden.

Seine Spur führt die Ermittler vom Rhein nach Frankfurt am Main, wie der *Spiegel* damals berichtet. Dort war Schubert in der Volkssozialistischen Bewegung Deutschlands/Partei der Arbeit aktiv. Anführer ist Friedhelm Busse, einst Mitglied im «Bund Deutscher Jugend». Seine neue Truppe entsteht Anfang der 1970er als Teil der Reaktion der Szene auf die Erfolglosigkeit der NPD. Frankfurt soll jetzt zur neuen «Hauptstadt der Bewegung» werden. Die Ermittler stoßen in diesem Umfeld auch auf Walter Kexel. Er ist noch jünger als Schubert, und gegen ihn sind in Frankfurt schon Verfahren anhängig. Er war mit Schubert in einem geliehenen VW Jetta mit Frankfurter Kennzeichen in die Schweiz gefahren. In dem Ermittlungsverfahren gilt er aber nur als Zeuge. «Die werden immer selbstsicherer, weil wir sie gleich wieder laufenlassen», wird ein anonymer hessischer Fahnder im *Spiegel* zitiert. Tatsächlich wird der damals noch 19-Jährige wenig später zusammen mit Odfried Hepp in Frankfurt die sogenannte Hepp-Kexel-Gruppe gründen. Sie rauben Banken aus und begehen ab 1982 im Rhein-Main-Gebiet Anschläge auf US-Einrichtungen. Auch zu Naumann haben sie Kontakt. Mit dem «Bombenhirn» planen sie, wie schon ihre Vorgänger in den 1970ern, die Befreiung von Rudolf Heß. Sie zerstreiten sich aber, und Heß muss weiter vergeblich auf seine Rettung hoffen. 1987 begeht er in seiner Zelle Suizid. Verehrt wird er in der rechtsextremen Szene bis heute, auch Stephan Ernst besucht 2002 eine Gedenkfeier für ihn.

Die Bilanz des Jahres 1980 lautet: 18 Tote, mehr als 220 Verletzte.

Gutbürgerlicher Terrorismus

Nur die Mörder von Đỗ Anh Lân und Nguyễn Ngọc Châu müssen sich schließlich vor Gericht verantworten. Nach wenigen Tagen kommen die Behörden ihnen auf die Spur. Schon auf dem Weg nach Norddeutschland hatten sie rassistische Parolen auf Straßenschilder gesprüht. Jemand hatte sich dabei ihr Kennzeichen notiert. Die folgenden Festnahmen sind das Ende der «Deutsche Aktionsgruppen».

Entstanden war die Gruppierung in einer kleinen Gemeinde bei Reutlingen, wo der HNO-Arzt Heinz Colditz zunächst einen Patienten, den späteren Bombenbauer Raymund Hörnle, mit Gesprächen über die gemeinsame Zeit in der Hitlerjugend anwirbt. Sie gründen einen «Freundeskreis», hören Hitler-Reden von der Schallplatte, nehmen Kontakt zu Roeder, dem «Reichsverweser», auf, der damals auf der Flucht vor den Behörden ist. Später stößt Sibylle Vorderbrügge hinzu, eine Freundin der Tochter des Arztes. Sie beginnt mit dem fast 30 Jahre älteren Roeder eine Affäre.

Erstaunlich unprofessionell, allenfalls semikonspirativ, aber äußerst kaltblütig gehen die Mitglieder der gutbürgerlichen Gruppe bei ihren Taten zu Werke. Sie weihen Verwandte und Bekannte in ihre Pläne ein, fragen auch mal bei Verbündeten vor Ort nach dem Weg, wenn sie selbst kein Anschlagsziel finden können. Wenn sich Roeder und Vorderbrügge in Briefen nicht gerade als «Thusnelda» und «Siegfried» anschmachten, planen sie den bewaffneten Kampf. Mit selbstgebastelten Sprengstoffen greift die Gruppe zuerst im Februar 1980 eine Auschwitz-Ausstellung im Esslinger Landratsamt an, im April das Wohnhaus des Landrats in Esslingen. Vor einer Grundschule in Hamburg, gerade nach dem im Vernichtungslager Treblinka ermordeten jüdischen Pädagogen Janusz Korczak benannt, deponieren sie wenig später eine Bombe. Sie zündet erst nicht. Als zwei Spaziergängerinnen den Sprengsatz finden, geht er hoch und verletzt die beiden Krankenschwestern.

Die Täter um Roeder greifen die damalige Diskussion um die Aufnahme von Asylsuchenden auf. Im *Spiegel* heißt es nach der Festnahme mahnend: Die «Neubraunen» hätten «mit ihren komischen Trachten und Tiraden» kaum Aussicht auf großen Zuspruch in der Bevölkerung, mit dem «Kampf gegen asylsuchende Ausländer hingegen kommen sie den Vorstellungen vieler Westdeutscher schon näher». Und darum geht es: Roeders Leute machen im Sommer 1980 Unterkünfte von Geflüchteten zum Ziel – und damit auch ihre Bewohnerinnen und Bewohner. Während sie zuvor noch darauf achteten, keine Menschen zu gefährden, spielt das offensichtlich keine Rolle mehr, als es gegen Nicht-Deutsche geht.

Am 30. Juli um 0.46 Uhr explodiert eine Rohrbombe an einem Sammellager in Zirndorf, das Sibylle Vorderbrügge ausgekundschaftet hat. Es wird zum Glück niemand verletzt. Mit Hilfe einer Frau, die bei der Stadt Sindelfingen arbeitet, besorgen sie sich danach die Adresse eines Hotels in Leinfelden-Echterdingen, in dem Geflüchtete untergebracht sind. Sie basteln Molotow-Cocktails nach dem bebilderten Rezept eines Schweizer Buchs über den «Kleinkrieg», das offenbar etwas praxistauglicher angelegt ist als die «Werwolf»-Fibel und bis heute unter Neonazis kursiert, inzwischen längst als PDF. Als die Brandflaschen am 7. August durch die Scheiben fliegen, wachen die Bewohner des Zimmers auf und können löschen. Sie erleiden Brandwunden, einer eine Rauchvergiftung, aber sie kommen mit dem Leben davon. Eine weitere Rohrbombe verletzt in Lörrach in den frühen Morgenstunden des 17. August drei eritreische Jugendliche zwischen 15 und 17 Jahren. Eine von ihnen muss elf Tage im Krankenhaus versorgt werden. Sie hat Splitter im Gesicht, im rechten Arm und am Auge.

Kleine Brände und Verletzte reichen den Tätern dann nicht mehr. Beim Angriff auf die Unterkunft in Hamburg setzen sie wieder Brandflaschen ein, aber nach der Erfahrung in Leinfelden-Echterdingen gleich drei.

«Blut muss fließen», soll Roeder gesagt haben. Mit den Anschlägen will er auch erreichen, international in der Terroristenszene ernst genommen zu werden. Noch im Februar 1980 hatte er versucht, im Iran politisches Asyl zu erlangen. Das Interesse der Mullahs an Roeder, der sich in seinem Antrag als Sprecher der «Freiheitsbewegung Deutsches Reich» vorstellte und die «sogenannte Bundesregierung als amerikanische Besatzungszone unter zionistischer Kontrolle» beschrieb, war denkbar gering. Er erhielt keine Antwort, auch nicht auf Briefe an den Ajatollah persönlich. In Beirut traf er sich mit «zweitrangigen Leuten» der «Volksfront zur Befreiung Palästinas» (PFLP), wie die Richter in ihrem Urteil später festhalten. Er wurde dort durch eines der Lager geführt und schrieb an seiner Liste von «Volksverrätern». Schon von unterwegs informiert er Vorderbrügge daheim in Deutschland, man müsse «eigene Aktivität» entfalten, um «mehr Gewicht bei den Verhandlungen zu haben».

Mit größerem Erfolg werden Kontakte in der verhassten Bundesrepublik geknüpft. Zum Beispiel zu einem Förster in der Lüneburger Heide. Der auch den Behörden lange bekannte Rechtsextreme unterhält damals eine unterirdische Waffenkammer erschreckenden Ausmaßes. In wohl mehr als dreißig Erddepots lagert Heinz Lembke ein Sammelsurium an Chemikalien, Sprengstoff, Panzerfäusten und Gewehren teils aus früheren Bundeswehrbeständen. Nur wenige Tage nach dem Anschlag von Hamburg treffen Roeders Leute ihn zum ersten Mal. Lembke geht in Beugehaft, um nicht gegen Roeder aussagen zu müssen. Auch «Bombenhirn» Naumann bedient sich aus den Beständen. Erst der Zufallsfund eines Waldarbeiters führt 1981 zur Aufdeckung eines der Depots. Lembke gibt dann weitere preis und kündigt an auszusagen. Dann erhängt er sich in Haft. «Es ist Wolfszeit», soll auf einem in der Zelle gefundenen Zettel gestanden haben.

Roeder ist bei aller Lächerlichkeit und Selbstüberschätzung über Jahrzehnte ein zentraler Akteur in der militanten Rechten – mit tödlichen Folgen. Manches konnte man schon damals aus seinen «Rundbriefen» herauslesen, die er an seine Anhänger verschickte. Sie dokumentieren nicht nur seinen Menschenhass, sondern auch seine strategischen Überlegungen dieser Zeit und geradezu exemplarische Rechtfertigungen des Rechtsterrorismus.

So schreibt Roeder 1979 in einem seiner Pamphlete, es brauche jetzt eine «grundlegende Strategie des Widerstands» und der Befreiung «der Völker vom jüdischen Joch». In dem «Kriegszustand», in dem sich Roeder wähnt, sind demnach alle Mittel recht. Ziele gibt es genug: «Jeder Politiker, jeder Polizist, jeder Verwaltungsmensch ist Organ eines Unrechts-, eines Gewaltsystems.» Das Scheitern der NPD habe gezeigt, so Roeder weiter, dass «Adolf Hitlers Weg, die Machtergreifung über den Stimmzettel», nicht wiederholbar sei. Die Machtverhältnisse ließen sich legal nur über Bürgerinitiativen beeinflussen, die scheinbar unpolitische Themen wie Umweltschutz oder Protest gegen die Atomenergie verfolgten. Hier sollen sich seine Getreuen einbringen. Dieser Vorschlag ist ein klassisches Beispiel für den Versuch radikaler Rechter, virulente Themen aufzugreifen und sich auch neuer, zeitgenössischer Organisationsformen zu bedienen.

Als verbliebenen illegalen Weg zum Ziel skizziert Roeder den Aufbau einer «Befreiungsbewegung», für die er sich von Ajatollah Khomeini inspirieren lässt (unter anderem schaut er sich die Idee, Reden auf Kassetten aufzunehmen und zu verbreiten, bei dem iranischen Islamisten ab). Hoffnung macht Roeder schon damals das Aufkommen einer Strömung in Frankreich, über die in Deutschland auch derzeit wieder viel diskutiert wird: Die Nouvelle Droite, die Neue Rechte, die stets darum bemüht ist, sich vom historischen Nationalsozialismus zu distanzieren. Roeder fasst deren Denken 1979 so zusammen: «Die Neue Rechte propagiert die Ungleichheit aller Menschen und fordert die völkische Verwurzelung in einer hierarchisch gewachsenen Ordnung, in der eine Elite führt. Solche

Töne hat man seit 1945 nicht mehr gehört» – und sie sind Musik in den Ohren des Rechtsterroristen.

Roeder richtet seine Appelle auch an «Einzelkämpfer». Hier scheint die im Rechtsterrorismus bis heute stark verbreitete Idee auf, Alleintäter zu unberechenbaren Taten zu animieren, die wiederum anderen als Vorbild dienen sollen. Auf einer der Roeder-Kassetten heißt es: «Tu, was dir Dein Gewissen empfiehlt und was du längst als notwendig erkannt hast [...] und gründe vor allem keinen Verein, sondern tu als Einzelner was, und um die Tat wird sich eine Zelle gruppieren, mit der du weitermachen kannst». Auf einen Einfall der Sowjetunion, auf einen Tag X, muss nicht mehr gewartet werden. «Die Zeit ist reif, wenn du reif bist», doziert Roeder.

So viel zu den Worten. Die Taten der «Deutschen Aktionsgruppen» richten sich zu Beginn gegen die bei militanten Rechten üblichen Ziele. Neu ist, dass Asylsuchende immer mehr ins Fadenkreuz geraten. Das Ziel der Anschläge auf deren Unterkünfte ist, so soll es dem Urteil zufolge zwischen Roeder und Vorderbrügge besprochen worden sein, «die Asylanten in Angst und Schrecken zu versetzen, sie zur Rückkehr in ihre Heimat zu bewegen, die Öffentlichkeit aufzurütteln und die Regierung unter Druck zu setzen, in dem Sinne, dass sich das deutsche Volk deren Ausländerpolitik nicht länger gefallen lasse». Dafür ist die Gruppe bereit zu töten.

Am 28. Juni 1982 verurteilt das Oberlandesgericht Stuttgart Hörnle und Vorderbrügge zunächst zu einer lebenslangen Freiheitsstrafe, unter anderem wegen Mordes an den beiden Vietnamesen. Vorderbrügge kommt nach einer neuen Verhandlung mit 12 Jahren davon. Roeder wird für die Anschläge zu einer Freiheitsstrafe von 13 Jahren als Rädelsführer verurteilt. Der Bundesgerichtshof entscheidet aber schon im Januar 1990 den Rest der Strafe zur Bewährung auszusetzen. Roeder kommt frei. Das Treiben auf dem «Reichshof» in Nordhessen kann weitergehen. Schon 1996 steht Roeder wieder vor Gericht. Es geht es um einen Farbanschlag auf eine Ausstellung über die Verbrechen der Wehrmacht. Bei diesem Prozess tauchen auch die späteren NSU-Terroristen Uwe Mundlos und Uwe Böhnhardt im Bomberjacken-Partnerlook als Unterstützer auf.

Die ehemalige Unterkunft für Geflüchtete in Hamburg-Billbrook ist inzwischen ein Hotel. Hier, wo Đỗ Anh Lân und Nguyễn Ngọc Châu Schutz suchten und den Tod fanden, erinnert nichts an die beiden jungen Männer. Eine lokale Initiative setzt sich weiter dafür ein. Bisher ohne Erfolg.

Vorläufer und Vorbilder

Der Rückblick auf diese ersten Jahrzehnte des bundesrepublikanischen Rechtsterrorismus zeigt, dass es Vorläufer und Vorbilder gibt für vieles, was wir in den vergangenen Jahren beobachten konnten.

Die Szene erprobt in diesen ersten Jahren verschiedene Organisationsformen. Auf Verbote oder Rückschläge folgt häufig eine neue Formierung in weniger festen Verbindungen. Es gibt Beispiele für paramilitärische Strukturen wie den Technischen Dienst oder die Wehrsportgruppen, aber auch für kleine Zellen, die sich nicht immer zu ihren Taten bekennen, wie die Deutschen Aktionsgruppen. Es gibt junge Täterinnen und alte Täter, einen Arzt und Arbeitslose. Manche blicken auf langjährige Karrieren zurück, die zu einer Professionalisierung und dem Ausbau weitläufiger Netzwerke führen, aber nicht selten lässt sich auch eine Banalität der Bombenbauer beobachten, ein fast schon stümperhaftes Vorgehen und eine lächerliche Selbstüberschätzung. Das macht solche Terroristen keinesfalls weniger gefährlich.

Schon früh ist die ambivalente Reaktion des Staates zu beobachten. Immer wieder wird im Umfeld der Opfer ermittelt, die Netzwerke der Täter bleiben aber im Dunkeln. Oft folgen milde Urteile und eine Verharmlosung der Gefahr gegenüber der Öffentlichkeit. Und schon früh zeigt sich, dass die Geschichte des Rechtsterrorismus von der Geschichte der Geheimdienste kaum zu trennen ist.

In den Jahrzehnten bis zum Fall der Mauer lassen sich unterschiedliche Strategien erkennen: Manche Täter wollen staatliche Reaktionen provozieren, etwa durch Angriffe auf Grenzanlagen oder Wachsoldaten der DDR, sie bereiten sich auf einen Tag X vor, an dem sie losschlagen, oder arbeiten daran, ihn herbeizuführen. Andere wollen politische Gegner einschüchtern, durch Attentate oder Straßengewalt. Weitere versuchen, unter falscher Flagge für Verunsicherung zu sorgen. Immer wieder nutzen Rechtsterroristen bestehende Konflikte, wollen sich als Vollstrecker einer «schweigenden Mehrheit», eines vermeintlichen Volkswillens gerieren. Auch durch die Agitation Alleintäter anzustiften, gehört zum Kalkül.

Meist geht es im weitesten Sinne um den Versuch, gesellschaftliche Prozesse der Liberalisierung mit Gewalt aufzuhalten. Erfolg haben die Täter damit im Großen und Ganzen nicht. Für diejenigen, die zum Ziel der Gewalt werden, darunter häufig Angehörige von Minderheiten, tatsächliche oder vermeintliche politische Gegner, aber auch Vertreter des demokratischen Staates, ist das nur ein schwacher Trost.

Für die Zeit vor 1990 zählt die Historikerin Barbara Manthe mehr als 40 Gruppen und Alleintäter, die sich dem rechtsterroristischen Spektrum zuordnen lassen und Straftaten begingen – mit mindestens 24 Todesopfern.

Bei aller Strategie gilt: Die Gewalt ist für die Täterinnen und Täter immer auch Selbstzweck. Mit den Taten wollen sie ihre Vernichtungsideologie bereits ein Stück weit verwirklichen. Zugleich senden sie eine Botschaft an andere, es ihnen gleichzutun. Und das ist vielleicht das Einzige, das ihnen zuverlässig gelingt.

III

Das Jahrzehnt der Gewalt

Eine Bombe zum Geburtstag

Regentropfen trommeln im Dunkeln auf das Flachdach des weißen Baucontainers mit der Nummer 15. Es ist der 22. Dezember 1993, ein Mittwochabend. Auch drinnen hört man es prasseln. Bier, Wein, Whisky stehen auf dem Tisch. Jemand hat Musik angemacht. Ein Mann aus Bulgarien, der mit seiner Frau und seinen beiden Kindern seit 16 Monaten in Deutschland lebt, wird 35 Jahre alt. Er feiert in der Fremde Geburtstag, hier in seiner Bleibe aus Metall. Auch Nachbarn hat er eingeladen. Weit haben die es nicht. Sie wohnen im Container gegenüber. Das provisorische Dorf im Dorf steht schon seit etwa einem Jahr auf einer mit Maschendrahtzaun begrenzten Wiese, neben einem Umspannturm, hinter einer Bushaltestelle und einer kleinen Autowerkstatt, kurz vor dem Ortsausgang von Hohenstein-Steckenroth, einem kleinen Dorf im hessischen Mittelgebirge Taunus, eine halbe Autostunde von der Landeshauptstadt Wiesbaden entfernt. Die Container sehen alle so aus wie der mit der Nummer 15 und dienen etwa 20 Asylsuchenden als Unterkunft.

Damals, in der Dezembernacht zwei Tage vor Heiligabend 1993, ist es kalt und zugig. Gegen halb zwölf macht sich einer der Feiernden, er soll hier nur Dancho heißen, auf den Nachhauseweg. In seinem Fall sind das ein paar Schritte, eben bis zum Container gegenüber. Er kommt an seinem weißen Opel Kadett E ohne Nummernschilder vorbei. Der Mann hat das Auto vor ein paar Wochen für 4500 DM gebraucht gekauft. Der Vorbesitzer hat es für ihn hier abgestellt. Dancho hat selbst noch gar keinen Führerschein. Manchmal setzt sich der 18-Jährige in das Auto, dreht den Zündschlüssel um, lässt den Motor anspringen oder hört einfach nur in Ruhe Musik. Sein Onkel aus Bulgarien ist zu Besuch, er soll den Opel mit nach Hause nehmen.

Etwa zwei Stunden später hört Dancho seinen Onkel im Freien laut rufen. Er riecht schon den Rauch. Und dann sieht er das Feuer.

Aus seinem Opel schlagen Flammen, das Fenster hinten rechts ist zerborsten, das Polster der Rückbank brennt. Der Onkel schlägt mit einer Decke aus einem der Schlafzimmer auf das Feuer ein. Es hilft nicht. Er hatte das Fahrzeug ja eigentlich überführen sollen, jetzt will er es wenigstens löschen. Mit einem Feuerlöscher klappt es endlich. Auf dem Rücksitz sieht der Mann eine rote Kartusche liegen, aus der weiter zischend Gas entweicht. Er greift schnell zu, wirft sie im Freien auf den Boden. Ringsherum stehen die Feiernden und andere, die jetzt aufgewacht sind. Einer läuft zur Telefonzelle, ruft die Polizei. Sie alle wissen nicht, was noch in dem Auto vor ihnen liegt. Und dass sie gerade eine Explosion verhindert haben, einem Anschlag entgangen sind.

In dem verkohlten Kadett finden Ermittler der Wiesbadener Polizei am Morgen ein siebzehn Zentimeter langes, verzinktes Ein-Zoll-Installationsrohr, das mit Blindkappen an beiden Enden verschlossen ist: eine Rohrbombe.

Der Täter war schon Stunden zuvor damit nach Steckenroth gefahren. Der junge Mann trägt einen grünen Bundeswehr-Parka, einen Pullover mit Indianer-Wolf-Motiv und grün-weiße Adidas-Turnschuhe. Aus dem Auto seines Vaters heraus beobachtet er die Container eine Weile. Er sieht das Licht hinter den Fenstern, sieht die Menschen, die dort wohnen, wie einige fernsehen. Dann schleicht er sich auf das Gelände, schlägt die Autoscheibe hinten rechts mit einem Hammer ein. Platziert die Bombe, die er gebastelt hat, eine Plastiktüte mit Benzin und einen Lötbrenner samt Gaskartusche als Zünder auf der Rückbank. Aber der Treibstoff aus der Tüte tropft heraus und gerät schneller in Brand als gedacht. Der Täter flieht unbemerkt. Bevor er weiß, ob seine Bombe explodieren wird, steigt er ins Auto und fährt über die Landstraße davon.

Die Polizei richtet im Dorfgemeinschaftshaus von Steckenroth eine Art Lagezentrum ein, auch die Räume eines Kindergartens müssen dafür herhalten. Die Bewohner der Unterkunft werden befragt.

Sie berichten von einem gewöhnlichen Abend, von der Geburtstagsfeier oder ihrem Treffen rund um den Fernseher. In einer Pressemitteilung der Polizei heißt es, man ermittle in alle Richtungen, auch ein rassistisches Motiv sei nicht auszuschließen. «In Steckenroth waren bisher keine ausländerfeindlichen Vorkommnisse der Polizei bekannt geworden», lautet der letzte Satz. Ein Foto aus der Zeit zeigt allerdings, dass auf den Containern im Jahr zuvor schon ein Hakenkreuz und SS-Runen prangten. Da waren sie gerade aufgestellt worden.

Ein Lautsprecherwagen der Polizei fährt durch das Dorf und ruft zur Mithilfe auf. Es wird sofort eine Belohnung von 5000 DM ausgesetzt. Dem Metzger im Ort ist schon ein paar Tage zuvor ein junger Typ im Auto aufgefallen, der spätabends mit einer Taschenlampe umherleuchtete. Vorsorglich hatte er sich das Kennzeichen notiert und es schon da der Polizei gemeldet.

Die Spur führt die Beamten jetzt ein Dorf weiter zu einem Einfamilienhaus. Dort wohnt ein junger Mann bei seinen Eltern. Die Polizei kennt den 20-Jährigen nur zu gut. Er gilt als «Intensivtäter». Im Keller schlägt Polizeihund Rex an. Er ist auf Sprengstoff trainiert. Die Polizisten durchsuchen das Zimmer des Verdächtigen, der wohl erst gegen Mittag aufgestanden ist und ihnen barfuß entgegenkommt. Der junge Mann aus den Polizeiakten hat auf Fotos von damals ein jungenhaftes Gesicht und eine Scheitelfrisur, mit der er auch in einer Boyband aus der Zeit nicht auffallen würde. Er ist nicht so harmlos, wie er aussieht: Vor viereinhalb Jahren hatte er im Keller eines Hauses, in dem vor allem türkische Migranten leben, Feuer gelegt. Zum Glück entstand nur Sachschaden. Deshalb fragen die Polizisten ihn jetzt, wie er denn heute zu «Ausländern und Asylanten» stehe. Antwort: «Ich bin auch heute noch der Meinung, dass Ausländer und Asylanten nur Chaos nach Deutschland bringen.» Mit dem Anschlag auf die Unterkunft aber habe er nichts zu tun, behauptet er. Auch ein Alibi könne er vorweisen.

Seine Mutter erzählt den Polizisten aber wenig später, dass ihr Sohn am Tatabend heimlich mit dem Auto des Vaters unterwegs war. Und dass ihr vor ein paar Tagen im Haus ein Lötbrenner mit roter Gaskartusche aufgefallen war, der jetzt nicht mehr zu finden ist.

Das Alibi ist dahin. Der junge Mann muss sich Schuhe anziehen: Stephan Ernst ist vorläufig festgenommen.

Die Beamten nehmen ihn mit nach Steckenroth in das provisorische Soko-Quartier im Kindergarten. Dort mit der Aussage seiner Mutter konfrontiert, gibt Ernst die Tat zu. Dann rastet er aus, schmeißt Stühle durch die Fenster, tritt gegen Mobiliar. Weihnachtskugeln und eine Lichterkette gehen zu Bruch, Pflanzentöpfe, Spielsachen. Die Polizisten müssen ihn überwältigen.

«Ich hatte schon seit einigen Jahren immer mal die Idee und die Gedanken, etwas gegen Ausländer zu unternehmen», protokolliert ein Beamter schließlich die Aussage von Ernst auf einer Schreibmaschine, bei der der Buchstabe E nicht mehr so richtig funktioniert und in der Niederschrift aus der Reihe tanzt. Der Polizist duzt den Verdächtigen und fragt ihn auch, was ihm der Begriff Neonazi sage. Antwort: «Ein Neonazi ist für mich eine Person, die eine bestimmte politische Haltung hat – eine extreme bis gnadenlose Haltung gegenüber allen Menschen, die anders denken. Auch gegenüber den Ausländern.»

Ernst behauptet, er habe keine Kontakte zu einer Partei und auch keine Freunde, die politisch aktiv seien. Er erzählt, wie er die Bombe gebastelt hat, wie er sie am Tatort platzierte. Die Polizisten konfrontieren Ernst mit dem rassistischen Brandanschlag von Mölln in der Nacht auf den 23. November 1992 mit drei Toten und der Tat von Solingen ein halbes Jahr später, bei der fünf Menschen ihr Leben verloren. Ernst hat davon gehört. Er sagt den Polizisten, es wäre ihm «scheißegal» gewesen, wenn bei seinem Anschlag Menschen getötet worden wären, «solange es keine Kinder gewesen wären». Schon lange habe er einen Hass auf Ausländer.

Stephan Ernst – Jugend im Hass

Stephan Ernst kommt im September 1973 als zweiter Sohn einer Zahntechnikerin und eines Betonbauers in Wiesbaden zur Welt. Die Familie zieht in das Dorf im Taunus, als er noch zur Grundschule geht. Sie wohnt jetzt in einem Haus mit Garten, Garage, Giebeldach und einem Windfang aus Glasbausteinen vor der Eingangstür. Gleich dahinter erstrecken sich die Felder in Richtung Wald. Das Eigenheim war der Traum seiner Eltern, erzählt Ernst viele Jahre später dem Oberlandesgericht Frankfurt. Für ihn selbst war die Kindheit in der Kleinfamilie ein Albtraum, wenn man ihm Glauben schenkt: Durch den Umzug habe er die ersten Freunde verloren, zu Hause das Gefühl gehabt, hinter dem vier Jahre älteren Bruder und sogar hinter den beiden Hunden zurückzustehen, in die seine Eltern geradezu vernarrt gewesen seien. Der Vater, ein Alkoholiker, habe ihn immer wieder brutal verprügelt. Aus Angst will der junge Ernst zeitweise mit einem Messer unter dem Kopfkissen geschlafen haben.

Diese Episode erzählt er jedenfalls einem der ersten Psychiater, die ihn nach dem Anschlag von Steckenroth begutachten sollen. Damals sagt der 20-Jährige aber dem Gutachten des Mainzer Professors zufolge, die Beziehung zu den Eltern sei inzwischen «ausgesprochen gut». Vater und Mutter würden die Dinge wie er sehen, «wenngleich ihr Haß gegen die Ausländer nicht so ausgeprägt sei wie der seine». Auch mehr als 20 Jahre danach, als Angeklagter in Frankfurt, beschreibt er den später mit Mitte 50 an einer Leberzirrhose gestorbenen Vater als SPD-Wähler, der Ausländer hasste. Aber er gibt ihm jetzt auch die Verantwortung für die eigenen Überzeugungen: «Ich habe seine ausländerfeindliche Meinung irgendwann übernommen», trägt sein Anwalt für den inzwischen erwachsenen Ernst vor. «Der Hass auf Ausländer wurde etwas, was mir eine Art Gemeinsamkeit zu meinem Vater gab.»

Wenn Ernst mit Psychiatern über seine Taten sprechen soll, und das kommt nicht nur einmal in seinem Leben vor, rechtfertigt er seinen Hass immer wieder auch mit angeblichen negativen Erfahrungen mit migrantischen, meist türkischen Jugendlichen in der Kindheit und der Jugend: Gewalt in der Schule, Verrat eines Komplizen beim Klauen, enttäuschte Freundschaft. Wie viel tatsächlich dran ist an diesen Erzählungen, bleibt unklar. Der psychiatrische Gutachter, der Ernst Mitte der 1990er Jahre nach dem Steckenroth-Anschlag gegenübersitzt, notiert sich jedenfalls: Deutschsein sei für Ernst zum «Wert an sich» geworden. Der Hass auf Ausländer «stützt das eigene Selbstwertgefühl, indem E. sich eigenes Versagen nicht persönlich zurechnen muss», sondern allein der Existenz von Migranten in Deutschland anlasten könne.

Gründe, sich mit eigenen Problemen auseinanderzusetzen, hätte Ernst in seinen Jugendjahren bereits genug. Er ist in Schlägereien verwickelt, sucht im Fußball nach Anerkennung des Vaters, vernachlässigt die Schule, gilt als Eigenbrötler. Irgendwann ätzt er sich das Wort «Hass» auf den linken Handballen, später brennt er sich ein tränendes Auge in die rechte Brust. 1988 wird er erstmals aktenkundig: «Diebstahl geringwertiger Sachen». Er wird ermahnt.

Es bleibt aber nicht bei eher harmlosen Taten.

Im Jahr darauf, in der Nacht auf den 1. April 1989, steht der 15-jährige Stephan Ernst mit einem Molotowcocktail und einem Benzinkanister in der Hand vor einem Mehrfamilienhaus in einem Nachbarort. Das Haus wird mehrheitlich von türkischen Migranten bewohnt, auch ein Bekannter wohnt hier, über den sich Ernst geärgert hat. Er will ihm einen Denkzettel verpassen, behauptet er später. Ernst stellt die Brandflasche ab, schleicht in den Keller. Dort verschüttet er den Treibstoff aus dem Kanister und legt Feuer. Als es auflodert, haut er ab. Zwei Kinderfahrräder verbrennen, die solide Bauweise des Treppenhauses verhindert Schlimmeres. Der Molotowcocktail draußen kommt nicht mehr zum Einsatz und wird später von der

Polizei gefunden. Ein verkohlter Briefumschlag bleibt am Tatort zurück. Die Ermittler können die Wörter «Hass» und «Ausländerwahlrecht» entziffern.

Der Inhalt des Bekennerschreibens ist nicht mehr zu lesen, aber die Botschaft kommt an: «Die Angst sitzt tief nach dem nächtlichen Brandanschlag», heißt die Schlagzeile im *Wiesbadener Kurier*. Irgendwann würde er seine Mutter anrufen und sie nicht mehr erreichen, weil sie verbrannt sei, schildert der Sohn einer Bewohnerin seine Sorgen. Manche im Haus schliefen aus Angst nun gemeinsam in ihren Wohnzimmern, berichtet das Blatt. Eine Fünfzehnjährige erzählt dem Reporter, dass sie sich nicht mehr ins Freibad traue, weil dort «Ausländer raus» an einen Schuppen gesprüht wurde.

Ernst wird nicht erwischt. Er prahlt mit der Tat vor zwei Mitschülern, die schließlich bei der Polizei auspacken. Urteil: eine Verwarnung und 80 Stunden gemeinnützige Arbeit in einem Altenzentrum, «da er sich reuig gezeigt hat und glaubhaft versicherte, seine Einstellung gegenüber Ausländern geändert zu haben», wie es in der Begründung heißt. Ernsts Einstellung ändert sich aber nicht.

Nach seinem Hauptschulabschluss im Laufe jenes Jahres fängt Ernst eine Maurerlehre an, angeblich dem Vater zuliebe. Er verdient 585 DM netto und wohnt weiter bei seinen Eltern. 1990 muss er wegen Körperverletzung und «fortgesetzten Diebstahls» vier Wochen in Jugendarrest. Die Lehre bricht er nach eineinhalb Jahren ab, weil er sich bei einer Schlägerei das Kreuzband reißt und nicht mehr in dem Beruf arbeiten kann, an dem er wohl auch das Interesse verloren hat. Für ihn war die Verletzung jedenfalls eine willkommene Ausrede gegenüber dem Vater, sagt er einmal aus.

Anfang 1991 beginnt er dann eine Ausbildung zum Holzmechaniker. In der Berufsschule lernt Ernst einen türkischen Mitschüler kennen, mit dem er auf Diebestour geht. Nach einer Zwischenprüfung lauern sie am Wiesbadener Karstadt einer 85-jährigen Frau auf. Ernst schneidet mit einem Taschenmesser den Riemen ihrer Ledertasche durch. Die Komplizen teilen sich die 40 Mark Beute. Ein Einbruch in einen Plus-Supermarkt an einem anderen Tag scheitert, es bleibt beim Versuch. Urteil: Jugendstrafe von zehn Monaten, ausgesetzt zur Bewährung. Das Messer wird eingezogen.

In seinem Betrieb schwänzt Ernst immer mal wieder die Arbeit, hat Ärger mit dem Meister. Auch diese Ausbildung macht er nicht zu Ende. Später arbeitet er kurz in einem Baumarkt in der Nähe, jobbt dann bis zu seiner Festnahme nach dem Anschlag auf das Containerdorf für Geflüchtete als Aushilfe.

Als Ernst in Untersuchungshaft sitzt, bekommt die Polizei einen Tipp. Der Hinweisgeber will anonym bleiben. Er hat Angst vor Ernst. Die Ermittler können das nachvollziehen und halten seinen Namen aus den Akten heraus. Der junge Mann kennt Ernst von der Holzmechaniker-Ausbildung. Man müsse im Knast «höllisch» aufpassen, warnt er die Beamten, Ernst habe einen derartigen Hass auf Türken, dass er bestimmt den ersten «kaltmachen» werde, den er dort sehe. Ernst habe ihm selbst erzählt, dass er einen Türken in einer Bahnhofstoilette niedergestochen habe, der «auf den Pimmel von ihm gestarrt» habe. Bislang habe der Hinweisgeber, der selbst nicht das beste Verhältnis zur Polizei hat, das eher für Prahlerei gehalten. Jetzt, da sein früherer Mitschüler vielleicht hinter dem Rohrbombenattentat stecke, sei ihm die Geschichte wieder eingefallen.

Die Polizisten werden hellhörig. Es gibt einen Fall, der zu der Beschreibung passt. Damals waren die Ermittlungen nach einigen Monaten schon eingestellt worden.

Mölln – und ein Messerattentat

Der Hauptbahnhof Wiesbaden ist ein neobarocker Sandsteinbau samt Uhrturm. Die Männertoilette im Westflügel ist Anfang der 1990er im typischen Bahnhofsklo-Funktionalismus gehalten und deckenhoch weiß gefliest. Separate Pissoirs gibt es hier nicht, sondern nur eine lange Rinne.

Es ist der Vormittag des 23. November 1992. Ein Montag. Seit dem Morgen verbreitet sich eine Nachricht aus Schleswig-Holstein in der Bundesrepublik. Die Nachrichtenagentur *dpa* hat um kurz vor 8 Uhr eine Meldung mit der Ortsmarke Mölln verschickt. «Drei Tote bei Brandanschlägen auf Ausländerwohnungen» lautet die Überschrift. Auch über einen Bekenneranruf von Neonazis wird berichtet. Kurz nach Mitternacht haben sie Feuer gelegt. Die zehnjährige Yeliz Arslan, Ayşe Yılmaz, 14 Jahre alt, und ihre Großmutter Bahide Arslan sterben.

An der Rinne in dem Wiesbadener Klo steht gegen Viertel vor elf ein 27-jähriger Mann. Sonst ist niemand in dem Raum. Er trägt ein gestreiftes Hemd und einen gemusterten Pullunder unter dem Blouson. Seit dem Sommer 1990 lebt er in Deutschland. Er ist aus der Türkei geflohen, weil er dort als Kurde verfolgt worden sei, hat er in seinem Asylantrag angegeben. Hier in Wiesbaden lebt er mit seiner Frau und zwei Kindern. Noch hat er deswegen mit den Behörden zu tun, weil er eigentlich einem anderen Ort zugeteilt wurde. Er ist als Imam in einer Moschee-Gemeinde im zentralen Stadtteil Westend aktiv.

Ein junger Mann kommt in die Toilette. Der Imam hat ihm den Rücken zugekehrt. Der Mann packt ihn plötzlich von hinten an der linken Schulter, rammt ihm mit der rechten Hand ein beidseitig geschliffenes Messer in Brustkorb und Bauchhöhle – 35 Zentimeter tief. Dann sticht er von vorne nochmals zu. Diesmal dringt das Messer kurz unterhalb der rechten Brustwarze ein. Der Täter flieht. Sein Opfer schleppt sich blutend in die Bahnhofshalle und bricht zusammen. Eine Notoperation rettet sein Leben. Durch die Stichverletzung war der rechte Lungenflügel kollabiert, das Zwerchfell und der gesamte rechte Leberlappen durchstoßen, die Gallenblase verletzt. Es folgen weitere Eingriffe. Erst nach Wochen kann der Mann das Krankenhaus verlassen.

Der *Wiesbadener Kurier* berichtet einige Tage nach der Tat über den Schock in der türkischen Community wegen der Toten von Mölln. Auch durch den Messerangriff im Bahnhofsklo seien viele «alarmiert und aufgeschreckt», wird in dem Bericht die Frauenbeauftragte des Ausländerbeirates zitiert. «Gerade die erste Generation überlegt sich die Rückkehr in die Heimat.»

Das Opfer selbst hat keine Wahl. Als der Mann etwas mehr als ein Jahr nach der Tat nochmals vernommen wird und ihm Bilder vom Untersuchungshäftling Stephan Ernst vorgelegt werden, sitzt er selbst in Polizeigewahrsam. Er war zwischenzeitlich in die Türkei gereist. Asylantrag abgelehnt, Abschiebehaft. Noch vor Prozessbeginn muss er Deutschland verlassen.

Stephan Ernst streitet die Tat ab, als die Beamten ihn in einem Pausenraum in Block B der Wiesbadener JVA mit dem Vorwurf konfrontieren. Einige Tage später gibt er sie dann doch zu. Mit «Ausländerfeindlichkeit» aber habe das nichts zu tun gehabt, sagt er den Polizisten. Er behauptet vor Gericht, sein Opfer habe ihn «sexuell anmachen» wollen, heißt es später in der Urteilsbegründung. Und: «Er empfand es für sich als besonders belastend», dass es sich bei dem Mann «erkennbar um einen Ausländer handelte».

Der Tippgeber der Polizei hatte recht behalten. Und auch seine Warnung war offenbar nicht unberechtigt. In der Untersuchungshaft fühlt sich Ernst nach eigenen Angaben von türkischen Mitgefangenen bedroht, weil sich schnell herumgesprochen habe, dass er ein Nazi sei. Er bricht ein Metallstuhlbein ab, greift einen türkischen Häftling in der Nachbarzelle an und verletzt ihn schwer.

Immer wieder wird Stephan Ernst danach gefragt, ob ihm jemand bei seinen Taten geholfen hat, insbesondere bei dem Rohrbomben-Anschlag. Damals in den Vernehmungen sagt er: Ich war alleine. 27 Jahre später stellt ihm Richter Christoph Koller vor dem Oberlandesgericht Frankfurt die Frage noch einmal. So eine Tat samt selbstgebautem Sprengsatz, das sei doch ein großes Ding, sagt der Richter. Er hat offensichtlich Zweifel an den schleppenden und einsilbigen Angaben, die Ernst zu seiner Biografie macht. Der Angeklagte müsse ja keine Namen nennen, aber: «Waren Sie damals wirklich ganz alleine?» Ernst bleibt dabei.

Aufgeheizte Stimmung

Wie kommt man auf so einen Plan, will der Richter wissen. «Diese allgemeine ausländerfeindliche Stimmung», nennt Ernst als einen Grund. «Die Stimmung war damals aufgeheizt, sag' ich mal.» Bei ihm, in seinem Umfeld. In Deutschland, könnte man hinzufügen. Schon nach seiner Brandstiftung 1989 hatte das Gericht im Urteil festgehalten: «Hinzu kam eine insgesamt ausländerfeindliche Stimmung, die sich in der Wohngegend des Angeklagten breitmachte.»

Eine Stimmung, die nicht ohne Folgen blieb. Und die sich auch vor 1989 schon einige Jahre aufgeheizt hat. Die Bundesrepublik debattiert immer wieder über Migration und damit immer auch über die eigene Identität. Anfangs geht es um die sogenannten Gastarbeiter. Den millionsten feiert man und beschenkt ihn mit einem Moped. Viele Menschen glauben, die «Gastarbeiter» würden, wie gute Gäste eben, vielleicht noch beim Abräumen helfen und dann irgendwann einfach wieder gehen. Nach dem Anwerbestopp streitet man über den Familiennachzug von Einwanderern. Im Frühjahr 1982 sind 68 Prozent der Befragten einer Emnid-Umfrage des *Spiegel* dafür, dass die Migranten «wieder in ihr Land zurückkehren». Der Anteil der Bevölkerung ohne deutschen Pass beträgt damals 7,6 Prozent.

Im Herbst 1982 stürzt eine Koalition aus CDU/CSU und FDP den SPD-Kanzler Helmut Schmidt und übernimmt die Bundesregierung. Im Koalitionsvertrag steht: «Die Bundesrepublik Deutschland ist kein Einwanderungsland.» Ein Glaubenssatz, von dem sich manche bis heute nicht so richtig verabschiedet haben. «Es sind daher alle humanitär vertretbaren Maßnahmen zu ergreifen, um den Zuzug von Ausländern zu unterbinden», heißt es damals weiter. Niemals zuvor und niemals später fällt der Begriff «Ausländer» im Bundestag im Vergleich zu anderen Wörtern so häufig wie in jenem Jahr. Das zeigt später eine statistische Auswertung der Plenarprotokolle durch *Zeit Online*. Immer mehr gerät aber auch ein politisches Grundrecht in den Fokus, auf das sich die Debatte in den Folgejahren immer mehr zuspitzt: das Recht auf Asyl.

Erkennen lässt sich diese Verschiebung bereits in der ersten Regierungserklärung des neuen Bundeskanzlers Helmut Kohl in jenem Jahr. Vier Punkte hat sein sogenanntes Dringlichkeitsprogramm, einer davon: «Wir wollen eine menschliche Ausländerpolitik verwirklichen.» Integration sei nur möglich, wenn man «eine unbegrenzte und unkontrollierte Einwanderung» verhindere, sagt er.

Kurz darauf erzählt er der damaligen britischen Premierministerin Margaret Thatcher hinter verschlossenen Türen, über die nächsten vier Jahre werde es notwendig sein, die Zahl der Türken um 50 Prozent zu reduzieren, aber er könne dies noch nicht öffentlich sagen. Von einer «andersartigen Kultur» ist die Rede. So zitiert *Spiegel Online* 30 Jahre später aus einem britischen Geheimprotokoll, das mit Ablauf der Sperrfrist publik wurde. Im Bundestag fügt Kohl bei seiner Regierungserklärung noch den Satz hinzu: «Wir werden [...] alles tun, um den Missbrauch des Asylrechts zu verhindern.»

In den ersten Jahren der Bundesrepublik haben nur ein paar tausend Menschen pro Jahr Asylanträge gestellt. 1980 werden erstmals mehr als 100 000 Anträge registriert. Das Thema prägt zunehmend die innenpolitische Debatte, und die wird mit drastischer Sprache ausgetragen. Der bayerische Ministerpräsident Franz Josef Strauß von der CSU wird 1985 im *Spiegel* mit folgenden Worten zitiert: «Es strömen die Tamilen zu Tausenden herein, und wenn sich die Situation in Neukaledonien zuspitzt, dann werden wir bald die Kanaken im Land haben.» Der Berliner CDU-Innensenator Heinrich Lummer spricht von einer drohenden «Überflutung» des Landes. Immer wieder tauchen Begriffe auf, die mit Naturkatastrophen und Wassermetaphorik spielen und die Betroffenen entmenschlichen: «Flüchtlingswelle», «Ausländerschwemme», «Dammbruch». 1987 warnt CDU-Generalsekretär Heiner Geißler seine Partei davor, das Asylrecht zum Wahlkampfthema zu machen, es drohe eine «Eskalation der Emotionen», mit der man Geister rufen werde, die man nur schwer wieder loswerde. So rekonstruiert Historiker Ulrich Herbert in seiner «Geschichte der Ausländerpolitik in Deutschland» die Debatte. Geißler ist in der Minderheit.

Von dem mit Ressentiments aufgeladenen Diskurs profitiert die radikale Rechte. Rechts von der CDU machen die selbsternannten «Republikaner» (REP) Stimmung, die 1983 von ehemaligen CSU-Mitgliedern gegründet werden. Manches kommt seltsam bekannt vor: die Seriosität simulierende Farbe Blau, die heftigen internen Machtkämpfe und der Versuch, die eigenen Positionen als bürgerlich-konservativ zu verbrämen, um nicht in der Schmuddelecke zu versauern. Im Januar 1989 gelingt der Partei mit einem Stimmenanteil von 7,5 Prozent bei den Wahlen zum Berliner Abgeordnetenhaus erstmals der Sprung in ein Landesparlament.

In Hessen hat die Partei bei den Kommunalwahlen im selben Jahr regional beachtlichen Erfolg.

Unter anderem in Ernsts direktem Umfeld. In seiner Gemeinde gehen elf Prozent der Stimmen an die Republikaner. Im Nachbarbezirk, wo er den Anschlag verübt, sind es sogar 18 Prozent. Ernst gehört später selbst zu den Wählern der Partei, wie er in einem Polizeiverhör mit 20 Jahren angibt.

Auch die Bewohner des Hauses, das Ernst anzünden wollte, berichten von den Folgen des Wahlkampfs. «Als die Republikaner kamen und sagten: ‹Ausländer raus›, haben die Deutschen angefangen zu zappeln», meint die 15-Jährige, die sicherheitshalber nicht mehr ins Freibad geht. Sie wolle aber nicht in die Türkei zurück, «nur weil die Republikaner das wollen», erklärt sie dem Reporter des *Wiesbadener Kurier*. Seit 13 Jahren lebe sie schon in Deutschland und wolle hier auch die Schule beenden.

Die «Republikaner» sehen sich damals gezwungen, sich von dem bis dato unbekannten Brandstifter zu distanzieren. Mit solchen «Psychopathen» habe man nichts zu tun, wird ein Funktionär in der Zeitung zitiert. Und überhaupt: Kein «Republikaner» sage «Ausländer raus», im Parteiprogramm sei schließlich nur von einem «Ausländer-Stopp» die Rede. Ob Ernst diese feine Nuancierung des Nationalismus wohl entgangen war?

Im Aufwind sehen sich auch die militante Rechte und ihre Parteien. Neonazi-Anführer Michael Kühnen, einst als 23-jähriger Angeklagter im ersten Terrorismus-Prozess gegen Rechtsextreme, feiert mit Kameraden in einer Neubauwohnung den insgesamt bescheidenen Erfolg der NPD bei den hessischen Kommunalwahlen 1989, die aber in Frankfurt mit 6,6 Prozent der Stimmen ins Stadtparlament gewählt werden. Das Wohnzimmer in der Vorstadt Langen ist mit Hakenkreuz-Wimpeln und Hitler-Bildern ausstaffiert. Kühnen, der wenig Wert auf Präsenz in Parlamenten legt, betont eifrig, dass man etwa beim Thema Ausländer «die gleichen Forderungen wie die Republikaner» vertrete. Die Neonazis wollen den Windschatten von REP und NPD nutzen, heißt es im *Spiegel* damals. Parteimitglieder müssen sie dafür nicht unbedingt werden.

Genau wie Kühnen sieht auch Ernst keinen großen Unterschied zwischen dem Angebot am rechten Rand des Parteienspektrums. In der «Ausländerfrage» sympathisiert er laut einem Vernehmungsprotokoll nach dem Rohrbombenanschlag nicht nur mit den «Republikanern», sondern auch mit der «Deutschen Volksunion», die später in der NPD aufgehen sollte, und mit der «Freiheitlichen Deutschen Arbeiterpartei», kurz FAP. Im Jugendzimmer von Ernst wird sogar ein wohl selbstgemaltes Flugblatt dieser Neonazi-Kleinstpartei gefunden. «Deutschland den Deutschen» steht darauf. «Wir kämpfen für ein reines Deutschland, für die Deutsche Kultur und für die Deutschen Eigenschaften: Stolz Kameradschaft Freiheit» [sic]. Und: «Kein Ausländerwahlrecht» – so, wie wohl auf dem angekokelten Bekennerschreiben beim Brandanschlag.

Anders als NPD und REP ist die FAP bei Wahlen nicht erfolgreich. Aber darauf kommt es der Truppe auch nicht an. Die Partei tritt offen nationalsozialistisch auf. Schon das Logo in weißem Kreis auf rotem Grund ist aus Versatzstücken der NSDAP-Symbolik zusammengebastelt. Ihr Anführer in jener Zeit ist ein alter Bekannter in der Szene: Friedhelm Busse. Mittlerweile kurz vor dem Rentenalter, war er schon im «Bund Deutscher Jugend» aktiv, später in der rechtsterroristischen Szene, wurde unter anderem wegen Waffen- und Sprengstoffbesitz und «Begünstigung von Bankräubern» verurteilt. Viele Kühnen-Anhänger sind damals in die Partei eingetreten, nachdem ihre eigene Organisation verboten worden war. Auch der Dortmunder Hooligan Siegfried «SS-Siggi» Borchardt mischt in der Partei mit, genau wie Thorsten Heise, der mit dem erwachsenen Stephan Ernst später Sonnenwende feiern wird.

Während Ernst sich das Partei-Flugblatt im Taunus selbst herstellt, trifft die FAP mehr als 200 Autokilometer nördlich, in Kassel, ebenfalls auf Interesse in der Szene: Der Polizei fallen 1994 Aufnahmeanträge in die Hände, die Informationen landen beim Landesamt für Verfassungsschutz in Hessen. Einer der Namen auf der Liste lautet: Markus H. Im Januar jenes Jahres wird der 17-Jährige auf dem Weg zu einer FAP-Veranstaltung kontrolliert. Es stehen noch mehrere Männer auf der Liste, die später führende Funktionen in militanten Strukturen in Nordhessen übernehmen werden.

Bis zu ihrem Verbot 1995 dient die Partei ihnen als legale Struktur und sozialisiert die nächste Generation der Täter, darunter zum Beispiel den Mann, der im Oktober 2015 in Köln die spätere Oberbürgermeisterin Henriette Reker angreifen und lebensgefährlich verletzen sollte.

Terror und Alltag – Hoyerswerda

Es ist eine Flucht nach der Flucht: Am 23. September 1991 verlassen die Menschen die Stadt, in der sie nicht mehr sicher waren, in der Polizei und Behörden vor dem Mob und klatschenden Anwohnern kapituliert hatten. Mehrere Busse machen sich in der Dämmerung auf den Weg, bringen rund 230 Menschen weg, die in Deutschland Schutz gesucht hatten. Ein Spalier von Polizisten hält die Straße frei. Die ehemaligen Nachbarn johlen, klatschen im Takt in die Hände, rufen «Hey, hey, hey» wie bei einem Volksfest. Die Vertreibung ist nach Tagen der Eskalation geglückt. Es fliegen trotzdem weiter Steine, selbst jetzt als das Ziel erreicht ist. Ein Reporter des *Spiegel* ist nah am Geschehen. Heute macht Matthias Matussek selbst am rechten Rand Stimmung, damals berichtet er von der «Jagdzeit in Sachsen». Im Bus verletzten die Scherben einer zerborstenen Scheibe den 21-jährigen Tam Le Thanh aus Hanoi, der am Fenster sitzt, heißt es in der Reportage. In seinem Auge stecken Glassplitter.

Der Name der Stadt hat dank der Ereignisse traurige Berühmtheit erlangt: Hoyerswerda.

Der Kapitulation der Behörden waren Tage und Nächte der Gewalt vorausgegangen. Neonazi-Skinheads machten anfangs Jagd auf Vietnamesen in der Stadt. Vor einem Wohnheim früherer DDR-Vertragsarbeiter sammelt sich die Menge dann am Abend, grölt Parolen, wirft Scheiben ein, Feuerwerk fliegt durch die Nacht. Jeden Abend werden es mehr Leute. Anwohner applaudieren. Die Bewohner werden schließlich weggebracht. Das Geschehen verlagert sich vor eine Unterkunft für Asylsuchende. Die Polizei vertreibt die Menge nicht. Auch Gegenprotest, teils angereist aus Berlin, kann sie nicht zurückdrängen. «Ausländer bleiben, Nazis vertreiben», skandieren die Linken. Es kommt anders.

Als die Busse schließlich über die Landstraße wegfahren, müssen Polizeisperren verhindern, dass sie nicht auch noch verfolgt werden. Zurück bleiben die Nachbarn – und triumphieren. «Und ich glaube im Namen hier auch aller zu sprechen, dass wir froh sind, dass die raus sind hier, die Ausländer», sagt ein Mann in rotem Polo-Shirt und speckiger Lederjacke sichtlich zufrieden in eine Fernsehkamera. Ob Sie das in Ordnung finde, wie die Menschen hier verabschiedet werden, will ein Reporter von einer älteren Dame mit Dauerwelle wissen, die auf die Unterarme gestützt aus ihrem Fenster schaut. «Jeder wie er's verdient», sagt sie und zuckt mit den Schultern. «Wenn's nich mit politischen Mitteln geht, muss es halt mit Gewalt gehen», meint ein schlaksiger Schüler im Streifenpulli auf der Straße. «Wenn'se mit Gewalt auftreten, dann geht es innerhalb von ein, zwei Wochen», erklärt ein Mann mit Schnauzer die simple Strategie. Sie ist aufgegangen.

Die ARD sendet kurz darauf einen «Brennpunkt» aus der Stadt, live vom Marktplatz. Ein Reporter fragt in einem Filmbeitrag einen jungen Mann aus Mosambik, der in einer der Unterkünfte lebte, ob er denn später zur Sendung kommen wolle. Der lacht nur. Auf den Marktplatz? «Das wäre Selbstmord.»

Hoyerswerda wird für die einen zur Chiffre für die rassistischen Pogrome in der Wendezeit. Und für die anderen zum Fanal. Die Lektion: Gewalt führt zum Erfolg. Der Staat gibt nach, die Nachbarn jubeln. Und auch die Politik geht in die Defensive: Sachsens CDU-Ministerpräsident Kurt Biedenkopf fordert als Reaktion, die Quoten bei der Verteilung von Asylsuchenden in der Bundesrepublik anzupassen.

«Bürger und Nationalsozialisten in einer Front», das sei «einfach wunderbar», wird ein Neonazi-Kader im *Spiegel* zitiert. «Wir machen Mitteldeutschland ausländerfrei», tönt er. Hoyerswerda gilt in der Szene jetzt als erste «ausländerfreie» Stadt. Und in den Tagen darauf wollen andere nachziehen.

Am Wochenende nach den Pogromen von Hoyerswerda werden allein in Nordrhein-Westfalen mehr als ein halbes Dutzend Anschläge auf Unterkünfte von Migranten erfasst, berichtet die *Frankfurter Rundschau* damals. Außerdem: In Kleinburgwedel bei Hannover versucht jemand an einem Heim Feuer zu legen, in Kiel werden Scheiben eingeworfen, in Hagen fliegen Molotow-Cocktails. Im brandenburgischen Alteno müssen sich die Bewohner einer Unterkunft mit Feuerlöschern verteidigen. Im Kreis Königs Wusterhausen zünden Jugendliche Feuerwerkskörper und setzen sie gegen ein Heim ein. In Neubrandenburg überfallen Skinheads am Rande eines «Republikaner»-Parteitags zwei Vietnamesen. In Stralsund gehen die Scheiben einer Unterkunft zu Bruch. Es sind nur die Meldungen eines Wochenendes. «Auch in Sachsen und Sachsen-Anhalt kam es an mehreren Orten wieder zu Übergriffen», heißt es schließlich in dem Bericht zusammenfassend.

In Saarlouis stirbt am 19. September 1991 der 27-jährige Samuel Kofi Yeboah aus Ghana in den Flammen nach einer Brandstiftung auf seine Unterkunft. Die Täter sind bis heute nicht gefasst. Im Sommer 2020 spricht die Bundesanwaltschaft davon, dass nun «gravierende Anhaltspunkte auf einen rechtsextremistischen und fremdenfeindlichen Hintergrund des Anschlags» deuten und zieht die Ermittlungen an sich.

Die Ereignisse von Hoyerswerda gelten als einer der Höhepunkte der Welle rechtsextremen Straßenterrors der Wendezeit, in der untergehenden DDR und auf dem Gebiet der alten Bundesrepublik. Die Gewalt erreicht ein Ausmaß wie seit Ende des Zweiten Weltkriegs nicht mehr: Sprengstoffanschläge, Brandstiftung, Hetzjagden. Zwischen den Jahren 1990 und 1995 zählt die Langzeitrecherche von *Zeit Online* und *Tagesspiegel* 64 Todesopfer rechter Gewalt, 33 weitere kommen bis zum Ende des Jahrzehnts hinzu.

Neonazi-Kader aus dem Westen machen sich damals ganz gezielt auf den Weg gen Osten: Im Umfeld von Michael Kühnen entsteht etwa eigens ein «Arbeitsplan Ost». Der Hamburger Kader Christian Worch sieht in den neuen Ländern «Massen an Aktivisten», erzählt er dem *Spiegel*. Die Neonazi-Parteien gründen Strukturen in den neuen Bundesländern, auf deren Gebiet es auch zu DDR-Zeiten rassistische Gewalt und eine rechtsradikale Szene gegeben hatte, obwohl es sie offiziell nicht geben durfte. Manche können also alte Kontakte aufwärmen, andere knüpfen neue. Die «Republikaner» und ihre Flugblätter tauchen schon nach dem Fall der Mauer bei den Montagsdemonstrationen in Leipzig auf.

Die zunehmend nationalistische Stimmung nutzt die radikale Rechte. Der Ruf «Wir sind das Volk» hatte einen anderen, für viele bereits einen drohenden Klang bekommen, weil schnell klar war, dass in dem «Wir» auch ein «Ihr» steckte. «Als die Mauer fiel, freuten sich viele, anderen wurde es schwindelig», schrieb die afrodeutsche Lyrikerin May Ayim über diese Zeit.

In der Transformationsgesellschaft im Osten gähnt in jener Zeit ein Machtvakuum, das mancherorts die Rechtsradikalen füllen. Die alten Autoritäten sind entmachtet, der neue Staat noch nicht angekommen, veränderte zivilgesellschaftliche Strukturen entstehen erst. Arbeitslosigkeit trifft Jugendliche wie ihre Eltern, Verunsicherung greift um sich. Manche Werte zählen plötzlich nicht mehr. Vielerorts sind die Behörden überfordert oder schauen weg.

David Begrich, Mitarbeiter der Arbeitsstelle Rechtsextremismus von Miteinander e. V. in Magdeburg, erkennt in der damaligen Skinhead-Jugendkultur mit ihrem «protoproletarischen Habitus» und der «Überbetonung von Männlichkeit» eine Reaktion auf die Erfahrung der gesellschaftlichen Entwertung körperlicher Arbeit. «Fußend auf Elementen einer autoritären DDR-Sozialisation, gewannen nationalistische und rassistische Einstellungen für Jugendliche an Plausibilität und motivierten sie, sich rechten Cliquen und politischen Gruppen anzuschließen. Diese Konstellationen bilden den Keim und die Basis neonazistischer Organisierung in diesen Jahren», schreibt der Sozialwissenschaftler in dem Band «Generation Hoyerswerda».

Glatze, Bomberjacke, Springerstiefel werden zur Uniform einer Jugendkultur, in manchen Orten die einzige, die es gibt. Die teils verstaubte rechtsextreme Szene häutet sich, identifiziert sich mit den rechten Ausläufern der angelsächsischen Skinhead-Subkultur und hat die Chance, zu einer dynamischen Bewegung zu werden. Sie hat ein Thema gefunden, das die Gesellschaft als Ganzes beschäftigt: Migration.

Mancherorts können die Neonazis die Herrschaft über die Straße übernehmen. Zum Ziel werden vor allem Migranten, Punks, «Zecken» und wer sonst nicht ins Weltbild passt. Christian Bangel, Journalist bei *Zeit Online* und damals in Frankfurt (Oder) aufgewachsen, hat jüngst den Begriff «Baseballschlägerjahre» für diese Epoche geprägt. Auf Twitter hat er mit dem Schlagwort eine Flut teils unerzählter Erinnerungen ausgelöst. «Es ist Menschen, die das nicht erlebt haben, schwer zu erklären, wie es war, als Neonazis die Straßen dominierten. Dass es so etwas wie rechten Alltagsterror in Deutschland tatsächlich gibt. Und dass das, was damals in den Neunziger- und Nullerjahren geschah, keine Einzelfälle waren», schreibt er später in der *Zeit*. Es sind Geschichten, die von Überfällen handeln, im Zug und am Bahnhof, in der Schule oder dem Jugendclub der Stadt, der nicht von den «Faschos» dominiert wurde. Es geht um brutale Gewalt und lähmende Angst. Und eine Gesellschaft, die nicht hinhört, es trifft ja nur «die anderen»: Ausländer und Teenager mit bunten Haaren, die durch ihr Aussehen ja offensichtlich provozieren wollen. So denken damals nicht wenige. Es sind aber auch Geschichten, die in viel zu vielen Fällen von Menschen handeln, die sie nicht mehr selbst erzählen können.

Währenddessen hat sich die politische Debatte um das Grundrecht auf Asyl immer mehr polarisiert. Im Jahr 1992 werden 438 000 Anträge registriert, wobei auch Folgeanträge mitgezählt waren. Die Verfahren verzögern sich oft lange. Die Unionsparteien wollen das Grundgesetz ändern, um den Anspruch auf Asyl erheblich einzuschränken. So soll die Zahl der Anträge gedrückt werden. Für die nötige Zweidrittelmehrheit brauchen sie die Stimmen der SPD-Opposition, die sich aber noch sträubt, genau wie Teile des Koalitionspartners FDP. Es folgt «eine der schärfsten, polemischsten und folgenreichsten innenpolitischen Auseinandersetzungen der deutschen Nachkriegsgeschichte», bilanziert Historiker Ulrich Herbert.

Auch medial wird die Diskussion kräftig angeheizt. Die *Bild* schreibt davon, dass die Menschen «mit orientalischer Leidenschaft» ihre «weitschweifigen Lügenmärchen von angeblicher Verfolgung ausbreiteten», und wer sich darüber empöre, werde als Faschist bezeichnet. Der *Spiegel* macht 1991 nach Hoyerswerda «Gewalt gegen Fremde» zum Titelthema. Drei Ausgaben zuvor stand auf dem Cover: «Flüchtlinge, Aussiedler, Asylanten: Ansturm der Armen». Die Grafik dazu erinnert fatal an ein bekanntes Wahlplakat der «Republikaner» mit dem Slogan «Das Boot ist voll».

Die CDU verschickt 1991 kurz vor den Ausschreitungen in Hoyerswerda eine Aufforderung an die Kommunalpolitiker der eigenen Partei. Sie sollen bundesweit die Asylpolitik zum Thema machen und die SPD weiter unter Druck setzen, denn gerade auf kommunaler Ebene «artikuliert sich in der Bevölkerung auch am ehesten Unmut und mangelnde Akzeptanz des praktizierten Asylrechts». Damals berichtet die *tageszeitung* über die Aktion. Die Botschaft, die die Union verbreiten will: Nur eine Grundgesetzänderung kann Abhilfe schaffen. Das Schreiben enthält auch Muster für Presseerklärungen mit Sätzen wie diesem: «Eine weitere nennenswerte Zuweisung von Asylbewerbern ist für die Stadt ... nicht mehr verkraftbar.» Die Parteifreunde vor Ort müssen nur noch den Namen ihrer Stadt eintragen. Auch Vorlagen für parlamentarische Anfragen in Kreistagen und Gemeinderäten liegen bei, mit deren Hilfe sich die Unionsleute etwa öffentlichkeitswirksam nach den Kosten der Unterbringung von Geflüchteten erkundigen sollten. Die Unterkünfte sorgen wegen der allgemeinen Wohnungsknappheit in manchen Regionen für Diskussionen. «Die bekommen alles und wir nichts»: eine gefühlte Wahrheit, die sich bis heute leicht mobilisieren lässt.

Umfragen zufolge hielten etwa im Sommer 1992 fast 80 Prozent der Deutschen das Thema Asyl für das wichtigste Problem, noch vor der Wiedervereinigung oder der Arbeitslosigkeit. «Boulevard und Straße regierten die Politik», resümiert Historiker Herbert.

Generation NSU

Und dann fliegen wieder Molotowcocktails. Diesmal in Rostock-Lichtenhagen im August 1992. Vor der «Zentralen Aufnahmestelle für Asylbewerber», wo damals auch viele Sinti und Roma unterkommen, und einem Wohnheim für frühere Vertragsarbeiter aus Vietnam, rotten sich Jugendliche und Anwohner zusammen. Wieder spitzt sich die Gewalt über Tage zu. Auch Kader der Neonaziszene reisen an und mischen vor Ort mit, verteilen Flugblätter, sollen sogar ihre Kameraden per Funkgerät koordiniert haben. Die Polizei schreitet spät ein, zieht sich wieder zurück. Die letzten Bewohner fliehen schließlich über das Dach.

Rostock-Lichtenhagen

Die Bilder jener Sommertage haben sich bei vielen eingebrannt: körnige TV-Aufnahmen von Brandsätzen, die Feuerschweife durch die Nacht ziehen, gegen die Fassade des Plattenbaus mit dem Sonnenblumen-Mosaik prallen. Das Foto von dem Mann in Sandalen und Deutschlandtrikot der Weltmeister von 1990, der den Arm zum Hitlergruß reckt und sich in die Jogginghose gepinkelt hat. Der damalige Vorsitzende des Zentralrats der Juden, Ignatz Bubis, der kurz darauf das Viertel besucht und Tränen in den Augen hat.

Wieder tobt der Mob, wieder stehen Anwohner dabei und klatschen. Wieder inspiriert die Gewalt und ihr Erfolg andernorts die nächsten Nachahmer. Wieder weicht der Staat zurück. Aber diesmal nicht nur lokal.

Während die Ausschreitungen in Lichtenhagen beginnen, tagt die SPD-Führung auf dem Petersberg bei Bonn. Dort gibt man den Widerstand gegen eine Reform des Grundrechts auf Asyl auf. Monate später kommt es zum sogenannten Asylkompromiss. Die

Folge ist eine Grundgesetzänderung und die Erosion des Grundrechts, das auch eine Lehre aus dem Nationalsozialismus war. «Politisch Verfolgte genießen Asylrecht», steht weiter im Grundgesetz. Ein großes «aber» wird indessen als Artikel 16a hinzugesetzt. Berufen kann sich darauf faktisch nun kaum mehr jemand. Das Prinzip der «sicheren Drittstaaten» schließt all jene aus, die die Bundesrepublik über den Landweg erreichen. Geflüchtete aus Kriegsgebieten fallen unter ein neues Gesetz. Wer aus einem «sicheren Herkunftsstaat» kommt, von dem wird erst einmal angenommen, dass er nicht verfolgt wird.

Mit Rostock-Lichtenhagen wird wieder ein Ortsname zur Chiffre. Und für die Neonazis lautet die Lektion: Mit Gewalt lässt sich nicht nur die Herrschaft über die Straße behaupten, man kann auch die Politik vor sich hertreiben. Vielfach fühlen sie sich als Vollstrecker des Volkswillens, auch wenn die Mehrheit der Bundesbürger die Gewalt ablehnt. Immerhin 13 Prozent der Deutschen geben aber in einer Umfrage aus der Zeit an, die Angriffe auf Asylsuchende als «berechtigten Ausdruck des Volkszorns» zu verstehen, dokumentiert Ulrich Herbert.

Die Ereignisse von Hoyerswerda und Lichtenhagen sind für David Begrich Urszenen des rassistischen Flächenbrandes im Osten Deutschlands. Die politische Konstellation, die Erfahrung der Ermächtigung prägt eine ganze Generation junger Neonazis. Die späteren Mörder vom «Nationalsozialistischen Untergrund» gehören dazu, genau wie Stephan Ernst. Von «Generation Hoyerswerda» ist manchmal die Rede. Ein Teil von ihr wird zur Generation Terror, zur Generation NSU.

«Führerloser Widerstand»

Stephan Ernst ist zu Anfang der 1990er Jahre wohl nicht Teil der organisierten Neonazi-Szene. Zumindest behauptet er das selbst. Es gibt bislang keine Beweise für das Gegenteil. Die Ideologie der militanten Szene jener Zeit erreicht ihn trotzdem. Und auch seine Freunde in der Schule und bei der Ausbildung bekommen das mit und berichten der Polizei in Vernehmungen davon.

Im Dezember 1993 erfährt es auch ein direkter Nachbar. Ernst sprüht mit schwarzer Farbe einen rassistischen Spruch auf die Garage, weil er beobachtet hat, dass der Mann nebenan Besuch von einem Schwarzen hat. Etwas unbeholfen malt er noch ein Eisernes Kreuz auf die Motorhaube des Autos. An die Wand schreibt er: «White Power». Die Polizei notiert sich damals bei der Aufnahme der Anzeige: «Täterhinweise liegen nicht vor.» Nach der Festnahme von Ernst wegen des Rohrbombenanschlags kommen die Beamten doch noch auf ihn.

Die englische Parole verweist auch auf den Ideologie-Import der Zeit. Deutsche Rechtsradikale öffnen sich damals zunehmend für Einflüsse aus dem angelsächsischen Raum. «White Power» ist die Losung der White Supremacists, der weißen Rassisten, überzeugt von der Überlegenheit ihrer eingebildeten Ethnie. Nicht die eigene Nation steht im Mittelpunkt, sondern die «weiße Rasse». Das macht grenzübergreifende Allianzen noch leichter. Britische Skinheads, amerikanische Ku-Klux-Klan-Anhänger und deutsche Neonazis vernetzen und beeinflussen sich. Manche nutzen dafür jetzt auch das sich entwickelnde Internet.

Einer dieser Online-Pioniere ist der Texaner Louis Beam. Schon in den 1980er Jahren geht sein Forum für «Arier» online. Er war Ku-Klux-Klan-Anführer, posierte mit Gewehr und Seidenrobe, gab schon damals Schriften heraus. Ende der 1980er wird er angeklagt, sich an einer Verschwörung zum Sturz der US-Regierung beteiligt zu haben. Das FBI setzt ihn auf die berüchtigte Liste der Meistgesuchten. Er wird in Mexiko geschnappt und später freigesprochen. 1992 bringt der inzwischen Mittvierziger in den USA mit einem wiederveröffentlichten Aufsatz die Idee des «Leaderless Resistance», des «führerlosen Widerstands», in Umlauf. Das Konzept ist auch eine Konsequenz aus den eigenen Erfahrungen mit der Staatsmacht.

Beam argumentiert, dass die Zeiten «andere Formen der Organisation» notwendig werden ließen, die den Behörden weniger Angriffsfläche bieten. Genauer: eine «Nicht-Organisation». Die radikale Rechte solle sich von hierarchischen, pyramidenförmigen Organisationen verabschieden, schreibt er. Diese seien viel zu leicht zu überwachen, zu infiltrieren und zu zerschlagen. Rechtsterroristen sollen sich stattdessen zu kleinen Zellen zusammenschließen, die ohne zentrales Kommando, ohne Befehlskette und voneinander unabhängig agieren oder gleich als Alleintäter handeln. Wenn eine Zelle unterwandert wird, sind die anderen nicht betroffen: Wer seine Mitstreiter nicht kennt, kann sie nicht verraten.

Außerdem muss sich die Bewegung nicht mehr langfristig auf einen Tag X vorbereiten, Waffen in Depots verbuddeln und warten, bis etwa der Einmarsch der Sowjetunion tatsächlich kommt oder ein Anführer den Befehl gibt, das Arsenal wieder auszugraben. Losschlagen sollen die Zellen nach Beams Konzept, wenn sie selbst «überzeugt sind, dass die Zeit reif ist», oder sie von anderen durch deren Taten inspiriert werden. So sollen «tausend Punkte des Widerstands» entstehen und die Taten vorab für die Sicherheitsbehörden viel schwieriger zu erkennen und zu verhindern sein.

Was Beam da propagiert, ist nicht ganz neu, aber für die autoritätsverliebte extreme Rechte ein weiterer Modernisierungsschub. Die Idee ist eine Zuspitzung bestimmter Strategien der Gewalt mit Bezügen bis hin zur Werwolf-Propaganda der Nationalsozialisten. Beam selbst nennt einen Essay eines antikommunistischen US-Geheimdienstlers aus den 1960ern als Inspirationsquelle. Das Konzept wird auch von anderen in der Szene propagiert. Der US-Neonazi Tom Metzger popularisiert den Begriff «Lone Wolf» für den Alleintäter, der ohne Zelle zuschlägt und so für die Sicherheitsbehörden noch schwieriger zu erkennen ist. «Jeder ist in der Lage, ein Einsamer Wolf zu sein», schreibt er. Der Terminus ist längst im allgemeinen Sprachgebrauch angekommen.

Der «führerlose Widerstand» als Terrorismuskonzept macht Karriere. Ob das am Einfluss theoretischer Schriften liegt oder daran, dass das Vorgehen schlicht simpler umzusetzen ist und aus Sicht der Täter recht offensichtliche taktische Vorteile bietet, bleibt dahingestellt. So oder so sickert es in die rechtsextreme Subkultur ein.

Wer keine taktischen Traktate lesen will, kann sie über bellizistische Belletristik kennenlernen. Der US-amerikanische Neonazi-Publizist William Luther Pierce schreibt solche Bücher. Die «Turner Diaries», ein Tagebuch-Roman, der die Erlebnisse des Protagonisten im «Rassenkrieg» beschreibt, thematisiert den «führerlosen Widerstand» in literarisch vernachlässigbarer, aber eben leicht verdaulicher Form. Sie sollen unter anderem die Täter hinter dem Oklahoma City Bombing am 19. April 1995 inspiriert haben, ein Anschlag mit 168 Toten. Im Buch «The Hunter» begleitet der Leser einen Vietnam-Veteranen auf einer Art Radikalisierungsreise hin zum antisemitischen Einsamen Wolf. Der «Jäger» tötet aus rassistischen Motiven Paare, später Journalisten und Politiker. Die Geschichten dienen vor allem als Futter für die Fantasie, geben aber eben auch Handlungsweisen weiter.

Auch in Deutschland kommt all das an. Die beiden Bücher werden übersetzt und kursieren als Raubdrucke oder PDF-Dateien. «Entstanden mit freundlicher Unterstützung der Germanischen Weltnetzgemeinschaft», heißt es auf den ersten Seiten des «Jäger. Deutsche Volksausgabe» im damaligen Szene-Jargon. «Weltnetz» soll für «Internet» stehen und möglichst deutsch klingen. Im Umfeld des NSU werden Kopien der Turner-Tagebücher gefunden. Auf einem USB-Stick von Stephan Ernst ist die übersetzte Ausgabe des «Jägers» gespeichert.

«Blut und Ehre»

Ein weiterer Importschlager der Zeit ist das Neonazi-Netzwerk «Blood and Honour», das in Großbritannien in den 1980ern um den Rechtsrock-Sänger Ian Stuart Donaldson entsteht. Es verknüpft die militante «White Power»-Ideologie mit Subkultur und Musik sowie Strukturen, die sich an kriminellen Rockergangs orientieren. Die Bezüge zum Nationalsozialismus sind mehr als deutlich: «Blut und Ehre» war auf die Klingen von Fahrtenmessern der Hitlerjugend eingeätzt. Als Hakenkreuz-Generikum im Logo dient den Neonazi-Netzwerkern eine Triskele, ein dreiarmiges Symbol. Ideologisch propagiert «Blood and Honour» eine leicht aktualisierte Variante des nationalsozialistischen Verschwörungswahns von der jüdischen Weltherrschaft: Die westlichen Regierungen seien in Wirklichkeit in der Hand von «Zionisten», gemeint ist: Juden. «Zionist occupied government», kurz ZOG, heißt das in der Sprache der Neonazis. Diese Zirkel hätten eine Ausrottung der «Arier» zum Ziel. Der rassistische Hass richtet sich gegen alle, die man als nicht «weiß» sieht oder zum politischen Feind erklärt.

Die Legitimation terroristischer Gewalt ist dem kruden Weltbild wesentlich. Wie schon beim Werwolf-Mythos fantasiert man sich in die Position des heroischen Widerstandskämpfers. Wer in Notwehr und im Überlebenskampf handelt, sich in einem schmutzigen Krieg gegen illegitime Besatzer mit finsteren Plänen wähnt, für den ist jedes Mittel gerechtfertigt.

In Deutschland entstehen in diesen Jahren sogenannte Divisionen von «Blood and Honour», die etwa am Geschäft mit dem Rechtsrock mitverdienen. In den Fanzines wird die Idee des führerlosen Widerstands verbreitet. Mitte der 1990er Jahre heißt es im Magazin der «Division Deutschland», Ausgabe Nr. 2: «Die alten Formen des politischen Aktivismus, wie z. B. der Weg über Wahlen in das Parlament, das medienwirksame Auftreten von fahnenschwenkenden Parteien oder das auf legaler Basis angestrebte Kaderprinzip sind überholt.» Propagiert wird stattdessen eine «nicht angreifbare Bewegung von unabhängig agierenden Gruppen [...] Leaderless Resistance ist die Devise!» So dokumentieren es Andrea Röpke und Andreas Speit in ihrem Buch «Blut und Ehre», die die Szene seit langer Zeit beobachten.

In dem internationalen Netzwerk kursiert später auch ein Handbuch für den Untergrundkampf, ein «Field Manual». Auch dort wird das Konzept durchaus abwägend diskutiert und mit dem hierarchischen Ansatz der «alten Schule» verglichen. Wer sich für den Untergrundkampf entscheide, möge die eigenen Aktionen genau planen und Kontakt zu legalen Organisationen vermeiden. Zur eigenen Sicherheit und um diese nicht in Verbindung mit Gewaltakten zu bringen, gibt der Autor mit auf den Weg. Für die Situation in Deutschland empfiehlt das Handbuch ausdrücklich den führerlosen Widerstand als die beste Wahl. Autarke «kleine Zellen von Nationalrevolutionären (einschließlich Ein-Mann-Operationen) agieren unabhängig und schlagen das System [...] durch direkte Aktionen von Gewalt und/oder Sabotage», steht im Kapitel mit der eindeutigen Überschrift «Gewalt und Terror».

Außer «Blood and Honour» fassen damals die «Hammerskins» in Deutschland mit der Gründung sogenannter Chapter Fuß, ein Netzwerk aus den USA. Im Kreis von «Blood and Honour» bewegten sich später auch der NSU und seine Unterstützer. Es dauert bis ins Jahr 2000, bis «Blood and Honour» in der Bundesrepublik verboten wird. Immer wieder gibt es Verfahren wegen der illegalen Wiederbelebung der Gruppierung, die sich mitunter hinter dem Zahlencode 28 versteckt, der für die Buchstaben B und H steht.

Trotz der ohnehin schon offen zelebrierten Militanz von «Blood and Honour» entsteht eine weitere Struktur, die sich selbst als deren bewaffneter Arm geriert: «Combat 18». Die Zahlenkombination 1 und 8 verweist auf den ersten und achten Buchstaben des Alphabets: A und H, die Initialen Adolf Hitlers. Als Logo dient mal ein SS-Totenkopf, mal ein weißer Drache. Ursprünglich als eine Art Saalschutz der British National Party gegründet, verzweigt sich das Netzwerk im Laufe der Jahre international. In Deutschland ist es von der Verbotsverfügung gegen «Blood and Honour» nicht miterfasst. Lange heißt es aus den Behörden, es gebe keine verbotsfähigen Strukturen hierzulande.

Noch im Jahr 2018 wird in einem vertraulichen Bericht des Bundesinnenministeriums festgehalten, dass den Verfassungsschutzbehörden «keine Erkenntnisse über einen rechtsterroristischen Hintergrund bei Combat 18» in Deutschland vorlägen. Es handele sich um eine «neonazistische, rassistische und gewaltbereite Gruppierung», deren Aktivitäten sich auf «interne Treffen und den Besuch von Musikveranstaltungen» beschränkten. Die Gefahr, dass die Struktur als «Durchlauferhitzer» für Gewalttäter diene, müsse aber in Betracht gezogen werden. Nach dem Mord an Walter Lübcke kommt das Verbot dann doch. Als einer der letzten Anführer gilt den Behörden ein nordhessischer Neonazi: Stanley R. Auch Stephan Ernst begegnet ihm. Auf einem alten Siemens-Tastenhandy, das die Polizei bei ihm sicherstellt, hat er einige Nummern und Namen mit der Abkürzung «Kam.» für «Kamerad» abgespeichert, darunter die von «Kam. R.».

Mit «Blood and Honour» und «Combat 18» sowie der neonazistischen Variante der Skinhead-Subkultur gewinnt extrem rechte Musik an Bedeutung. Der «Rechtsrock» liefert den Sound zur Gewalt und popularisiert en passant die Terrorkonzepte, fördert den Austausch über die Ländergrenzen: Eine britische Band singt damals vom «Barbecue in Rostock». Mit auf der Bühne steht ein Combat-18-Kader. Auch deutsche Neonazis gründen Bands, nehmen Alben auf, gehen auf Tour. Die Konzerte dienen der Szene nicht nur als Einnahmequelle und Gemeinschaftserlebnis, sondern auch zur Vernetzung und für mehr oder minder klandestine Absprachen unter Kadern. Das ist in Grundzügen bis heute so.

Manche der Mordfantasien zu einfach gestrickten Gitarrenriffs hören sich dabei wie Vorlagen für ganz reale Taten an. Ausgerechnet kurz vor dem Mord an Walter Lübcke veröffentlicht eine Neonazi-Band ein neues Album. In einem der Songs mit direktem Bezug zu «Combat 18» in Titel und Refrain grölt der Sänger: «Wenn es dunkel wird im Land / bleibt der Killer unerkannt. / Er schleicht sich lautlos an das Haus / [...] Bald da wird ein Leben enden, / in den eigenen vier Wänden.»

Strategie Straßenterrorismus

Für die 1990er Jahre ist insgesamt eine Strategie der Gewalt prägend, die man als Straßenterrorismus beschreiben kann. Der Einsatz teils massiver Gewalt erfolgt mitunter zufällig und spontan, aber zielgerichtet: Wer ins Feindbild passt, kann sich so nie ganz sicher in der Öffentlichkeit bewegen, jedenfalls mancherorts in der Bundesrepublik. Der Einschüchterungseffekt ist groß, wie Menschen berichten, die die «Baseballschlägerjahre» mit- und Angriffe überlebt haben. Vor Ort brauchen die Täter oft keine langfristigen Planungen und keine Befehle. Jeder weiß, was zu tun ist.

In der Szene kursiert die Idee von den «national befreiten Zonen», Regionen also, in denen man mit Gewalt all jene vertreiben oder einschüchtern will, die nicht ins eigene Weltbild passen, um so die eigenen Regeln auf allen Ebenen durchzusetzen. Vollständig gelingt das nirgends, aber mancherorts übernehmen die Neonazis in jener Zeit die Hegemonie und können sie auch zeitweise behaupten. Der Charakter einer Art Jugendbewegung verleiht der extremen Rechten eine neue Dynamik.

Hinzu kommen die pogromartigen Zusammenrottungen und Angriffe sowie Brandstiftungen und Anschläge, die sich gegen Unterkünfte von Migranten und Geflüchtete richten. Gezielt wird hier auf Unterstützung oder wenigstens Verständnis aus der Mehrheitsgesellschaft gesetzt. Die radikale Rechte kann erfolgreich den zentralen politischen Konflikt der Zeit aufnehmen, zuspitzen und mit dem Einsatz von Gewalt auch mit Erfolgen eskalieren.

Wenn für die 1970er Jahre eher die Befehl-und-Gehorsam-Wehrsportgruppen prägend sind, zeichnet sich schon seit den 1980ern eine Tendenz zu teils spontanen Zusammenschlüssen, kleineren Einheiten oder Zellen ab. Trotz des in den 1990ern verstärkt zirkulierenden Konzepts vom «führerlosen Widerstand» gibt es zugleich weiter Versuche, hierarchische militante Organisationen aufzubauen, und viele der alten, langlebigen Strukturen überdauern den Trend.

Solingen

Wenige Tage nachdem in Bonn im Bundestag der Asylkompromiss in Gesetzesform gegossen wurde, brennt es wieder in Deutschland. Diesmal im Westen. In der Nacht vom 28. auf den 29. Mai 1993 sterben im nordrhein-westfälischen Solingen fünf Mädchen und Frauen: Gürsün İnce, Hatice Genç, Gülüstan Öztürk, Hülya Genç, Saime Genç. Sie schlafen, als vier Neonazis ihr Zuhause anzünden. Auch in Solingen gibt es damals eine Neonazi-Szene. Einer der Treffpunkte ist die Kampfsportschule eines Kameraden, der auch für das Landesamt für Verfassungsschutz tätig ist, wie später bekannt wird.

Die Tat schockiert viele Menschen in Deutschland und international, wie schon der Anschlag von Mölln ein halbes Jahr zuvor. Schon damals gibt es Großdemonstrationen. In vielen Städten werden Lichterketten organisiert, zivilgesellschaftliche Bündnisse gegen rechts entstehen.

Zur Gedenkfeier in Mölln kommen Vertreter der Bundesregierung, nicht aber Kanzler Kohl selbst. Auf Nachfrage sagt sein Sprecher damals, der Regierungschef habe andere wichtige Termine und die Bundesregierung wolle nicht in «Beileidstourismus» verfallen. Das Gedenken an die Taten ist bis heute umkämpft. Ibrahim Arslan, der den Anschlag überlebt, weil seine in der Nacht getötete Großmutter ihn in feuchte Handtücher gewickelt hatte, organisiert die jährliche «Möllner Rede im Exil», die immer in einer anderen Stadt gastiert. Arslan kritisiert, Betroffene rechter Gewalt würden bei offiziellen Gedenkfeiern allzu oft zu Nebendarstellern degradiert, wo sie doch die Protagonisten sein müssten.

In den 1990er Jahren reagieren auch migrantische Selbstorganisationen und die linksradikale Antifa-Bewegung auf die Welle rechter Gewalt. In Hoyerswerda wird nach den pogromartigen Ausschreitungen demonstriert, in Rostock-Lichtenhagen versuchen Autonome, die Menschen im Sonnenblumenhaus zu unterstützen. Antifa-Gruppen organisieren Gegendemonstrationen, versuchen Neonazi-Aufmärsche mit Blockaden aufzuhalten, zerren Kader mit sogenannten Outings an die Öffentlichkeit. Es kommt auch zu Gewalt, nicht nur am Rande von Demonstrationen. Zugleich dokumentieren manche antifaschistisch Aktive akribisch, wie die rechte Szene agiert, sammeln Publikationen und Flugblätter, werten Fotos aus und berichten über ihre Recherchen in eigenen Publikationen. Bis heute gehören Archive, die damals entstehen, zu den besten öffentlich zugänglichen Quellen zur radikalen Rechten.

Das Bundesamt für Verfassungsschutz erkennt in seinem Bericht 1994 an, dass nach der Wiedervereinigung die «rechtsextremistisch motivierte Gewalt in einem bis dahin nicht gekannten Ausmaß» eskaliert. 1992 registrieren die Behörden demnach 2639 Gewalttaten, das ist mehr als das Achtfache als noch 1990 – und nur das Hellfeld. 23 Todesopfer zählt das journalistische Rechercheprojekt 1992, die Jahreshöchstzahl. 1993 sind es 17 weitere.

Auf die Eskalation der Gewalt antwortet der Staat schließlich, zumindest zum Teil. Und ab 1993 sinkt die Zahl der registrierten Gewalttaten wieder. Beim Verfassungsschutz sieht man das damals auch als «Auswirkungen des neuen Asylrechts». Durch den starken Rückgang der Zahl von Asylsuchenden sei das Thema in der Öffentlichkeit nicht mehr derart präsent. Auch die Proteste gegen Gewalt hätten zu einer «erheblichen Entschärfung des Mobilisierungseffektes» beigetragen, heißt es damals, weil viele der Neonazis bis dahin geglaubt hätten, im Sinne einer Mehrheit der Bevölkerung zu handeln. Außerdem verweist der Inlandsgeheimdienst auf Urteile gegen Täter und Verbote extrem rechter Gruppierungen.

Nach 1992 werden sechs Neonazi-Gruppierungen per Verfügung aus dem Bundesinnenministerium verboten, auf Länderebene kommen weitere hinzu. 1994 trifft es die «Wiking-Jugend», 1995 die «Freiheitliche Deutsche Arbeiterpartei» (FAP). Verbote erfolgen in Deutschland nach dem Vereinsgesetz. Einen eingetragenen Verein braucht es dafür nicht, aber vergleichbare Strukturen. Oft stehen Ersatzorganisationen längst bereit. Die extreme Rechte ist durch die strategischen Debatten längst auf staatliche Reaktionen vorbereitet. Führende Kader propagieren eine «Organisierung ohne Organisation», werben für den Zusammenschluss in lockeren Kameradschaften jenseits von Parteien und allzu festen Strukturen, die sich in überregionalen Bündnissen verbinden sollen. Manches ist von der radikalen Linken abgeschaut. Das Konzept passt zum «führerlosen Widerstand», wenngleich es in den «Freien Kameradschaften» wohl selten so richtig führerlos zugeht.

1998 trifft die staatliche Repression drei junge Neonazis in Jena, die in so einer Kameradschaft organisiert sind. Sie waren bisher mit Straftaten aufgefallen, die zu Ernsts Taten passen. Die Sprengsätze der Jenaer waren allerdings bislang nicht explodiert. An einem Januarmorgen greift die Polizei zu und durchsucht eine Garage, die sie den dreien zuordnet. Es ist eine Bombenwerkstatt. Trotz der belastenden Funde kann sich das Trio absetzen. Uwe Mundlos, Uwe Böhnhardt und Beate Zschäpe setzen sich in das Auto von NPD-Kader Ralf Wohlleben und fahren nach Chemnitz. In den folgenden Jahren heißt ihr Motto «Taten statt Worte», wie sie es in ihrem Bekennervideo später selbst bezeichnen. Unterstützt aus dem Umkreis von «Blood and Honour», organisieren sie sich ein Leben in der Illegalität und setzen die gemeinsame, tödliche Ideologie um.

Haft

Im Sommer 1995 wird Stephan Ernst erstmals zu einer Haftstrafe verurteilt. Für den Messerangriff auf dem Wiesbadener Bahnhofsklo, den Rohrbombenanschlag auf die Unterkunft in Steckenroth und den Überfall während der Untersuchungshaft wird der mittlerweile 21-Jährige nach Jugendstrafrecht bestraft: Der Messerangriff ist als versuchter Mord angeklagt, die Richterin sieht nur einen versuchten Totschlag. Auch den Anschlag hat die Staatsanwaltschaft anfangs als Mordversuch gewertet, rückt in der Hauptverhandlung davon ab, weil ein Gutachter die Sprengwirkung als eher gering einschätzt. Man will sich nicht vorstellen, was wohl passiert wäre, wäre die Bombe explodiert, als der Onkel von Dancho das Auto löschte und zu der Gaskartusche griff.

In der Urteilsbegründung spielt das aber keine Rolle. Am Ende bleibt der Straftatbestand «versuchte Herbeiführung einer Sprengstoffexplosion» übrig. Außerdem bescheinigt ein Gutachter Stephan Ernst eine Borderline-Störung, eine Diagnose, die in den anderen psychiatrischen Gutachten jener Zeit nicht auftaucht und vom Forensiker Norbert Leygraf, der Ernst 2020 untersucht, in Zweifel gezogen wird. Das Gericht ist damals jedenfalls davon überzeugt und attestiert dem Angeklagten einen «schweren affektiven Erregungszustand» zumindest bei den Übergriffen am Wiesbadener Hauptbahnhof und in der JVA. Das heißt: eingeschränkte Steuerungsfähigkeit, verminderte Schuldfähigkeit. Dazu kommen noch die Geständnisse, nachdem man ihn erwischt hatte. Urteil: sechs Jahre Haft.

IV
Verfassungsschützer

Ermittlungsauftrag in Nordhessen

Über den ehemals weißen Putz der Fassade des Mehrfamilienhauses hat sich ein Grauschleier gelegt. Das unauffällige Gebäude liegt direkt an einer Kasseler Ausfallstraße in Richtung Wolfhagen, ein paar Schritte von einer Imbissbude namens «Hans Wurst» entfernt. Die Klingelanlage aus Kunststoff ist vergilbt, manche Namen auf den Schildern verblichen. Es ist ein Haus wie viele hier.

Und genau diese Unscheinbarkeit war für einen der früheren Mieter wohl eine entscheidende Eigenschaft der Immobilie. Noch bis vor einigen Jahren war hier außer einer Zahnarzt-Praxis auch die Außenstelle Kassel des Landesamtes für Verfassungsschutz (LfV) untergebracht. Eine Handvoll Mitarbeiter des hessischen Inlandsgeheimdienstes werteten in diesem Büro Berichte von V-Leuten aus, schrieben Vermerke, schickten Kopien von eingesammeltem Material in die Zentrale nach Wiesbaden.

Heute erinnert dort nichts mehr daran. Die Verfassungsschutz-Mitarbeiter sind umgezogen. Aber eine Zeitlang gingen von diesem Haus Aktivitäten aus, die später sogar Schlagzeilen machen. Und keine, die dem Geheimdienst gefallen.

Die Geschichte des Rechtsterrorismus ist eng mit der der Geheimdienste verwoben, wie schon der Rückblick auf die vergangenen Jahrzehnte gezeigt hat. Das hat zunächst mit dem Auftrag der Behörden zu tun, die sich selbst lieber Nachrichtendienste nennen: Die Aufgabe des Bundesamtes in Köln und der 16 Verfassungsschutzbehörden der Länder ist vor allem die «Sammlung und Auswertung von Informationen» über «Bestrebungen, die gegen die freiheitliche demokratische Grundordnung» gerichtet sind. So steht es im Gesetz. Außerdem sollen sich die Ämter auch um Spionageabwehr kümmern und sind in manchen Bundesländern, wie in Hessen, zudem mit der Organisierten Kriminalität befasst.

Die Verfassungsschutzbehörden haben keine polizeilichen Befugnisse, dürfen niemanden festnehmen oder dessen Wohnung durchsuchen. Die Trennung zwischen Polizei und Geheimdienst ist nicht zuletzt eine Lehre aus dem Nationalsozialismus; eine Behörde wie die Gestapo, eine geheime Staatspolizei, soll es in Deutschland nicht wieder geben. Darauf legten auch die Westalliierten schon früh Wert. Es gilt das Trennungsgebot: Für die unmittelbare Gefahrenabwehr, etwa die Verhinderung eines Terroranschlags, und die Aufklärung von Straftaten sind in Deutschland die Polizeien der Länder und des Bundes zuständig, die aber wiederum nicht ohne konkreten Anfangsverdacht Personen einfach überwachen dürfen. Die Verfassungsschutzämter hingegen sehen sich selbst gern als «Frühwarnsystem». Sie sollen sich zusammenbrauende Bedrohungen erkennen, bevor es überhaupt zu Gewalttaten kommt, die dann Staatsanwaltschaft und Polizei auf den Plan riefen. Dafür müssen sie beurteilen, woher Gefahren drohen und für wen. Sie interessieren sich also qua Auftrag dafür, was in klandestinen Zirkeln so besprochen und geplant wird und wollen den relevanten Leuten entsprechend nah kommen. Zu nah mitunter, sagen Kritikerinnen und Kritiker.

Bei dieser Arbeit setzen die Ämter auch auf sogenannte nachrichtendienstliche Mittel. Darunter fallen zum Beispiel «menschliche Quellen», V-Leute. Das V steht ausgerechnet für Vertrauen. Diese Spitzel sind keine Beamten wie etwa verdeckte Ermittler der Polizei. Sie gehören selbst zu der Szene, über die sie Informationen liefern, und bekommen dafür Geld. Ihre Motive sind vielfältig, mitunter auch ihre Loyalitäten. Ihre «Nachrichtenehrlichkeit», wie es die Dienste nennen, wird intern auf einer Skala wie mit Schulnoten bewertet. Manche V-Leute sind enttäuscht und wollen ehemaligen Weggefährten eins auswischen oder vielleicht tatsächlich entsetzt, von dem, was sie in ihrem Umfeld mitbekommen. Andere sind auf Geld angewiesen, haben Angst vor Strafverfolgung, sind schlicht leicht zu überreden. Kandidaten werden ganz gezielt angesprochen. «Werbungsmaßnahme» heißt so etwas. Und in der Neonazi-Szene gibt es über die Jahrzehnte immer wieder Leute, die sich bewusst auf ein doppeltes Spiel mit dem Staat einlassen.

V-Leute sind ein umstrittenes Mittel, auch weil sie immer Interessenkonflikte mit sich bringen: etwa wenn abgewogen werden muss, ob man einen Spitzel preisgibt, um einen Hinweis an Polizei und Justiz zu melden, oder ob man lieber schweigt, damit weiter Informationen fließen. Quellenschutz ist ein zentrales Prinzip für die Geheimdienste. Nur so kann man die Vertrauensleute vor der Rache der Verratenen schützen, heißt es. Man schützt aber nicht nur den Einzelnen, sondern immer zugleich das V-Mann-System insgesamt: Wenn sich herumspräche, dass Spitzel schnell auffliegen, würden sich wohl weniger Menschen dazu überreden lassen, welche zu werden.

V-Leute sind unerlässlich, wenn man in konspirative Kreise vordringen will, argumentieren die Geheimdienste. Aber zu welchem Preis? Beim ersten NPD-Verbotsverfahren wird bekannt, dass so viele V-Leute in der Spitze der Partei unterwegs sind, dass das Bundesverfassungsgericht nicht mehr unterscheiden kann, was dort unter staatlicher Aufsicht entschieden wurde und was nicht. Aus Vertrauensleuten werden Verfahrenshindernisse, und der Verbotsantrag scheitert schließlich 2003. Beinahe ein Jahrzehnt später wird bei der Aufarbeitung des NSU bekannt: Uwe Böhnhardt, Uwe Mundlos und Beate Zschäpe sind von V-Leuten verschiedener Verfassungsschutzbehörden geradezu umstellt gewesen. Die Täter aber werden nicht gestoppt.

Die Methode V-Mann hat schon lange vor diesen Ereignissen immer wieder für Kritik gesorgt. Nicht nur in der Wissenschaft oder bei Linken und Liberalen gibt es grundsätzliche Bedenken. Mitte der 1990er Jahre wird das Bundeskriminalamt (BKA) in einem internen Positionspapier sehr deutlich. Damals haben es die Behörden gerade mit der neuen Gewaltdynamik von rechts mitten in den Baseballschlägerjahren zu tun. Die Vorwürfe an den Verfassungsschutz kommen 1996 in Form von zehn Thesen daher und wiegen schwer. Die Polizisten haben zunehmend den Eindruck, dass die Operationen der Geheimdienste ihren eigenen Ermittlungen in die Quere kommen. Bei den V-Leuten handle es sich mehrheitlich um «überzeugte Rechtsextremisten», die von den Verfassungsschutzbehörden nicht unerheblich mit Geld versorgt und vor Razzien oft vorab informiert würden, heißt es in dem Dokument. Das Geld und die Warnungen fließen auch zurück in die Szene. Die Beamten stehen dann oft in aufgeräumten Wohnungen oder finden frisch formatierte Festplatten vor. Werde doch eine Quelle einer Straftat überführt, würde diese «weder angeklagt noch verurteilt», kritisieren die BKA-Leute. Bei den Spitzeln entstehe der Eindruck unter dem Schutz des Verfassungsschutzes zu stehen und «im Sinne ihrer Ideologie ungestraft handeln zu können».

Zudem flössen aus «Quellenschutzgründen» Hinweise oft zu spät an die Polizei, mit der Folge, dass «Aktionen nicht mehr verhindert werden können».

Und dann ist da noch der «Brandstifter-Effekt». Den Beamten vom BKA ist aufgefallen, dass manche V-Leute an führender Stelle etwa an der Vorbereitung von Aufmärschen mitwirken, die ohne sie vielleicht gar nicht in dieser Größenordnung auf die Beine gestellt worden wären. Sie befürchten, dass auf diese Agitation unter Aufsicht auch gewaltsame Aktionen folgen könnten.

Auch in Nordhessen hat das hessische Landesamt für Verfassungsschutz zur Zeit des BKA-Brandbriefs V-Leute in der rechten Szene angeworben. Kontakt zu den Spitzeln wird von den sogenannten V-Mann-Führern auch von der unscheinbaren Außenstelle in Kassel aus gehalten. Das Sammeln von Informationen nennen die Verfassungsschützer Beschaffung, für deren Analyse ist der Arbeitsbereich Auswertung zuständig. In Kassel gibt es für beide eigentlich genug zu tun: Die Stadt ist damals bereits seit einiger Zeit ein regionaler Hotspot der extremen Rechten in Hessen. Die Neonazis prägen zwar hier auch in den 1990ern nicht wie andernorts das Stadtbild, aber es gibt Leute, die zu anderen Militanten im ganzen Bundesgebiet Kontakt haben und mit Gewalttaten auffallen. Und es kommen immer wieder neue hinzu.

Die P-Akte Ernst wächst

Im März 2000 erhält ein Verfassungsschutz-Mitarbeiter, 33 Jahre alt, Brille, Halbglatze, in der Außenstelle Kassel eine neue Aufgabe: «Ermittlungsauftrag» heißt das, was er abarbeiten soll, in der Sprache der Geheimdienste. Von einem eifrigen Spitzel in der lokalen NPD hat der Verfassungsschutz gehört, dass ein bislang Unbekannter in der Stadt bei den eher überschaubar gut besuchten Stammtischen der Neonazi-Partei aufgetaucht ist: Stephan Ernst. Jetzt wollen die Beamten wissen, mit wem sie es da zu tun haben.

So ein «Ermittlungsauftrag» hat wenig Geheimdienst-Glamour. Auf dem sind in diesem Fall schlicht zwei Kreuze gesetzt: bei «vollständige Personendaten» und «Lichtbild». Der Mann vom Verfassungsschutz macht sich an die Arbeit. Er steht noch am Beginn seiner Karriere beim Geheimdienst, hat vom Postbeamten umgeschult und wurde vor ziemlich genau zwei Jahren hier in die Außenstelle versetzt. Jetzt will er in den gehobenen Dienst, in wenigen Monaten beginnt das Studium zum Diplom-Verwaltungswirt. Noch ahnt niemand, dass der Beamte namens Andreas Temme einmal der wohl bekannteste Mitarbeiter jener Behörde sein wird, deren Beamte auf keinen Fall auffallen, sondern so unscheinbar sein sollten wie ihre Kasseler Dienststelle.

Was Temme damals zu Ernst zusammenträgt, sind erst einmal Eckdaten: seine Meldeadresse und ein Foto von 1994, mit dem man ihn aber noch identifizieren kann. Das bestätigt ein JVA-Mitarbeiter dem Mann vom Verfassungsschutz. Temme erkundigt sich auch bei der Polizei, was über Ernst so gespeichert ist. Dort ist er als «gewalttätig und als fremdenfeindlich registriert», schreibt er in den Bericht. Er listet seine Vorstrafen auf. Auch beim Bundesamt für Verfassungsschutz in Köln erkundigen sich die Agenten aus Hessen. Dort liegen laut der dokumentierten Antwort des Amtes damals keine Erkenntnisse zu Ernst vor.

Im Mai heißt es aus der Zentrale in Wiesbaden: Es werde gebeten, die Aktivitäten, «des ERNST innerhalb der NPD, insbesondere des Kreisverbandes Kassel, sorgfältig zu beobachten und ggf. durch Quellenbefragung weitere Erkenntnisse darüber zu erlangen, ob ERNST beabsichtigt, Mitglied der NPD zu werden».

Ernst beabsichtigt das tatsächlich. Schon im Dezember 1999 bekommt der Inlandsgeheimdienst darauf eigentlich einen Hinweis, der wohl zwischenzeitlich untergegangen ist. Jemand liefert der Behörde ein Schreiben aus der Berliner Parteizentrale mit den Daten von Interessenten. Auch Ernst ist darunter. Sein Mitgliedsstammblatt landet nach dem Parteieintritt als Kopie beim Verfassungsschutz. Der Vordruck aus der Kartei ist noch mit Schreibmaschine ausgefüllt. Aufnahmedatum: 5. Oktober 2000. Mitgliedsnummer: 78334.

Beim Verfassungsschutz in Hessen legt man für Ernst damals eigens eine Personen-Akte, kurz: P-Akte, an. Sie wird über die Jahre immer dicker. Weil der Inlandsgeheimdienst jedenfalls dem Gesetz nach stets begründen muss, warum er über Personen und Gruppierungen Daten speichert, und diese nach bestimmten Fristen wieder gelöscht werden sollen, wird das in der Akte festgehalten. Erkenntnis: Teilnehmer NPD-Stammtischtreffen im Jahr 2000. Wiedervorlage: im Jahr 2005. Fünf Jahre also, nachdem der Spitzel von Ernsts Erscheinen bei dem NPD-Treffen berichtet. Fünf Jahre, in denen Ernst immer tiefer in die Szene eintauchen wird. Was bekommt der Verfassungsschutz davon mit?

Die 1990er und 2000er Jahre sind prägend – für Ernst, für viele seiner Generation, für die rechtsterroristische Gefahr von heute. Es lohnt sich deshalb, im Detail zu beobachten, wie die Inlandsgeheimdienste damals agierten. Und es lohnt sich, dabei den Blick nach Hessen zu richten.

Ernst ist für den Messerangriff am Wiesbadener Hauptbahnhof, den versuchten Rohrbombenanschlag von Steckenroth und den Überfall auf einen Mithäftling zu einer Jugendstrafe verurteilt worden. Die Haft sitzt er aber im Erwachsenenvollzug ab. Erst in der Justizvollzugsanstalt in Butzbach im Wetteraukreis, wo die NPD in einigen Gemeinden bis heute kommunale Mandate hält. Später wird Ernst in den Norden des Bundeslands verlegt: JVA Kassel II. Tageweise erhält er Hafturlaub. Damals lernt er seine spätere Ehefrau kennen. Im September 1999, rund ein Jahr vor Strafende, wird der Rest der Haftzeit zur Bewährung ausgesetzt. Ernst kommt frei. Im Knast hat er eine Umschulung zum Industriemechaniker absolviert. Jetzt wird er als Zeitarbeiter an Betriebe vermittelt. Er bleibt in Kassel.

In den Hinterzimmern der NPD

Über Mithäftlinge hat er noch hinter Gittern Anschluss an die rechte Szene gefunden, sagt er später einmal aus. Er sei dann mit auf einschlägige Partys gegangen, auf denen zur Techno-Variante Gabber getanzt wurde, habe auch mal Pillen eingeworfen. Dann entdeckt er die NPD für sich. Mit 27 Jahren tritt er bei.

Damals ist Udo Voigt Vorsitzender der Partei. Der Mann mit dem Schnauzer öffnet die Truppe für junge Neonazis aus den Kameradschaften. Er will die Altherrenpartei entstauben, die NPD in den «Kampf um die Straße» führen und zur «Speerspitze der Nationalen Außerparlamentarischen Opposition» machen, wie er es zu jener Zeit im Kampfblättchen *Deutsche Stimme* propagiert. Die extrem rechte Partei bekommt zeitweise wieder mehr Aufmerksamkeit und Auftrieb. Mancherorts hat sie in diesem Jahrzehnt auch Erfolge bei Landtagswahlen, vor allem in Sachsen und Mecklenburg-Vorpommern.

In Hessen hat die NPD damals unter 400 Mitglieder. Und in Kassel ist von «Speerspitze» und Generationenwechsel noch nicht viel zu spüren: Zu den Stammtischen in Gaststätten, die «Rosis Pilsstübchen» oder «Goldener Anker» heißen, kommt meist nur eine Handvoll Mitglieder, und viele sind deutlich älter als Ernst. So notiert es zumindest der Verfassungsschutz in jener Zeit. Meist sind es nur Männer. Die Ausnahme macht gelegentlich die Ehefrau des Kreisvorsitzenden.

Während der Inlandsgeheimdienst eine Akte über Ernst anlegt und dort Kopien der Berichte zu den NPD-Treffen einsortiert, scheint man bei der Bewährungshilfe von den politischen Aktivitäten des jungen Mannes nichts mitzubekommen. Eine Mitarbeiterin schreibt über Ernst jedenfalls 2001: «Allgemein ist zu sagen, dass der Proband zufrieden und ausgeglichen wirkt. Sein Leben verläuft in klaren Bahnen, sodass ich die Kontaktfrequenz auf ca. 10 Wochen heraufgesetzt habe.» Seine Strafe wird ihm 2002 endgültig erlassen.

Die klaren Bahnen führen Ernst offenbar immer wieder zu den abendlichen Stammtischen der vom Verfassungsschutz observierten Partei. Ein Spitzel berichtet, er habe Ernst im April 2000 beobachtet, wie er mit einem Kameraden im Suff Adolf Hitler glorifiziert und Wehrmachtslieder gesungen habe. Sonst geht es bei den Treffen weniger ausschweifend zu, sofern die Informationen des V-Manns – oder vielleicht auch: der V-Leute – zutreffend sind. Man diskutiert anstehende Aufmärsche, Kranzniederlegungen zum «Heldengedenken», Konflikte in der Partei oder eine Art Tarn-Bürgerinitiative gegen den geplanten Bau einer Moschee.

All das jedenfalls legen Kasseler Verfassungsschützer damals in den Akten ab, die mir vorliegen. Ernst taucht immer wieder in Spitzelberichten von den NPD-Treffen auf. Er gehört offenbar schnell dazu. Gemeinsam mit dem Kreisvorsitzenden verteilt er als Neuer gleich Flugblätter in der Innenstadt. Zwei Jahre später wird er gefragt, ob er sich nicht überlegen wolle, den Vorsitz zu übernehmen. Es kommt aber nicht dazu.

Ernst sitzt in jenen Jahren nicht nur in Hinterzimmern von Eckkneipen. Er hat längst Anschluss an jüngere Leute aus der Neonazi-Szene. Gemeinsam mit Kameraden fährt er bundesweit zu Aufmärschen und Szene-Treffen. Der Verfassungsschutz protokolliert in den folgenden Jahren, dass er bei rund einem Dutzend Demonstrationen mitläuft, in Neumünster, Leipzig, Berlin oder Passau. In der bayerischen Universitätsstadt etwa kommen im Mai 2000 Neonazis zum zweiten «Tag des nationalen Widerstands» zusammen. Die NPD-Parteispitze zieht zu pathetischer Musik samt Fahnenträgern in die Nibelungenhalle ein. Die Rechtsterrorismus-Paten Manfred Roeder und Peter Naumann, beide wieder auf freiem Fuß, sind vor Ort willkommen. Und wieder ist mindestens ein Spitzel des Verfassungsschutzes mit dabei.

Stichworte «Kampf um die Straße» und «nationaler Widerstand»: Die Zahl der rechtsextremen Straftaten steigt 2000 in Vergleich zum Vorjahr deutlich. Am 14. Juni erschießt der Dortmunder Neonazi Michael Berger zwei Polizisten und eine Polizistin, danach sich selbst. Mit dem Spruch «3:1 für Deutschland» wird die Tat in der Szene glorifiziert. Am 27. Juli detoniert eine Rohrbombe am S-Bahnhof Wehrhahn in Düsseldorf, zehn Menschen werden teils schwer verletzt, eine Schwangere verliert ihr ungeborenes Kind. Sie stammen aus der ehemaligen Sowjetunion, sechs von ihnen gehören zur jüdischen Gemeinde. Ein Täter wird zuerst nicht ermittelt, ein Tatverdächtiger viele Jahre später angeklagt und dann freigesprochen.

Insgesamt 14 Todesopfer rechter Gewalt erfassen die Recherchen von *Zeit Online* und dem *Tagesspiegel* rückblickend auf dieses Jahr: die drei Polizisten und mehrere Obdachlose sind darunter, genau wie Alberto Adriano, dem nach seinem Tod ein Lied gewidmet wird, ein Punk und ein Blumengroßhändler aus dem hessischen Schlüchtern, der damals noch nicht in dieser Reihe genannt wird. Im Oktober wird auf die Düsseldorfer Synagoge ein Brandanschlag mit Molotow-Cocktails verübt, der glücklicherweise scheitert. Nach der Tat fordert SPD-Bundeskanzler Gerhard Schröder einen «Aufstand der Anständigen» gegen rechte Gewalt. Später werden zwei arabischstämmige junge Männer für die Tat verurteilt.

Im November treffen sich Vertreter der Sicherheitsbehörden bei einer Tagung des Bundeskriminalamts in Wiesbaden. Auch der damalige Chef des Bundesamtes für Verfassungsschutz hält einen Vortrag. Er warnt: Seit Ende des Jahres 1999 häuften sich Waffen- und Sprengstofffunde in der Szene. In letzter Zeit, sagt Heinz Fromm, der einst das Landesamt für Verfassungsschutz in Hessen geleitet hatte, «zeigen sich im Bereich Rechtsextremismus Ansätze für eine terroristische Bedrohung». Aber er schränkt dies sogleich wieder ein: Diese Bedrohung sei keine eines Terrorismus «im Sinne der Arbeitsdefinition der Sicherheitsbehörden». Der zufolge ist Terrorismus der «nachhaltig geführte Kampf für politische Ziele, die mit Hilfe von Anschlägen auf Leib, Leben und Eigentum anderer Menschen durchgesetzt werden sollen». Anschläge von Einzelpersonen oder Splittergruppen könne man dennoch nicht ausschließen, trägt er weiter vor. Aber der Verfassungsschutz hat schon bald andere Prioritäten.

Nach dem 11. September 2001

Rund ein Jahr danach: Bei einem der abendlichen NPD-Treffen im «Goldenen Anker» in Kassel packt einer der Rechtsradikalen ein paar Poster aus und bietet sie den Kameraden an. Der langjährige Aktivist, der damals gegen den geplanten Bau einer Moschee in der Stadt mobil macht, hat Farbkopien von zwei Motiven dabei. Preis im Set: zwei D-Mark. Motiv eins huldigt ausgerechnet einem Islamisten, den kurz zuvor in Deutschland nur Insider kannten, Osama bin Laden. Motiv zwei zeigt, was ihn jetzt weltberühmt gemacht hat: Flugzeuge, die in New York in die Zwillingstürme krachen. Die Anschläge vom 11. September 2001 sind gerade wenige Wochen her. Der Hass auf die USA ist groß in der radikalen Rechten, bei manchem derart, dass er den Hass auf Muslime übersteigen kann. Ohnehin spiegelt sich in der Projektionsfläche Islam sowohl Ablehnung des anderen als auch uneingestandener Neid auf eine Gesellschaft, die man sich traditionell-patriarchal und homogen vorstellt, so wie sie sich Rechtsextreme selbst wünschen, vielleicht auch Bewunderung für die Entschlossenheit der Terroristen. Einige der NPD-Leute haben jedenfalls Sympathie für die 9/11-Täter, meldet der Spitzel am Tisch später seinem V-Mann-Führer. Andere beurteilten demnach «die Taten der Moslems sachlicher und gedachten der vielen Opfer», hält er in seinem Bericht fest.

Am Abend des 11. September 2001 selbst sitzen die NPD-Leute auch in der damaligen Stammkneipe. Seine palästinensischen Freunde hätten angerufen und er für jedes abgestürzte Flugzeug einen Schnaps trinken müssen, soll der Mann mit den Postern erzählt haben. Eigentlich wollte man über einen Parteitag sprechen. Aber die Anschläge sind *das* Thema.

Bei den deutschen Sicherheitsbehörden ist es ganz ähnlich. Die Anschläge vom 11. September 2001 mit fast 3000 Toten sind keinesfalls die ersten, aber eine neue Eskalationsstufe des islamistischen

Terrorismus. Und die Spuren einiger Terrorpiloten führen von New York ausgerechnet nach Deutschland in eine Wohnung in Hamburg-Harburg. Für Polizei und Geheimdienste wird der militante Islamismus zur zentralen Bedrohung, und anderes rückt in den Hintergrund. So wie lange die RAF das Bild vom Terrorismus prägte, werden nun die Dschihadisten zum Maßstab. Dabei hat mitten in Deutschland bereits eine Mordserie von Neonazis begonnen: Vier Männer sind vom NSU vor dem 11. September 2001 erschossen worden. Der erste war Enver Şimşek, Vater zweier Kinder, der von Schlüchtern aus mit Blumen handelt. Von Terror aber geht man damals in den Behörden nicht aus, genauso wenig in den Medien. Die Täter werden bei der «Türken-Mafia» vermutet.

Der 11. September 2001 ist eine Zäsur in der Innenpolitik der Bundesrepublik: Anti-Terror-Gesetzespakete statten die Exekutive mit weitreichenden neuen Befugnissen aus. Es entstehen neue Abteilungen in den Behörden. Plötzlich sind Absolventen der Arabistik gefragt.

Auch in der Kasseler Außenstelle des hessischen Verfassungsschutzes kommen diese Entwicklungen nach 9/11 an. In der nordhessischen Stadt wird Andreas Temme, der den ersten Ermittlungsbericht zu Stephan Ernst getippt hatte, in den Jahren danach bis zum Oberinspektor aufsteigen. Er führt dann selbst V-Leute, die meisten im Bereich Islamismus. Und er wird nebenher an der «Akademie für Verfassungsschutz» weiter ausgebildet. Die Themen seiner Fortbildungen: Grundlehrgang Islamismus, Sonderlehrgang «Länderkunde (Nordafrika, Naher und mittlerer Osten)» und «Länderkunde (Saudi-Arabien)». Mit Stephan Ernst und Markus H. hat er nach Angaben des hessischen Innenministeriums nie wieder zu tun. Aber mit einem, der auch Ernst kannte.

Bei der NPD in Kassel geht derweil alles weiter seinen Gang. Der Mann mit den Bin-Laden-Fanpostern versucht an einem anderen

Abend noch ein weiteres Mal, seine Ware unter die Leute zu bringen. Wenn das, was der Verfassungsschutz über die Stammtische in seine Akten schreibt, so zutrifft, ist keiner der Anwesenden bereit, dafür zwei D-Mark auszugeben.

Manchmal ist bei den Treffen der NPD in jener Zeit etwas mehr los als üblich. Und dann geht es um mehr als um fragwürdige Plakate. Etwa, als im Herbst 2001 die Gruppe um den lokalen Neonazi-Anführer Stanley R. auftaucht. Sie nennt sich damals «Sturm 18 Cassel». R., drei Jahre jünger als Ernst, gilt als gut vernetzt. In den 2000er Jahren wird er zu einer Truppe gezählt, die sich «Oidoxie Streetfighting Crew» nennt und sich um eine radikale Dortmunder Rechtsrock-Band schart. Zu einfachen Gitarrenriffs glorifiziert «Oidoxie» in ihren Songs Rechtsterrorismus und das klandestine Netzwerk «Combat 18». Später steht R. an der Spitze des deutschen Ablegers – bis zum Verbot der Gruppe.

Manchmal taucht in jenen Jahren außerdem ein Dirk W. bei den NPD-Treffen auf. Wie viele der anderen Anführer ist er durch die Schule der inzwischen verbotenen FAP gegangen. Das BKA hält ihn Anfang der 2000er Jahre für den Kopf der Kasseler Kameradschaft. Die Polizei beargwöhnt W. schon länger. Man traut dem Mann offenbar einiges zu. Bereits Ende der 1990er Jahre ist zu ihm das Kürzel «pb-terrorismus» in dem Informationssystem der Polizei hinterlegt. Es steht für «polizeiliche Beobachtung»: Immer wenn die Zielperson irgendwo auftaucht, und sei es bei einer Verkehrskontrolle, wird das an die zuständige Polizeibehörde weitergeleitet. W. kennt Stephan Ernst offenbar so gut, dass er bei einem Kameradschaftsabend 2002 darüber informiert, Ernst sei Vater eines Sohnes mit «blonden Haaren» und «blauen Augen» geworden. Es wird für ein Geschenk gesammelt. So erzählt es jedenfalls wieder jemand dem Verfassungsschutz. Wenig später setzt sich W. nach Österreich ab. Mitte der 2000er Jahre wird auch Stephan E. zur «polizeilichen Beobachtung» ausgeschrieben, zumindest eine Zeitlang.

Anti-Antifa

Die Organisationsformen der radikalen Rechten jenseits altgedienter Parteien, das Konzept Kameradschaft, ist damals längst in Nordhessen angekommen, und man versucht, Allianzen zu schmieden. Auch die Idee, die in den Zirkeln der militanten Szene verstärkt bereits seit den 1990er Jahren unter einem neuen Namen kursiert, ist in Kassel an der Tagesordnung: Anti-Antifa. Gemeint ist damit das systematische Ausspähen von tatsächlichen und vermeintlichen politischen Gegnern. Die Informationen sollen gesammelt und teils in Form von Listen weitergereicht und veröffentlicht werden. Dem Austausch dienen anfangs noch Zeitschriften, dann zieht man ins Internet und nutzt die heute längst überholten BBS-Mailboxen, später simple Webseiten. Das Ziel: einschüchtern. Die öffentliche Verbreitung der Informationen setzt schon damals auf die Strategie, dass sich in der Szene Einzelne dazu berufen fühlen könnten, entsprechend zu handeln. Das Risiko reicht für den Einschüchterungseffekt. Die juristisch Bewanderten achten penibel darauf, nicht explizit zu Straftaten aufzurufen. Nötig ist das auch gar nicht.

Bis heute gibt es vergleichbare Webseiten, längst nicht mehr nur aus der harten Neonazi-Szene. Auf einer Seite mit dem widersinnigen Namen «Nürnberg 2.0», der ausgerechnet auf die Prozesse gegen NS-Kriegsverbrecher anspielt, landet auch der Name von Walter Lübcke. Nach dem Mord wird er kommentarlos entfernt. In AfD-Kreisen kursiert etwa eine Excel-Datei mit Adressen von vermeintlichen 24 500 Mitgliedern «der Antifa». Es handelt sich in Wahrheit um Kundendaten eines vor Jahren gehackten Punk-Versands. Für die Betroffenen dürfte das im Ernstfall kaum einen Unterschied machen.

Als einer der Propagandisten dieser sogenannten Anti-Antifa-Arbeit gilt Immobilienerbe Christian Worch, einst bei der FAP und der Hamburger Nationalen Liste, bis heute in der extremen Rechten aktiv. Schon der Name des Konzepts verweist auf die erstarkende linksradikale Antifa-Bewegung, die mancherorts Neonazis mit der Veröffentlichung von Recherchen über ihre Strukturen, durch sogenannte Outing-Aktionen und teilweise auch mit Gewalt unter Druck setzt. Teile dieser Taktik will man sich nun abschauen. Und zugleich soll all das schon durch den Namen als bloße Reaktion dargestellt werden, als eine Art von Notwehr gegen Angriffe von links. Ganz so, als ob schwarze Listen von und Attacken auf politische Gegner nicht seit Anbeginn zum Arsenal der radikalen Rechten gehört hätten. Schon die gut bestückte Kartei des Technischen Dienstes aus den 1950er Jahren mag das verdeutlichen. Neu ist nun vor allem das für junge Neonazis attraktive Label und der Versuch, dieses Vorgehen zu professionalisieren.

In einem Interview bringt Worch selbst das Anti-Antifa-Konzept einmal mit einem Ereignis in Kassel in Verbindung, mit den teils militanten Protesten gegen die Beerdigung von Neonazi-Anführer Michael Kühnen im Januar 1992 auf dem dortigen Westfriedhof. Damals habe er gedacht, die Gegenseite sei viel besser über die eigenen Strukturen informiert als umgekehrt. Das habe man ändern wollen.

Ob der Gründungsmythos historisch korrekt ist, sei dahingestellt. Fast 30 Jahre später taucht Worch erneut in der Stadt in Nordhessen auf. Im Sommer 2019 führt er ein Grüppchen von Neonazis mit schwarz-weiß-roten Fahnen an, das nach dem Mord an Walter Lübcke und der Festnahme von Ernst dort demonstriert: «Gegen Pressehetze, Verleumdung und Maulkorbfantasien» lautet das Motto. Der Mord werde instrumentalisiert, um gegen die rechte Szene Stimmung zu machen, lautet die nach außen verkündete Begründung. Sieben Wochen nach der Tat will man in einer Stadt unter Schock offensichtlich provozieren, sogar eigentlich bis vor das Regierungspräsidium ziehen. Letztlich müssen die etwa 120 Rechtsradikalen in einem Gewerbegebiet auf die Straße gehen. Zum Gegenprotest kommen beinahe zehnmal so viele Menschen. Lokale Neonazis trauen sich kaum zu den größtenteils aus Nordrhein-Westfalen angereisten Kameraden. Aber es sind auch Gesichter zu sehen, die bereits in den 2000er Jahren auf Fotos gemeinsam mit Ernst zu finden sind.

Auf Fotos aus jener Zeit taucht mitunter ein bulliger Typ mit Bierbauch und Glatze auf. Im Herbst 2001, damals Ende zwanzig, kommt er zu einem der NPD-Treffen, die Ernst frequentiert. Markus E. setzt sich in der Kneipe für die Anti-Antifa-Strategie ein, berichtet ein Spitzel damals dem Verfassungsschutz. E. war wie Worch und Dirk W. in der FAP aktiv. Er fällt der Polizei schon damals immer wieder auf. E. wird der Mischszene aus Fußball-Hooligans und Neonazis zugerechnet. Noch heute, jedenfalls bis vor der Corona-Pandemie, ist er manchmal im Kasseler Auestadion auf den Stehplätzen zu sehen. Man solle die Personen, die in Kassel antifaschistisch aktiv sind, auskundschaften, sagt er damals laut dem Bericht des Verfassungsschutz-Spitzels. Erster Schritt: Personen identifizieren, Adressen herausfinden. Auch über das Verhalten der politischen Feinde solle man Informationen zusammentragen. Der Spitzel behauptet, es sei nicht klar, ob E. dies bereits mit seinen Kameraden umsetze. Am Stammtisch habe die Aufforderung wenig Resonanz gehabt. Ob das so stimmt?

Es gibt jedenfalls in Kassel Leute, die sich an die Arbeit machen. Und Stephan Ernst gehört dazu. Später wird er das selbst zugeben: Anfang 2020 spricht er in Vernehmungen als Mordverdächtiger im Fall Lübcke über die «Anti-Antifa-Arbeit, die wir damals gemacht haben», wie er es selbst formuliert. Die Ergebnisse, die davon übrig blieben: Word-Dateien, Fotos, abfotografierte Zeitungsausschnitte. Ernst legt sie irgendwann in einen eigens eingerichteten, verschlüsselten Daten-Container auf seinem Laptop und auf einem USB-Stick ab. Dort sichern sie auch die Beamten der Soko Liemecke, nachdem Ernsts Frau ihnen den im Keller in einer Schoko-Backwaren-Verpackung versteckten Datenträger übergibt. Ernst gesteht also, was die Ermittler längst wissen.

Eine Liste von «Feinden»

Und was die Beamten finden, ist beachtlich. Die zusammengetragenen Daten stammen zwar größtenteils aus ohnehin öffentlichen Quellen, aus der Lokalzeitung oder Websites von Parteien und Initiativen, und offenbaren so kein besonders großes Ausspäh-Talent. Die schiere Menge aber zeigt, dass ein nicht ganz unerheblicher Aufwand betrieben wurde: Namen von insgesamt 143 Personen finden die Ermittler in Ernsts Unterlagen. Nicht zu allen wurde auch etwas zusammengetragen, manche tauchen in wohl in der Haft geschriebenen Rachefantasien auf.

Die Polizisten glauben, dass die ausführlicheren Informationen hauptsächlich zwischen 2001 bis 2007 gesammelt worden sind, manche sind auch noch mit 2010 datiert. Die Liste liest sich wie ein Feindbildkatalog der Neonazi-Szene. Es gibt Unterordner namens «Ausländer» mit Dossiers zu einzelnen Personen, gesammelte Zeitungsberichte über Aktive aus der Zivilgesellschaft, Mitglieder von Grünen und SPD, Journalisten. Im Ordner «Jüdisches Leben» findet sich ein Observationsbericht der Kasseler Synagoge mit Notizen wie «reger Betrieb – Leute kommen und gehen» oder «Götzendienst» samt Uhrzeiten. Außerdem liegt dort eine Word-Datei mit dem Namen «Nummernschilder von Juden».

In anderen Ordnern sind Informationen zu damaligen Vertretern des Allgemeinen Studierendenausschusses der Kasseler Universität gespeichert und Notizen zu Kennzeichen von Autos, die man «Zecken» zurechnet. Eigene Aufzeichnungen hat man sich auch zu vermeintlich linken Treffpunkten gemacht. Manche der gelisteten Personen wurden außerdem heimlich fotografiert oder gefilmt.

Zudem liegen Zeitungsartikel, Fotos, Videoaufnahmen von Gegendemonstrationen gesammelt auf dem USB-Stick.

Walter Lübcke, damals Landtagsabgeordneter, ist der Gruppe wohl nicht aufgefallen. Jedenfalls gibt es keinen Hinweis darauf. Dafür interessierten sie sich für eine seiner Vorgängerinnen: Die damalige Regierungspräsidentin von Kassel hat eine eigene Datei in dem Archiv. Zu ihr ist dort keine Adresse festgehalten, aber der Hinweis «hält pro jüdische reden» [sic]. Über andere Menschen wird notiert, dass sie den Bau der Moschee befürworten, gegen die der ältere Kamerad mit dem Bin-Laden-Faible an den NPD-Stammtischen mobil macht. Manchmal reicht es, sich über die eigenen Erfahrungen mit Rassismus in der Zeitung zu äußern, um in dem Konvolut zu landen.

In seiner Vernehmung 2020 spielt Ernst die damaligen Aktivitäten herunter und rechtfertigt sie als Reaktion auf Angriffe von Antifa-Aktivisten. Man habe sich deshalb «mit ein paar Leuten» zusammengeschlossen und «Daten gesammelt von allen möglichen Leuten, die irgendwie die Antifa unterstützen», sagt er aus. In der Definition der Neonazis zählt offenbar auch eine CDU-Regierungspräsidentin dazu. Das Ziel: angeblich nichts über Outing-Aktionen und Einschüchterung hinaus. Markus H. sei damals mit dabei gewesen, gibt zumindest Ernst einmal an. Wer sonst noch, dazu schweigt er, auch später vor Gericht.

Auf dem USB-Stick schlummert auch eine Datensammlung zu einer Person, die die Ermittler besonders aufhorchen lässt: Ein knappes Dossier über einen Historiker und Geschichtslehrer, der für die «Vereinigung der Verfolgten des Naziregimes – Bund der Antifaschistinnen und Antifaschisten» aktiv ist. Auch ein Foto von ihm ist auf dem Stick gespeichert. Vermutlich wurden die Informationen 2002 angelegt. Von wem, ist unklar. Notiert hat die Person auch, dass der Mann mit dem Bart beim lokalen Bündnis gegen rechts aktiv ist. Ernst hat die Dateien all die Jahre aufbewahrt.

Schuss ins Fenster

Es ist fünf vor sechs in der Früh. Ein Donnerstag im Februar 2003. Der damals 48-jährige promovierte Geschichtslehrer steht in seiner Küche und macht sich Frühstück. Das Rollo am Fenster ist fast ganz heruntergelassen, nur durch die obersten vier Schlitze ganz oben scheint etwas Licht nach draußen aus der Erdgeschosswohnung. Plötzlich knallt es laut. Der Mann spürt einen Luftzug in den Haaren. Ein Projektil zischt an ihm vorbei, verfehlt nur knapp seinen Kopf, streift das Rohr einer Dunstabzugshaube und durchschlägt ein Wandregal aus Pressspan. Dort findet die herbeigerufene Polizei die deformierte Kugel. Der Schütze muss an einem Weg am Rand des Gartens gestanden haben, glauben die Ermittler. Sie sichern einen bunten Wollfaden, der an der Stelle in den Maschendrahtzaun geknotet worden war. «Haarscharf dem Tod entkommen» titelt die *Hessisch-Niedersächsische Allgemeine* am Tag darauf.

Nach dem Mord an Walter Lübcke und dem auffälligen Fund der Adresse des Lehrers in Ernsts Dateien prüfen die Ermittler der Soko Liemecke den Fall 2019 erneut. Sie lassen sich die Altakten kommen. Darin können sie lesen, dass das Ermittlungsverfahren bereits nach zwei Monaten vorläufig ohne Ergebnis eingestellt wurde. Verwertbare Spuren wurden nicht sichergestellt und das Projektil von damals wurde zwischenzeitlich vernichtet. Das Verfahren wurde außerdem nicht wegen versuchten Mordes, sondern nur wegen versuchter gefährlicher Körperverletzung geführt, weil man nicht von einem vorsätzlichen Tötungsdelikt ausging, die Silhouette des Lehrers sei von außen durch den Rollladen nicht zu erkennen gewesen. Die Hypothese, Rechtsradikale könnten hinter der Tat stecken, spielte bei den damaligen Ermittlungen eine Rolle, war aber nur einer von mehreren Ansätzen.

In den noch erhaltenen Akten ist nur eine Vernehmung eines bekannten Kasseler Neonazis in dessen damaligem Handyshop dokumentiert. Der sagt aus, nichts von dem Vorfall mitbekommen zu haben. Außerdem: Scharfes Schießen traue er der Szene nicht zu. Und er habe dieser ohnehin den Rücken gekehrt. Ein Aussageverhalten, dass man szenetypisch nennen kann. Die Beamten sehen laut Vermerk von damals keinen Hinweis, dass er die Unwahrheit sagt. Er fällt später immer wieder als gewalttätiger Neonazi auf.

Was die Beamten der Soko Liemecke nicht in dem alten Aktenordner ihrer Kollegen finden: Hinweise, dass man damals Ernst und sein Umfeld in den Blick nahm oder von deren «Anti-Antifa-Arbeit» überhaupt etwas mitbekommen hat. Der Name des Lehrers taucht schon Mitte der 1990er auf einer der frühen bundesweiten Anti-Antifa-Listen von Neonazis auf, die in der Szene über die Website Thulenet geteilt werden, zu der auch eines der frühen Mailbox-Systeme gehörte. Es gibt keinen dokumentierten Schriftverkehr zum Austausch mit dem Landesamt für Verfassungsschutz, dem damals die Spitzel-Hinweise vom NPD-Stammtisch zu den jedenfalls angekündigten Ausspähaktionen bereits vorlagen.

Ob man in der Kasseler Außenstelle registrierte, wie die Neonazis ihre Gegner tatsächlich in den Fokus nahmen und nicht nur bei Stammtischen davon redeten? In der P-Akte von Ernst des Inlandsgeheimdienstes gibt es darauf keinen direkten Hinweis. Nur mehrere damalige Begegnungen von Ernst mit einem jungen Mann, über den es ebenfalls ein Dossier auf seinem USB-Stick gibt, werden aktenkundig. Es klingt wenig empathisch, was die Beamten über den Betroffenen dort festhalten.

Für die Bundesanwaltschaft, die nach dem Mord an Walter Lübcke ermittelt, wird der Schuss auf den Lehrer nicht der einzige Altfall bleiben, den man nun erst einmal mit Ernst in Verbindung bringt. Der Wollfaden vom Gartenzaun ist im Gegensatz zu dem Geschoss noch asserviert. Er wird auf DNA-Spuren abgesucht. Ohne Erfolg. Es bleibt bei einem Anfangsverdacht, und sollte die Tat ein rechtsterroristischer Anschlag gewesen sein, kämen schließlich noch andere Täter in Betracht. Ernst wird für diese Tat folglich nicht angeklagt.

Als Ernst für den Mord an Walter Lübcke vor Gericht steht, versucht es der Vorsitzende Richter Thomas Sagebiel noch einmal selbst: Man würde schon gerne wissen, wer damals auf den Lehrer geschossen hat, sagt er zu Ernst. Ob er da nicht etwas zur Aufklärung beitragen könne, jetzt, wo er sich vor Gericht mehrmals von der Szene losgesagt habe?

Ernst sagt, er wisse darüber nichts.

Kasseler Kameraden

Stephan Ernst fällt in jener Zeit nicht nur dem hessischen Verfassungsschutz auf. Die Polizei bekommt es immer wieder mit ihm zu tun. Die Vorfälle sind Wegmarken der Radikalisierung von Ernst, der sich jetzt keine Flugblätter mehr selbst malen muss, sondern mitten in der Szene angekommen ist. Im April 2003 fährt Ernst mit den Kasseler Leuten bis nach Neumünster in Schleswig-Holstein. Dort wird gegen die verhasste Wehrmachtsausstellung demonstriert, die über Verbrechen der deutschen Armee aufklärt. Die Neonazis aus Kassel tragen die rot-weiße Fahne ihres Bundeslandes durch die Stadt. Ernst greift eine Gegendemonstrantin an und verletzt sie. Urteil: 90 Tagessätze à 10 Euro wegen Körperverletzung. Im Jahr darauf beschimpft er einen Polizisten am Rande eines Aufmarsches eines «Volkstreuen Komitees für gute Ratschläge» im hessischen Gladenbach mit einem homophoben Ausdruck. Auch sein Kamerad Markus E. ist damals auf der Straße ganz vorne mit dabei. Urteil gegen Ernst: 30 Tagessätze zu je 20 Euro wegen Beleidigung. Im selben Jahr bekommt er noch einen Strafbefehl wegen einer weiteren Körperverletzung: 20 Tagessätze à 30 Euro. Die Justiz bildet dann eine Gesamtstrafe. Ernst, inzwischen auch Vater einer Tochter, muss nur 40 Tagessätze zu je 25 Euro bezahlen. 2005 bekommt er nochmals Ärger mit dem Amtsgericht: «Fahrlässiger Besitz eines verbotenen Gegenstandes», in diesem Fall ein Faustmesser. Macht 70 Tagessätze à 20 Euro.

Irgendwann in jenen Jahren trifft Ernst bei einer der Szene-Veranstaltungen auf Markus H. Man kommt ins Gespräch, freundet sich an, so beschreibt es Ernst selbst einmal. H. ist weit weniger auffällig als sein Kamerad, jedenfalls was Straftaten angeht. Er wird als Erwachsener nur einmal verurteilt, es geht um das Zeigen des Hitlergrußes in einer Billardkneipe im Jahr 2006. Die Behörden kennen ihn schon länger: Etwa seit er Mitte der 1990er auf dem Weg zu einem FAP-Treffen samt Stanley R., Dirk W., Markus E. auftaucht oder später als Empfänger einer Neonazi-Publikation aus den USA.

Der Blick auf Ernsts Umfeld wirft insgesamt ein Schlaglicht auf die extrem rechte Szene jener Jahre in Kassel und darüber hinaus. Der harte Kern ist zahlenmäßig überschaubar und personell teils über viele Jahre relativ konstant. Wer sich nicht dumm anstellt, hat daher schnell Kontakt zu führenden Kadern bis hin zum Neonazi-Paten Thorsten Heise. Es ist ein teils hierarchisches, teils loses Netzwerk, das teilweise mehr von persönlichen Kontakten als von Klandestinität geprägt zu sein scheint, vom gemeinsamen Alltag, in dem Politisches, Privates, manchmal wirtschaftliche Interessen ineinandergreifen: Bier trinken, Aufmärsche und Rechtsrock, «nationaler Widerstand», Waffen. Viele der zentralen Akteure tummeln sich so mehr oder weniger ungestört Jahrzehnte lang in dem Milieu und passen ihre Aktivitäten ihren Lebensphasen an.

Immer wieder in jenen Jahren fallen Ernst und seine Kameraden auf. Und Gewalt gehört offenbar dazu: 2003 trifft es einen jungen Mann, der am Rande eines Volksfestes aus rassistischen Gründen zum Ziel und bei einer Schlägerei mit einem Messer verletzt wird. Ernst ist mit dabei, einer seiner Begleiter wird für den Messerstich bestraft.

2005 machen Kasseler Neonazis um Ernst bei einer linken Infoveranstaltung Ärger, werden schließlich rausgeworfen und geraten mit der hinzugerufenen Polizei aneinander. Es geht an diesem Tag im DGB-Haus um die geplanten Proteste gegen einen Neonazi-Aufmarsch im damaligen Rudolf-Heß-Wallfahrtsort Wunsiedel. Auch im Gewerkschaftshaus sitzt ein Spitzel des Verfassungsschutzes mit dabei. Er ist wohl nicht wegen der Neonazis dort.

An jenem Abend taucht Ernst zusammen mit Markus E. und einem schlaksigen Typ mit HJ-Frisur auf. Der Mann heißt Mike S. S. kennt auch Markus H. Bei H. findet die Soko Liemecke gelöschte Bilddateien, auf denen S. zu sehen ist, wie er mit anderen auf ein Plakat des Linken-Politikers Gregor Gysi schießt. S. wird später einer der wenigen aus der Szene sein, die sich mit Ernst nach seiner Festnahme wegen Mordverdachts öffentlich solidarisieren. Auf seiner Facebookseite postet er ein altes Bild, das ihn Arm in Arm mit Ernst zeigt. Er schreibt dazu: «Ich stehe in Guten wie in Schlechten Zeiten zum Kamerad Ernst !!!» [sic]. Im Ermittlungsverfahren der Soko Liemecke ist Mike S. nur Zeuge. Über seinen früheren Freund und Wegbegleiter, zu dem der Kontakt zuletzt etwas eingeschlafen war, hat er bei der Vernehmung nur Gutes zu berichten: nett, kameradschaftlich, intelligent, ruhig, zielstrebig, gut gekleidet. Fragen zu den gemeinsamen Aktivitäten, ob er selbst etwa dabei war bei der «Anti-Antifa-Arbeit», werden ihm nicht gestellt. Er wird nur zur Szene-Vergangenheit von Ernst befragt. Mike S. sagt: Soweit er wisse, sei Ernst wie er selbst kurzzeitig in der NPD gewesen, aber an keine Partei oder Kameradschaft fest gebunden gewesen. Die beiden seien einfach Patrioten gewesen.

Die NSU-Morde und der Staat

«Unter einem Halbleiter versteht man einen Festkörper, dessen elektrische Leitfähigkeit stark temperaturabhängig ist und von daher je nach Temperatur sowohl als Leiter als auch als Nichtleiter betrachtet werden kann.» Es ist genau 16.54 Uhr am 6. April 2006, als Halit Yozgat auf seinem PC einen Wikipedia-Artikel anklickt, der damals mit dieser Definition beginnt. Der 21-Jährige mit den kurzen, dunkelbraunen Haaren bereitet sich an jenem Donnerstagnachmittag auf eine Physikarbeit in der Abendschule vor. Gleich muss er los, noch sitzt er hinter dem Schreibtisch in seinem Internetcafé in Kassel in der Holländischen Straße.

Halit Yozgat ist der jüngste Sohn der Familie. Die Eltern kamen aus der Türkei nach Deutschland. Er ist in Kassel zur Welt gekommen. An diesem Nachmittag ist sein Vater noch mit der Mutter einkaufen. İsmail Yozgat soll seinen Sohn gleich ablösen, damit der pünktlich zum Unterricht kommt. Er hat sich ein bisschen verspätet, die letzte Ampel vor dem Ziel passiert er, als die schon auf Gelb geschaltet hat. Als er kurz nach 17 Uhr das Geschäft betritt, sieht er seinen Sohn nicht gleich. Er findet ihn hinter dem Schreibtisch, der auch als Tresen dient. Halit, «sein Lämmchen», wie İsmail Yozgat vor Gericht einmal sagen wird, liegt auf dem Boden. Auf dem Tisch, auf den die Kunden das Geld legen, wenn sie gehen, sind Blutspritzer. Er zieht seinen Sohn hinter dem Tisch hervor. Er kann ihn nicht mehr retten. Ein Notarzt stellt den Tod des jungen Mannes fest.

Ein Ausdruck des Wikipedia-Artikels zu Halbleitern wird wenig später in einen Aktenordner der Mordkommission geheftet. Er markiert die letzte Aktivität, die man auf Halit Yozgats Computer feststellt. Wenig später wird er in den Kopf getroffen: zwei Schüsse aus einer Česká-83-Pistole mit Schalldämpfer. Es ist dieselbe Waffe, mit der in den vergangenen sechs Jahren schon acht andere Männer getötet wurden. Als Tatorte haben sich die Täter die Unternehmen oder Arbeitsplätze ihrer Opfer ausgesucht:

Auf Enver Şimşek schießen die Mörder am 9. September 2000 an einem mobilen Blumenstand in Nürnberg. Er stirbt zwei Tage später im Krankenhaus. Abdurrahim Özüdoğru wird am 13. Juni 2001 in seiner Änderungsschneiderei in der fränkischen Stadt überrascht und getötet. Süleyman Taşköprü stirbt im Laden seines Vaters in Hamburg am 27. Juni und Habil Kılıç in seinem Gemüseladen in München am 29. August desselben Jahres. Mehmet Turgut erschießen die Täter am 25. Februar 2004 hinter dem Tresen des «Mr. Kebab Grill» in Rostock. İsmail Yaşar wird am 9. Juni 2005 in seinem Imbiss in Nürnberg getötet, Theodoros Boulgarides sechs Tage danach im frisch eröffneten Schlüsseldienst in München. Am 4. April 2006 treffen Mehmet Kubaşık Schüsse aus der tschechischen Waffe der Serienmörder in seinem Dortmunder Kiosk. Zwei Tage danach stehen die Täter vor Halit Yozgat, der gerade für den Physikunterricht lernt. Die anderen Männer sind alle älter als der 21-Jährige aus Kassel. Sie alle haben einen sogenannten Migrationshintergrund. Halit Yozgat selbst ist in seinem Leben bis dahin deutlich weniger weit migriert als seine Mörder, die aus Jena stammen und damals in Zwickau wohnen. Er ist in dem Haus aufgewachsen, in dem er von ihnen umgebracht wird.

Die Täter kennen die Menschen nicht, denen sie das Leben nehmen. Wer diese sind, darauf kommt es ihnen nicht an, sondern nur darauf, was sie in ihnen sehen. Sie wählen die Männer nach rassistischen Kriterien aus. Wie sie die Tatorte und Tatopfer konkret finden, ist bis heute ungeklärt. Für die Täter sind die Ermordeten legitime Ziele in ihrem Wahn vom «Rassenkrieg». Ihr Tod soll Terror säen unter Migrantinnen und Migranten. Ein Bekennerschreiben braucht es dazu nicht und auch nicht den Befehl eines Strippenziehers. Es ist die Strategie des «führerlosen Widerstands» und der Botschaftstaten in der Praxis.

«Nationalsozialistischer Untergrund» nennen sich die Mörder hochtrabend. Den Kern bilden die drei Neonazis aus Jena, die sich 1998 noch während einer Hausdurchsuchung einfach davonmachen können. Sie setzen um, wovon man in der Szene jahrelang geredet hatte. Das Leben in der Illegalität finanzieren Uwe Böhnhardt, Uwe Mundlos und Beate Zschäpe mit Raub- und Banküberfällen. Besonders tief in den Untergrund, mit dem sie in ihrem Gruppennamen kokettieren, müssen sie nicht: Zschäpe trinkt mit Nachbarinnen Sekt. Das Trio bekommt in der Zwickauer Wohnung sogar Besuch von Kameraden.

Außer den gezielten Morden begehen die Täter auch eine Reihe von Sprengstoffattentaten, das erste schon kurz nach dem Abtauchen. Am 23. Juni 1999 detoniert eine zur Sprengfalle umgebaute Taschenlampe in einer Nürnberger Gaststätte, ein Mann wird zum Glück nicht lebensgefährlich verletzt. Am 19. Januar 2001 schaut die Tochter des Inhabers eines Lebensmittelgeschäfts in der Kölner Probsteigasse in eine präparierte Christstollendose, die jemand in dem Laden abgestellt hat. Die damals 19-Jährige erleidet schwere Verletzungen bei der Explosion. Beide Geschäfte wurden von Migranten betrieben, in beiden Fällen war das von außen nicht leicht zu erkennen. Bis heute ist unklar, wie die Ortsfremden aus Ostdeutschland diese Ziele fanden. Am 9. Juni 2004 geht eine Nagelbombe in der Keupstraße in Köln-Mülheim in die Luft. In der beliebten wie belebten, türkisch geprägten Einkaufsstraße werden 22 Menschen von Splittern und Zimmermannsnägeln verletzt, einige lebensgefährlich.

Gut ein Jahr nach dem Mord an Halit Yozgat in Kassel tötet der NSU am 25. April 2007 die Polizeibeamtin Michèle Kiesewetter in ihrem Dienstfahrzeug, einen weiteren Polizisten verletzen die Täter schwer. Sie setzen dabei ihre Česká nicht mehr ein. Erst im November 2011, nach dem Suizid von Uwe Böhnhardt und Uwe Mundlos in einem Wohnmobil, werden die Zusammenhänge entdeckt. Beate

Zschäpe setzt die letzte gemeinsame Wohnung in Brand, verschickt ein Bekennervideo im Paulchen-Panther-Stil und stellt sich später. Der NSU, heißt es in dem Film, sei ein «Netzwerk von Kameraden».

All das wissen die Ermittler im April 2006 in Kassel noch nicht. Sie wissen aber: Der Mord gehört zu der Serie. Für sie ist die Waffe das verbindende Element. Auf einem Überblicksposter zur Česká-Mordserie hat das Bundeskriminalamt Namen, Geburtsdaten und Tatzeitpunkte der bisherigen Opfer notiert, dazu kurze Stichpunkte wie «angebl. Transport von 20 kg Streckmittel» oder «20 000,- € Bargeld». Es wird vor allem im Umfeld der Ermordeten ermittelt. In den Medien wird das nicht hinterfragt. Was wäre wohl gewesen, wenn die Toten Meier oder Schmidt geheißen hätten?

Nicht nur bei den Morden, auch beim Anschlag in der Keupstraße ist das so. Damals hat der SPD-Bundesinnenminister Otto Schily nur einen Tag nach der Explosion vor Kameras erklärt: Die Ermittlungen liefen noch, daher könne er zwar keine abschließende Beurteilung vornehmen, aber die bisherigen Erkenntnisse «deuten nicht auf einen terroristischen Hintergrund, sondern auf ein kriminelles Milieu» hin.

Auf ein mögliches rechtsterroristisches Motiv werden die Ermittler in Nordrhein-Westfalen von manchen Betroffenen selbst hingewiesen. Und aus der Ferne: Bei den Kollegen von Scotland Yard ist jemand hellhörig geworden, weil 1999 in London ein Neonazi, der sich in einem Rassenkrieg wähnte und auf «Combat 18» berief, drei Nagelbomben in speziell ausgesuchten Gegenden der Stadt gezündet hatte. Der Modus Operandi ähnelt dem von Köln. In einem Schreiben regt man an, doch nach einem solchen Tätertyp zu suchen. Die deutschen Polizisten legen den Tipp nach wenigen Tagen zu den Akten. Der britische Täter sitze schließlich in Haft, heißt es in dem abschließenden Vermerk. «Da er damals Einzeltäter war, gibt es keine weiteren Ermittlungsansätze.»

In Kassel hat die Mordkommission nach der Tat im Internetcafé im April 2006 zunächst ziemlich viele Ansätze. Mehr als sonst jedenfalls bei den Taten der Česká-Serie, denn erstmals gibt es unmittelbare Tatzeugen. Das kleine Internetcafé besteht aus zwei Räumen. Vorne sind Telefonzellen und der Schreibtisch, hinten sind Computerarbeitsplätze. Mehrere Kunden sind da, als die Schüsse fallen. Ein Mann telefoniert gerade an einem der Apparate ein paar Meter vom Schreibtisch entfernt. Weil auf Höhe seines Gesichts ein Poster an der Glastür hängt, sieht er den oder die Täter nicht. Das laute Geräusch kann er nicht zuordnen. Auch im zweiten Raum sind Kunden, die die Polizei befragt. Einer zockt das Ego-Shooter-Spiel «Call of Duty», ein anderer klickt sich durch Pornoseiten.

Nur den Nutzer von PC-Platz 2 müssen die Beamten erst ermitteln, als Zeuge meldet er sich von selbst nicht. Kurz vor der Tatzeit hatte er sich als «wildman70» auf einer Flirtwebsite eingeloggt. In seinem Account ist eine Handynummer hinterlegt. Über diese Spur finden ihn die Polizisten.

Hinter «wildman70» steckt Andreas Temme, der Mann aus der Kasseler Außenstelle des Verfassungsschutzes, inzwischen im gehobenen Dienst angelangt. Er gerät zeitweise unter Mordverdacht, verbringt die Nacht in Untersuchungshaft, kommt wieder frei und gehört schließlich nicht mehr zum Kreis der Beschuldigten. Bei seiner Aussage von damals bleibt Temme bis heute: Das Internetcafé habe er aus privaten Gründen aufgesucht, er sei zufällig zu jenem Zeitpunkt dort gewesen, er habe weder den Schuss gehört noch Schmauch gerochen oder den sterbenden Halit Yozgat hinter dem Tisch gesehen, als er eine Münze darauf legte.

Die Beamten finden heraus: Ausgerechnet an diesem Tag telefoniert er zweimal mit einem seiner V-Leute. Gewährsperson Nummer 389, Deckname «Gemüse», ist Spitzel in der rechten Szene. Dessen Stiefbruder ist ein Bekannter von Ernst und schreibt dem

Lübcke-Mörder, als der in Untersuchungshaft sitzt. «Gemüse» kennt Ernst als «NPD-Stephan».

Bauchgefühle

Polizisten, Nebenklage-Anwälte im NSU-Prozess, Abgeordnete der Untersuchungsausschüsse, nicht zuletzt die Eltern von Halit Yozgat haben große Zweifel an der Ehrlichkeit des Verfassungsschützers. In der Öffentlichkeit und in den Medien ist das Interesse an diesem Detail des NSU-Komplexes groß. So groß, dass manchmal andere wichtige Aspekte, etwa die Auseinandersetzung mit institutionellem Rassismus, in den Hintergrund zu rücken drohen. Es entstehen Gerüchte, Verschwörungstheorien. Die unglaubliche Unwahrscheinlichkeit eines derartigen Zufalls regt viele kritische Fragen an, mitunter auch die Fantasie – und beim Landesamt für Verfassungsschutz schon sehr früh vor allem Fürsorge: Die Polizisten, die gegen Temme ermitteln, als er noch unter Verdacht steht, hören mit, wie Vorgesetzte seltsam rücksichtsvoll mit einem Mitarbeiter umgehen, der die eigene Behörde in große Bedrängnis und ausgerechnet einen Geheimdienst ins grelle Licht des öffentlichen Interesses gerückt hat.

Sie bekommen auch einen Eindruck davon, wie man dort über die Polizei denkt: Ein Kollege von Temme, der den Mord an Halit Yozgat mit den Worten beschreibt, dass «ein Typ in dem Café da umgedaddelt» wurde, äußert am Telefon seine Sorge, der nächste Verfassungsschutz-Chef könne aus den Reihen der Polizei stammen, ein «Bullenarsch» sein. Und der Geheimschutzbeauftragte des Landesamtes hat in einem abgehörten Telefonat für Temme einen Tipp zum Umgang mit der Polizei parat: «So nah wie möglich an der Wahrheit bleiben.» Später sagt der Mann als Zeuge vor dem NSU-Untersuchungsausschuss in Wiesbaden, er habe Temme eben für unschuldig gehalten, das habe ihm sein Bauchgefühl gesagt. Sein Satz zum Thema Wahrheit, sei nur ein Verweis auf die sogenannte Verschlusssachenanweisung gewesen.

Immer wieder, wenn im Laufe der Jahre neue Details ans Licht kommen, gerät Temmes Version der Geschehnisse unter Druck, aber vollständig widerlegt wird sie nicht. Auch der hessische NSU-Untersuchungsausschuss kann die rätselhafte Rolle des Beamten nicht endgültig klären.

Sicher ist inzwischen: Dass Temme nie dienstlich mit der Mordserie zumindest zu tun hatte, wie er anfangs aussagt, kann nicht stimmen. Denn die 2006 noch unaufgeklärten Taten beschäftigen auch die Verfassungsschutz-Mitarbeiter in dem Kasseler Mehrfamilienhaus mit der Zahnarztpraxis, also die Außenstelle des Amts. Oder hätten sie jedenfalls beschäftigen sollen. Am 24. März jenes Jahres, kurz vor den Morden in Dortmund und Kassel, bekommen sie eine E-Mail aus Wiesbaden. «Hallo und Guten Morgen», schreibt Iris Pilling, damals Abteilungsleiterin der Beschaffung, die Vorgesetzte der V-Mann-Führer, «hier komme ich endlich mal wieder [...] mit ein paar Informationen rüber.» Dann heißt es unter der Überschrift «Ausländer»:

«Seit 2000 gab es in Nürnberg, München, Hamburg und Rostock insg. 7 Tötungsdelikte gegen polizeilich nicht auffällige Türken mit einem geschäftlichen Bezug (nur ein Grieche war dabei), die nach Ermittlungen aber auch BTM [Betäubungsmittel, d. A.], Spielwesen [Glücksspiel] etc. zugeordnet werden konnten. zugleich gibt es in Einzelfällen aber auch Hinweise auf PKK oder graue Wölfe. In der Hürriyet wurde über die Taten berichtet (zuletzt Juni 2005). Die Tatwaffe ist immer ein und dieselbe – aber keiner weiß etwas darüber. Wird über diese Dinge geredet? Sind die Ermordungen – am hellichten Tag, in der Regel im Geschäft der Opfer – besprochen worden? Gibt es Dinge, die VM [V-Leute, d. A.] dazu sagen könnten?! Ein Opfer arbeitete z. B. bei einem Kebab Grill in Rostock, ein anderer in einem Döner-imbiss in Nürnberg ...» [Schreibweise im Original]

Die Mitarbeiter in Nordhessen sollen sich also bei ihren Spitzeln umhören, ob die Mordserie in deren Umfeld Gesprächsthema ist. Die Überschrift des Abschnitts verweist darauf, wo man die Täter vermutete. Pilling hatte zuvor Ermittler des BKA getroffen.

In ihrer E-Mail hat die Vorgesetzte noch eine «Info wegen Internet» untergebracht. Nach den Sommerferien werde es in Wiesbaden eine zweitägige Veranstaltung zum Thema «Einführung in das Internet» exklusiv für die Verfassungsschutzleute geben. «Schwerpunkte werden sein Surfen im Netz (Suchmaschinen), Kommunikationen und Sicherheit im Netz.» Wer Interesse habe, möge sich melden, aber bitte erst nach ihrem Urlaub.

Das Internet ist damals in der Außenstelle in Kassel allenfalls partiell angekommen. E-Mails werden ausgedruckt und von Mitarbeitern abgezeichnet. Und so findet sich auf der Anfrage aus Wiesbaden die Paraphe von Temme. Rücklauf habe es aber keinen gegeben, heißt es später.

Die Fragen zur Anwesenheit Temmes am Tatort bleiben. Und der Fall macht zugleich etwas über die Arbeitsweise des Verfassungsschutzes deutlich. Stichwort: Quellenschutz. Als V-Mann-Führer Temme noch unter Mordverdacht steht, wollen Staatsanwaltschaft und Mordkommission seine V-Leute als Zeugen vernehmen. Immerhin hatte er mit einem davon kurz vor der Tat telefoniert, andere in den Tagen danach getroffen. Bei einer denkwürdigen Besprechung mit Vertretern des Landesamtes erklärt der Geheimschutzbeauftragte des Dienstes, der Mann mit dem Tipp, so nah wie möglich an der Wahrheit zu bleiben, den Strafverfolgern, dass eine solche Vernehmung zwangsläufig zum Abschalten der Quellen führen würde. So notiert es einer der Ermittler in einem Vermerk. Dies sei das «größtmögliche Unglück» für das Landesamt, paraphrasiert der Polizist den Agenten. Würde man eine solche Vernehmung genehmigen, wäre es für einen «fremden Dienst ja einfach, den gesamten Verfassungsschutz lahm zu legen. Man müsse nur eine Leiche in der Nähe eines VMs bzw. eines VM-Führers positionieren».

Die Namen der Spitzel haben die Polizisten damals schnell aufgedeckt. Sie sind ihnen einfach über Kommunikationsdaten von Temme auf die Spur gekommen. An der Frage einer direkten Vernehmung der Männer durch die Mordermittler entzündet sich zwischen Strafverfolgern und Verfassungsschutz ein eskalierender Konflikt. Er wird erst vom Landesinnenminister persönlich gelöst, damals Volker Bouffier. Der heutige Ministerpräsident schlägt sich auf die Seite des Landesamtes für Verfassungsschutz. Entscheidend sei für ihn gewesen, die Spitzel im Islamisten-Milieu nicht zu verlieren, rechtfertigt er die Entscheidung später. Anschläge seien kurz vor der Männer-Fußball-Weltmeisterschaft in Deutschland, bei der in jenem Sommer die «Welt zu Gast bei Freunden» sein sollte, eine reale Gefahr gewesen.

Temme kehrt schließlich nicht an seinen Arbeitsplatz in der Außenstelle in Kassel zurück. Er wird in das Regierungspräsidium in Kassel versetzt. Ein Disziplinarverfahren wegen mehrerer ihm vorgeworfener dienstlicher Vergehen verläuft im Sande.

Ungeklärt ist bis heute, ob der NSU in Kassel lokale Unterstützer hatte. Im Brandschutt der Zwickauer Wohnung der Neonazis finden die Ermittler verkohlte Falk-Stadtpläne der Stadt. Es sind Örtlichkeiten markiert, teils mit dem Wort «Ali». Der spätere Tatort ist nicht darunter, dafür aber ein Büro der CDU. Zogen sie in Betracht, dort einen Anschlag zu begehen? Und spähten die Täter die Orte selbst aus oder hatten sie kundige Stadtführer?

Brüder im Geiste gab es in Kassel genug. Der NSU setzte schließlich das um, was man in der Szene seit Jahren propagierte. Auffällig ist besonders die Verbindung nach Dortmund, wo die Täter nur zwei Tage vor Kassel morden. In beiden Städten sind militante Neonazis aktiv. Manche von ihnen sogar in einer gemeinsamen Struktur: der

«Oidoxie Streetfighting Crew», der Saalschutz-Truppe der Band mit dem Combat-18-Faible. Und es gibt einen aus der Kasseler Szene, der Jahre später aussagen wird, die NSU-Täter Uwe Mundlos und Uwe Böhnhardt vor der Tat möglicherweise bei einem Konzert just jener Band in Kassel gesehen zu haben. Es soll der Geburtstag von Stanley R. gewesen sein, dem Bekannten von Ernst. Bestätigen lässt sich das nicht.

Befragt wird bei den Ermittlungen zu dem Mord an Halit Yozgat auch Markus H., als Zeuge. Er macht die Polizei selbst auf sich aufmerksam, weil er auffällig oft auf eine Webseite des Bundeskriminalamtes klickt, die über die Mordserie informiert. Die Webseite ist ein sogenannter Honeypot, ein Honigtopf, der mögliche Verdächtige anziehen soll. Die Beamten registrieren die Zugriffe und werten sie aus. Markus H. gibt bei seiner Befragung damals zu Protokoll, dass er Halit Yozgat einmal zufällig kennengelernt habe. Und zwar an der Imbissbude seines Vermieters, dessen Sohn mit dem Mordopfer befreundet war. Deshalb habe er sich immer wieder «nach den neuesten Entwicklungen in dieser Mordsache» informiert. Nach seiner eigenen politischen Einstellung, den Aktivitäten in der Szene fragt ihn der Beamte damals nicht.

Die Bundesanwaltschaft legt sich in Sachen NSU früh fest, als sie die Ermittlungen nach der Selbstenttarnung übernimmt, wird später immer wieder kritisiert: Die Täter sind Uwe Böhnhardt, Uwe Mundlos, Beate Zschäpe, ein Trio, eine terroristische Vereinigung nach Paragraf 129a, mit einzelnen Unterstützern – aber keinen weiteren Mitgliedern. Die Ausläufer des «Netzwerks von Kameraden» bleiben im Dunkeln. Noch Jahre nach dem noch nicht rechtskräftigen Lebenslang-Urteil gegen Zschäpe im Juli 2018 läuft in Karlsruhe ein sogenanntes Strukturermittlungsverfahren gegen unbekannt. Zu weiteren Anklagen ist es bisher nicht gekommen.

Halitstraße

In Kassel erinnert heute der Halitplatz, nicht weit vom Tatort entfernt, an den Ermordeten. Ayşe und İsmail Yozgat kämpfen seit Jahren darum, dass die Holländische Straße den Namen ihres Sohnes erhält. Die Straße, in der er aufgewachsen ist und ermordet wurde, soll Halitstraße heißen. Bis heute hat er damit keinen Erfolg. Der Platz sei nicht der Wunsch der Familie gewesen, sagte er als Zeuge vor dem hessischen Untersuchungsausschuss. «Man hat also das gemacht, was man selber machen wollte – uns hat man nicht gefragt.»

Der Verfassungsschutz durchsucht sich selbst

Bundeskanzlerin Angela Merkel gibt den Angehörigen der Ermordeten und den anderen Betroffenen des NSU-Terrors bei einer Gedenkfeier 2012 ein Versprechen. «Wir tun alles, um die Morde aufzuklären und die Helfershelfer und Hintermänner aufzudecken und alle Täter ihrer gerechten Strafe zuzuführen. Daran arbeiten alle zuständigen Behörden in Bund und Ländern mit Hochdruck.»

Nur Tage zuvor hatte ihr damaliger Staatssekretär und Beauftragter für die Nachrichtendienste des Bundes, Klaus-Dieter Fritsche, im Bundestag den Abgeordneten im NSU-Untersuchungsausschuss bereits deutlich gemacht, wo aus seiner Sicht dafür die Grenzen verlaufen: «Es dürfen keine Staatsgeheimnisse bekannt werden, die ein Regierungshandeln unterminieren.» Mit der Maxime ist er nicht allein.

Die öffentlichkeitsscheuen Inlandsgeheimdienste und ihre abgeschottete Arbeitsweise stehen auf einmal im grellen Licht der medialen Aufmerksamkeit, nachdem der NSU sich im November 2011 selbst enttarnt hatte. Im Bundesamt für Verfassungsschutz in Köln entscheidet sich der Leiter der Beschaffung, Deckname Lothar Lingen, in den Tagen darauf, Fakten zu schaffen. Oder vielmehr: sie zu vernichten. Er lässt Akten über V-Leute aus der rechten Szene in Thüringen schreddern. Ihm sei sofort klar gewesen, dass die Öffentlichkeit sich sehr dafür interessieren wird, welche Quellen das Amt dort gehabt habe, sagt er einmal in einer Vernehmung aus. Schon die schiere Anzahl von bis zu zehn Spitzeln allein des Bundesamtes in der Region werde zu der Frage führen, warum man über die terroristischen Aktivitäten des NSU nicht informiert gewesen sei. «Die nackten Zahlen sprachen ja dafür, dass wir wussten, was da läuft, was aber ja nicht der Fall war.» Da habe er sich gedacht, wenn diese Zahl nicht bekannt würde, «dass dann die Frage, warum das BfV von nichts was gewusst hat, vielleicht gar nicht auftaucht.» Frei nach dem Staatssekretär-Motto: Es dürfen auch keine Staatsgeheimnisse bekannt werden, die nur sehr unangenehme Fragen aufwerfen. Lingen will mit seiner Aussage damals wohl gleichzeitig nahelegen, dass es ihm um die Inhalte der Dokumente gar nicht gegangen sei. Die später als «Aktion Konfetti» verballhornte Aktenvernichtung bleibt strafrechtlich ohne Konsequenz.

Die Fragen, ob die Dienste «wussten, was da läuft» oder ob man «von nichts gewusst hat», tauchen natürlich trotzdem auf. Und nicht nur das Bundesamt muss sich ihnen stellen. In Hessen wird Iris Pilling, einst Vorgesetzte von Temme, an einem Sonntag ins Amt gerufen. Da ist die Nachricht vom Selbstmord der NSU-Haupttäter gerade zwei Tage alt. Gemeinsam mit dem damaligen LfV-Präsidenten Roland Desch nimmt die Abteilungsleiterin Linksextremismus/Rechtsextremismus eine «grobe Sichtung» von Akten dahingehend vor, «ob es denn Bezüge geben könnte». So beschreibt sie es später als Zeugin vor dem hessischen Untersuchungsausschuss.

Im Jahr darauf wird Pilling samt ihrer Abteilung ins Büro des hessischen Innenministers bestellt. Der heißt inzwischen nicht mehr Bouffier, sondern Boris Rhein. Der CDU-Mann verpasst den Beamten, wie es Pilling selbst formuliert, «einen Einlauf». Er will nicht mehr nur häppchenweise informiert werden über das, was sie in den Altakten finden. Ab jetzt soll alles systematisch durchkämmt werden. Über allem schwebt die Frage: Hat man Hinweise auf den NSU oder insgesamt Rechtsterrorismus übersehen? Alle Akten zum Thema Rechtsextremismus von 1992 bis 2012 sollen nach Informationen zu bestimmten Personen und etwa nach Hinweisen auf Waffen und Sprengstoff durchsucht werden. Pilling selbst soll die Aktenprüfung leiten. Im Schnitt werden 27 Mitarbeiter dafür abgestellt. Sie sollen nach einer Schätzung der Behörde ungefähr eine Million Blatt Papier in etwa 3500 Aktenbänden durchsehen.

Und das dauert eine ganze Weile. Viele Akten lagern noch in

Papierform in den Archiven, werden von Hand durchgeblättert, nach den Stichworten und Namen durchforstet. Der erste Bericht wird nach etwas mehr als fünf Monaten geschrieben. Auf dem Titelblatt der letzten Fassung steht «Stand September 2014». Da ist das Einlauf-Treffen schon mehr als zwei Jahre her, Rhein gar nicht mehr im Amt und der Geheimdienst mit der Bearbeitung einiger wiederentdeckter Hinweise auf Waffen- und Sprengstoff noch immer nicht fertig, wie es in dem Dokument nebenbei heißt. Nicht nur die schiere Menge ist dabei das Problem.

Die Öffentlichkeit erfährt von dieser Selbstevaluation einer der zentralen Sicherheitsbehörden des Landes nichts. Das liegt vor allem an einem Satz, der rechts unter dem Briefkopf des Landesamtes für Verfassungsschutz in einem Kasten im Begleitschreiben zu der letzten Fassung des Berichts steht. «Die VS-Einstufung endet mit Ablauf des Jahres: 2134». VS steht für Verschlusssache. Und das Dokument ist zunächst als «Geheim» gestempelt, also mit dem zweithöchsten Geheimhaltungsgrad versehen.

Ganze 120 Jahre soll unter Verschluss bleiben, was der Verfassungsschutz über die eigene Arbeit zum NSU und der militanten Neonazi-Szene auf insgesamt mehr als 300 Seiten zusammengetragen hat – eben «für die gesamte Lebensdauer der handelnden Personen und der nachfolgenden Generation», wie es in einer Richtlinie zu Verschlusssachen des Amtes heißt. Dessen Pressestelle erklärt das auf Anfrage einmal etwas anschaulicher: «Auch die Kinder und Enkel von V-Leuten sollten geschützt werden. Der Schutz von Quellen ist [...] zwingend für die Funktionsfähigkeit der Sicherheitsbehörden notwendig.»

Bekannt wird die Existenz des Berichts erst 2017, als er im hessischen Untersuchungsausschuss Thema ist. Die Linksfraktion beantragt, Teile davon in den Geheimhaltungsgrad «Nur für den Dienstgebrauch» herabzustufen, damit überhaupt in öffentlicher Sitzung darüber gesprochen werden darf. Nur einzelne Inhalte werden in der Folge bekannt. Es ist auch die Geburtsstunde eines Mythos: Längst ist der Bericht in der Debatte um Rechtsterrorismus und Geheimdienste, um die Aufarbeitung des NSU, zu einem Symbol für das Mauern der Dienste geworden, mitunter zu einem überhöhten. Von «den NSU-Akten» ist oft die Rede, wenn jener Aktenprüfbericht gemeint ist. Im Februar 2020 wird beim Landtag eine Petition mit 67 000 Unterschriften und der Forderung eingereicht, die Unterlagen öffentlich zu machen. Die Sperrfrist von 120 Jahren, zwischenzeitlich auf 30 herabgesetzt, macht viele erst recht misstrauisch gegen das Landesamt für Verfassungsschutz.

Der Inhalt des Berichts gibt Grund dazu. Bei der Recherche für dieses Buch werden mir Kopien zugespielt. Das Zeugnis, das die Behörde sich dort – wohlgemerkt selbst – ausstellt, ist vernichtend. Der letzte zusammenfassende Bericht der Prüfung vom Herbst 2014 hält die Ergebnisse auf 17 Seiten fest. Dort heißt es zunächst, dass das Amt keine übersehenen Informationen zum NSU und deren Gewalttaten in den eigenen Akten gefunden hat. Es ist allerdings eine Feststellung mit Einschränkungen, wie sich zeigen wird. Aufgetaucht sind hingegen sehr wohl mögliche Bezüge zum Umfeld des NSU-Kerntrios und Hinweise auf «gewaltorientiertes Verhalten sowie Hinweise für mögliche terroristische Ansätze». Allein etwa 390 Informationen zu Waffen und Sprengstoff werden registriert. Und vor allem der in den Altakten dokumentierte Umgang mit solchen Hinweisen ist nicht gerade beruhigend.

Denn die damalige Arbeitsweise des Landesamtes ist mehr als problematisch. Und das geht bereits bei den Grundlagen los, der Dokumentation: Die Akten der Abteilung Beschaffung, also jener Mitarbeiter, die etwa mit den V-Leuten zu tun haben, weisen «insbesondere für die 1990er Jahre Defizite auf», heißt es in dem Bericht. Ausgerechnet also in jener Zeit, die nicht für den NSU, sondern auch für die Entwicklung des gegenwärtigen Rechtsterrorismus von entscheidender Bedeutung ist. Es herrschte offenbar ein derartiges

Chaos schon in der Ablage – durch eine «große Menge an nicht registriertem Material» oder eine Vielzahl an Aktenzeichen für Informationen zu ein und derselben Person –, dass die Agenten sich selbst im eigenen Archiv nicht immer zurechtfinden. Die «Such- und Aussagefähigkeit» des Landesamtes für die betroffenen eigenen Akten ist «beeinträchtigt», wird das in dem Bericht umschrieben. Außerdem meldet der Verfassungsschutz mehr als 540 Aktenstücke als vermisst, viele davon ebenfalls aus den 1990er Jahren: Ihr Verbleib konnte zunächst «nicht geklärt werden», schreibt das Amt. Im Laufe der Jahre taucht nur ein Teil davon wieder auf. Ob unter den nicht mehr auffindbaren Akten auch solche mit Hinweisen zum NSU-Umfeld sind, lässt sich nicht klären.

Bei den Analysten der Abteilung «Auswertung» stoßen die Prüfer aus dem eigenen Haus immerhin auf eine «grundsätzlich sachgerechte Aktenführung». Aber sie stellen fest: Häufig wurde bei Quellen weder nachgefragt noch versucht, Informationen zu verifizieren «oder in einen Gesamtzusammenhang zu stellen und zu bewerten». Schlimmer noch: «Interessanten Hinweisen oder Anhaltspunkten wurde zum Zeitpunkt der Datenerhebung sowohl in der Auswertung als auch in der Beschaffung nicht immer konsequent nachgegangen.»

Dabei geht es keineswegs bloß um «interessante», aber nebensächliche Informationen zu NPD-Hinterzimmer-Diskussionen über Konflikte im Kreisverband, sondern mitunter um brisante Berichte. So heißt es in dem Dokument: «Außerdem fielen zahlreiche Hinweise auf Waffenbesitz von Rechtsextremisten an, die zum Zeitpunkt des Informationsaufkommens in der Regel nicht bearbeitet worden waren.» «Nicht bearbeitet worden» heißt konkret: Waffen verblieben in Händen von Neonazis.

Was die Verfassungsschutzmitarbeiter in den Akten ihres Hauses entdeckt haben und zu den Suchkriterien passt, listen sie in einer fast 150 Seiten langen Tabelle auf. Darin fließen auch Informationen aus dem Verfassungsschutz-Verbund oder anderer Geheimdienste mit ein, das macht den Umgang mit dem Geheimschutz zusätzlich kompliziert. Aus der Übersicht geht allerdings meist nicht hervor, was mit den Informationen jeweils geschah.

Teils sind die dort gelisteten Fälle inzwischen öffentlich bekannt, teils nicht. Es sind etwa Hinweise enthalten, dass ein früherer Mitarbeiter des Landesamts möglicherweise Kontakt in die Neonaziszene hatte. Wiederentdeckte Informationen zu angeblichen Waffendepots hielt man wohl im Zuge der Aktenprüfung für so ernstzunehmend, dass man «umfangreiche Maßnahmen» in Gang setzte und die zuständige hessische Staatsanwaltschaft informierte. Dort wurden die Ermittlungen schließlich mangels Beweisen eingestellt. Mit dem Generalbundesanwalt sprechen die Hessen damals über Hinweise auf eine mögliche rechtsterroristische Vereinigung in Nordhessen in den 1990er Jahren um einen der früheren Kontakte von Ernst. In Karlsruhe sieht man keine Zuständigkeit.

Immer wieder geht es in der Tabelle um Schießtrainings, Waffendepots oder Aussagen von V-Leuten, wer in der Szene welche Waffe habe oder besorgen könnte. Von Sturmgewehren, Granaten und Anleitungen zum Bombenbau ist die Rede, manchmal sind schlicht Presseberichte ausgewertet worden. Mal heißt es, ein Neonazi wolle auf politische Gegnern schießen. Andere in der Szene spekulieren über die Drahtzieher eines bisher unaufgeklärten Anschlags, wie das Landesamt über Spitzel erfährt. Auch über verschiedene Terrorkonzepte, etwa zur Strategie kleiner Zellen, findet sich etliches. In den Akten ist auch ein Foto von Beate Zschäpe gefunden worden, das wohl einst ein V-Mann lieferte. Es zeigt die spätere NSU-Terroristin vor dem Abtauchen bei einem Neonazi-Konzert in Chemnitz 1996 gemeinsam mit einem Unterstützer der frühen Stunde aus dem Blood-and-Honour-Netzwerk. Pilling sagt als Zeugin im NSU-Untersuchungsausschuss des Bundestages, es sei nicht mehr zu rekonstruieren, wer die V-Person war. Viele Einträge in der Treffer-

Tabelle sind sehr kurz gehalten, manchmal kryptisch notiert oder geschwärzt, sodass sie im Detail schwer nachzuvollziehen sind.

Einige Kuriosa sind auch darunter: So hat es ein Hinweis auf das «N-Symbol» aus der Akte zu einem Punkrockfestival eines besetzten Hauses in Frankfurt im Jahr 2008 auf die Liste geschafft. Möglicherweise, weil man den N-förmigen Blitz im Kreis, Symbol der linken Hausbesetzer-Bewegung, mit dem NSU-Logo in Verbindung brachte. Außerdem haben die Hessen eine Anfrage der Kollegen aus Sachsen aufgelistet, die sich im Sommer 2010 an die anderen Landesämter wandten, weil sie Mundlos, Böhnhardt und Zschäpe dem Gesetz gemäß darüber aufklären wollten, dass sie in der Vergangenheit Ziel einer Überwachungsmaßnahme gewesen waren. Die Personen zu benachrichtigen sei bislang indes gescheitert, weil man den Aufenthalt der drei nicht kenne und davon ausgehe, sie seien weiter auf der Flucht. Die Sachsen wollten wissen, ob denn den anderen Ämtern etwas über die drei bekannt ist, und baten um eine «entsprechende Mitteilung». Hessen meldet Fehlanzeige.

In Sachsen machte man sich damals einige Gedanken um den verwaltungsrechtlich korrekten Umgang mit der Situation. Der Untersuchungsausschuss im Bundestag stellte aber fest, dass das «jedenfalls nach Aktenlage nicht die Frage aufwarf, weshalb die Aufenthaltsorte des Trios weiterhin nicht bekannt waren».

Der Bericht macht im Kern zweierlei deutlich: zum einen, wie viele Informationen dem hessischen Dienst vorlagen, und zum anderen, wie gefährlich fahrlässig damit umgegangen worden ist. Das Amt war nicht einfach, wie es oft heißt, auf dem rechten Auge blind. Die Vielzahl an Funden zeigt, dass teils brisante Hinweise bei den Verfassungsschützern ankamen. Sie wurden aber offenbar nicht analytisch eingeordnet, und es wurde oft nicht entsprechend gehandelt.

Das sieht man selbst im hessischen Innenministerium so. Das «Frühwarnsystem» habe über einen langen Zeitraum nicht funktioniert, sagt der Abteilungsleiter der Rechtsabteilung Wilhelm Kanther als Zeuge vor dem NSU-Untersuchungsausschuss in Wiesbaden, «weil man nicht vorher irgendwie etwas verhindern konnte oder die richtigen Schlüsse gezogen hat». Er ist seinerzeit Adressat der Prüfberichte und soll Reformen vorantreiben. Es gelte, künftig «jenseits der Informationssammlung» auf das konkrete Bedrohungspotenzial zu achten, sagt er aus. «Das war nicht der Geist des Verfassungsschutzes früher.» Die Arbeitsweise habe sich bereits erheblich verbessert, versichert das Landesamt schon damals. Ob das stimmt, soll ein weiterer Untersuchungsausschuss in Wiesbaden prüfen. Er wird nach dem Mord an Walter Lübcke eingesetzt.

Löschmoratorium

Der Name von Stephan Ernst taucht in jener Tabelle im Anhang des Aktenprüfberichts gleich mehrmals auf. Einige der Informationen, die im Laufe jener Jahre im Landesamt über ihn gesammelt wurden, fallen bei der damaligen Prüfung ins Raster, etwa weil es um Waffen oder Sprengstoff geht: Sein Rohrbombenanschlag 1993, ein Vorfall im Herbst 2003 bei dem er am mit einem Kameraden bei einem Steinbruch gesehen wird, wo Sprengstoff lagert, genau wie sein Angriff auf eine Gegendemonstrantin in Neumünster kurz danach werden zum Beispiel aufgelistet. Ein Anlass, ihn damals erneut unter die Lupe zu nehmen, ist das offenbar nicht. Dabei hatte er noch wenige Jahre zuvor an der Spitze des Amtes für Aufsehen gesorgt. Als Protagonisten eines mehrseitigen Berichts aus dem Jahr 2009 zur rechten Szene in Kassel schaffen er und Markus H. es bis auf den Schreibtisch des damaligen Verfassungsschutz-Präsidenten Alexander Eisvogel.

Ernst selbst hat damals gerade wieder Ärger mit der Polizei. Er ist am 1. Mai 2009 in Dortmund festgenommen worden. Von der

Spitze eines unangemeldeten Neonazi-Aufmarsches in der Stadt hat er einen Stein in Richtung eines Motorradpolizisten geworfen. Unter den Rechtsextremen sind an jenem Tag auch schwarzgekleidete sogenannte Autonome Nationalisten. Ihr Auftreten orientiert sich äußerlich an Linksradikalen. Das eher kurzlebige Konzept ist in jener Zeit der letzte Häutungsversuch der Neonazi-Szene. Ernst wird von der Polizei mit schwarzer Kappe, dunkler Sonnenbrille, Cargo-Hose und Handschuhen gefilmt. Mit ihm in Dortmund etliche der üblichen Kameraden aus Kassel, unter ihnen Mike S. mit ausrasierter Seitenscheitelfrisur und Markus H., der auf Polizeiaufnahmen zu sehen ist, wie er grinsend auf der Straße steht.

Bei einer Demonstration in Dresden im Februar jenes Jahres läuft die Gruppe hinter einem Transparent des «Freier Widerstand Kassel» her, der Name ihrer Kameradschaft. Die NPD hat man inzwischen eher hinter sich gelassen. Für den Steinwurf in Dortmund wird Ernst später wegen Landfriedensbruchs in einem besonders schweren Fall, versuchter gefährlicher Körperverletzung und Widerstands gegen Vollstreckungsbeamte zu einer Freiheitsstrafe von sieben Monaten verurteilt. Sie wird zur Bewährung ausgesetzt.

Nach der Dortmund-Demo soll eine Mitarbeiterin der Auswertung im Landesamt einen Bericht erstellen. Es ist eine ihrer ersten Aufgaben, sie ist erst seit Anfang jenes Jahres überhaupt für den Inlandsgeheimdienst tätig. Es geht um die rechte Szene in Nordhessen. Sie soll einen Überblick und eine Grundlage für die weitere Arbeit liefern. Es steht ein Austausch mit den Staatsschützern vom Polizeipräsidium Nordhessen an.

Gleich im ersten Satz macht die Beamtin deutlich, dass dem Amt offenbar wichtige Entwicklungen in der Szene entgehen. Es lägen «leider keine ausreichenden Erkenntnisse vor, die Aussagen über vorhandene Strukturen zulassen», schreibt sie im Oktober 2009. Seit einiger Zeit fehle es dem Verfassungsschutz an Quellen in dem Bereich. Wie zum Beweis dieser Behauptung zitiert sie dann ausführlich aus einer Antifa-Broschüre über die Aktivitäten der Neonazis in Kassel. Dort wird ein Konflikt zwischen den selbsternannten Freien Nationalisten und der NPD beschrieben.

Insgesamt neun Neonazis identifiziert die Mitarbeiterin in ihrem Vermerk schließlich als Aktivisten in der Region. Sie werden samt Kurzinformationen vorgestellt. Mike S., Markus H., Ernst sind darunter. Zu Ernst gibt es aus Sicht des Verfassungsschutzes offenbar wenig Neues zu berichten, aber seine beachtlichen Vorstrafen werden nochmals aufgelistet. Die Aufzählung ist mit roter Tinte unterstrichen. Dazu ist handschriftlich notiert: «Ein ‹brandgefährlicher› Mann! Wie militant ist er aktuell?» Nur die Amtsleitung verwendet damals nach Angaben des Amtes diese Farbe für «Sicht- und Arbeitsvermerke». In Ernsts Akte gibt es keine Hinweise darauf, dass LfV-Präsident Eisvogel eine Antwort auf seine Frage erhielt.

Am 15. Juni 2015 wird die Akte Stephan Ernst im LfV geschlossen. Seit dem letzten Eintrag im Jahr 2009 sind mehr als fünf Jahre vergangen. Nach Angaben des hessischen Innenministeriums habe man danach keine neuen Erkenntnisse zu Ernst registriert. Zwei Sachbearbeiter hätten die Akte gemäß Vier-Augen-Prinzip geprüft und sich für ein Ende der Beobachtung entschieden. Die P-Akte Ernst landet damals nur deshalb nicht im Schredder, sondern in einem abgesonderten Aktenschrank beim Datenschutzbeauftragten, weil für Rechtsextremismus-Akten seit dem Auffliegen des NSU ein sogenanntes Löschmoratorium gilt.

Nach dem Mord an Walter Lübcke werden im Landesamt für Verfassungsschutz abermals alte Akten durchgeblättert und ausgewertet. Dabei zeigt sich: Es hätte durchaus noch Hinweise auf Ernsts Kontakte zur Szene nach 2009 gegeben. Ein Foto, das dem Landesamt in die Hände fällt, zeigt ihn auf einer Sonnenwendfeier im Jahr 2011. Nur erkannte man ihn damals offenbar nicht wieder.

Der hessische Innenminister muss sich wieder für seinen Verfassungsschutz rechtfertigen. Inzwischen heißt er Peter Beuth.

Der CDU-Politiker muss erneut Fragen zu V-Leuten beantworten. Beuth geht nach der Festnahme von Stephan Ernst und Markus H. in die Offensive und stellt öffentlich klar: Weder H. noch Ernst seien je für das Landesamt für Verfassungsschutz tätig gewesen. Es ist ein ungewöhnlicher Schritt. Normalerweise beantworten die Behörden solche Fragen nicht, auch nicht abschlägig. Weder bestätigen noch dementieren, damit keine Rückschlüsse möglich sind, lautet üblicherweise die Devise. In gewisser Weise bleibt Beuth auch dabei. Was er nicht erwähnt: Sowohl H. als auch Ernst wurden als V-Leute in Erwägung gezogen. Markus H. sprechen LfV-Mitarbeiter bereits 1998 gleich zweimal an. Die Treffen werden von Observateuren abgesichert. H. soll den Akten zufolge eine Zusammenarbeit abgelehnt haben. Im Fall Ernst wurde am 15. Oktober 2003 ein «Forschungs- und Werbungsfall» eröffnet. Das geht aus einem vertraulichen Schreiben des Landesamtes an den Generalbundesanwalt hervor. Das Ergebnis steht demnach damals nach wenigen Tagen fest: «Die Prüfung ergab, dass Stephan ERNST aufgrund zahlreicher Straftaten nicht als V-Person geeignet ist.»

V
Rassismus verbindet

Ein Video und seine Folgen

Das Video geht noch am selben Abend online. Um 23.39 Uhr erscheint es erstmals auf YouTube. Es ist nur eine Minute lang, etwas pixelig, und die Hauptfigur vor lauter Hinterköpfen kaum zu sehen. Aber darauf, was man sieht, kommt es auch gar nicht an. Entscheidend ist, was man hört – und was es scheinbar bedeutet.

Zu sehen ist vor allem ein vollbesetzter Multifunktionssaal mit dunklem Holzfußboden und hellem Neonlicht, wie es ihn in vielen deutschen Gemeindezentren gibt. Ein Ort, an dem irgendwelche Kreisverbände tagen oder Hochzeiten gefeiert werden. Von der großen Leinwand auf der Bühne im Bürgerhaus Lohfelden bei Kassel strahlt an diesem Abend eine PowerPoint-Präsentation mit blauweißen Folien.

«Lassen Sie mich erst mal ausreden, ich bin hierhergekommen, trotz meiner kaputten Stimme ...» Der Kasseler Regierungspräsident Walter Lübcke steht im grauen Dreiteiler am Rednerpult, weißes Hemd, blaue Krawatte, Hessen-Wappen am Revers. So ist es auf Fotos festgehalten. Auf dem Video, gefilmt aus der letzten Reihe, ist der große und kräftige Lübcke so winzig wie das Ohr eines Mannes, dessen Kopf in den Vordergrund der Aufnahme ragt. Er muss sich mit seinem ersten Satz, den das Video einfängt, gegen Unruhe und Klatschen im Saal durchsetzen. Die Reihen sind eng bestuhlt, mehr als 800 Menschen sind an diesem Mittwochabend, 14. Oktober 2015, zur Informationsveranstaltung gekommen. Nicht alle, weil sie tatsächlich Fragen zur geplanten provisorischen Flüchtlingsunterkunft in einem leerstehenden Gartenmarkt haben oder helfen wollen.

«Das ‹armer Kerl›, is' klar. Dieses ganze Mitleid können Sie lassen.» Der Zwischenruf, auf den Lübcke mit seinem zweiten Satz reagiert, ist in dem Videoclip nicht zu hören. Es ist nicht der erste an diesem Abend. Eine Gruppe von Kagida-Anhängern ist im Saal. Kagida ist der lokale Ableger der «Patriotischen Europäer gegen die Islamisierung des Abendlandes», kurz Pegida. Die rassistische Bewegung, die in Dresden zu jener Zeit mitunter Tausende mit ihren «Spaziergängen» auf die Straße bringt, hat ihren ersten Höhepunkt damals schon hinter sich. Die Kasseler Kopie hatte nie so richtig einen, es kommen nur wenige Leute zu den Kundgebungen in der Innenstadt.

In Lohfelden im Bürgerhaus merkt der Fotograf Kurt Heldmann, der damals auch für das Regierungspräsidium arbeitet, wer da aufgetaucht ist. Er versucht noch, Lübcke zu warnen, erzählt er Jahre später. Vergeblich. Die Kagida-Leute haben sich in der ersten Reihe hingesetzt. Das kann man auf seinen Fotos von dem Abend erkennen. Wer nur das Video sieht, weiß das nicht.

Und dann fällt der Satz: «... es lohnt sich, in unserem Land zu leben. Da muss man für Werte eintreten, und wer diese Werte nicht vertritt, der kann jederzeit dieses Land verlassen, wenn er nicht einverstanden ist, das ist die Freiheit eines jeden Deutschen.»

Plötzlich laute Buh-Rufe, Gelächter. «Verschwinde!», brüllt einer. Er muss wohl direkt neben dem Filmenden sitzen, so laut ist er zu hören. In der Reihe davor drehen sich ein Mann und eine Frau zu ihm um, verunsichert, vielleicht sogar etwas amüsiert. Sie sagen nichts.

Kurz danach bricht das Video ab. Die vermeintlich große Unruhe im Saal, die es zu zeigen scheint, lässt wieder nach. Später registrieren sich viele Menschen, um bei der Unterbringung der Geflüchteten ehrenamtlich anzupacken.

Hier hätte die Geschichte enden können. Ein paar Pegida-Parolen aus dem Publikum, ein Verantwortlicher unter Druck, viele Bürger, die stumm bleiben. 2015 keine Seltenheit.

Doch das Video bleibt eben nicht auf dem Handy, mit dem es gefilmt wird. Aufgenommen hat es Markus H. Er sitzt an diesem Abend neben Stephan Ernst. Es ist nach allem, was dazu bekannt ist, das erste Mal, dass Ernst auf sein späteres Opfer trifft. Auf einem

Foto von dem Abend sind Ernst und H. gerade noch in der letzten Reihe zwischen den vielen Köpfen zu erkennen. Ernst trägt eine beige-braune Schirmmütze, Markus H. grinst. Der Mann mit dem dünnen Bart um die Lippen hat schon seit einiger Zeit einen eigenen YouTube-Kanal. Er legt ihn im Dezember 2013 an und nennt sich dort «Professor Moriatti», vermutlich nach dem Sherlock-Holmes-Schurken, der sich «Professor Moriarty» schreibt. Es ist nicht sein erster Auftritt auf dem Videoportal. Noch 2011 nannte er sich dort «Stadtreiniger».

Das hat seinerzeit auch das Landesamt für Verfassungsschutz registriert, nachdem Antifa-Hacker ein internes Neonaziforum geknackt und öffentlich gemacht hatten. Dort war H. unter demselben Pseudonym unterwegs. Sein neues Alter Ego ordnet man dem Mann beim Inlandsgeheimdienst jedoch nicht zu, jedenfalls landet es nicht in seiner Personen-Akte, die 2016 geschlossen wird, wie ein Jahr zuvor die von Ernst, zufällig nur ein paar Monate vor dem Abend von Lohfelden. Veröffentlicht hat H. auf seinem You-Tube-Kanal bislang kaum etwas, außer einem Schwenk über eine nächtliche Demonstration in Erfurt eine Woche zuvor. Deutschlandfahnen und ein blaues Banner sind da auf dem Platz vor der Thüringenhalle zu sehen. Aufgerufen hatte eine damals noch junge Partei: die «Alternative für Deutschland» (AfD). Die Aufnahme gibt bereits einen Hinweis darauf, wo sich Ernst und H., die sich in der Kasseler Neonazi-Szene kennenlernten, inzwischen wohl fühlen.

Angesehen hat sich das Video kaum jemand. Der Kanal ist alles andere als ein Aufmerksamkeitsmagnet. Und auch der Clip von dem Abend in Lohfelden verspricht eigentlich nicht, zum Internethit zu werden. Auf YouTube versieht es H. mit dem eher kryptischen Titel: «Erstaufnahme Asyl RP Lübke [sic] Kassel Lohfelden 14.10.2015».

Wen soll das interessieren?

Offenbar Tausende. Das Video bahnt sich schnell den Weg durch die sozialen Netzwerke. Es wird auf Facebook geteilt, auf Twitter, per WhatsApp verschickt. Sonst wäre es nie bekannt geworden, vor allem nicht ohne die Reichweite von Accounts mit großer Followerschaft. H.s Kanal hat nur wenige Abonnenten, und der YouTube-Algorithmus dürfte den Clip kaum als besonders empfehlenswert eingeordnet haben. Mit dem Link verbreitet sich aber nicht nur ein Ausschnitt der Bürgerversammlung, ein paar Sätze eines Regierungspräsidenten, den bundesweit kaum jemand kennt, sondern bereits eine Deutung dieser Worte. Markus H. und Stephan Ernst geben diese schon dadurch mit, dass der Kontext des Satzes fehlt. Das ist kein Zufall, sondern eine bewusste Entscheidung. H. hat deutlich länger mitgefilmt, aber nur diesen Ausschnitt online gestellt.

Jahre später stoßen die Ermittler auf eine Videodatei im .gp3-Format auf seinem Computer. Sie ist etwas mehr als elf Minuten lang und gegen 20.23 Uhr entstanden. Die Perspektive ist durchgängig fast dieselbe, aber der Eindruck von jenem Abend verschiebt sich deutlich. Später wird die Aufnahme auch im Frankfurter Oberlandesgericht vorgeführt. Es dürfte das erste Mal sein, dass sie ein größerer Kreis überhaupt zu sehen bekommt.

Die Aufzeichnung hat mehr von der Rede von Walter Lübcke eingefangen und auch von den Reaktionen im Saal. Es ist zu hören, wie der Regierungspräsident über die Gründe spricht, die Menschen in die Flucht zwingen. Er spricht von den Bildern aus Krisengebieten, darüber, dass Menschen aus Glaubensgründen umgebracht, Kulturgüter zerstört wurden. «Weltweit ist wieder eine große Unruhe», sagt er. «Das ist aber nicht unser Thema heute Abend. Unser Thema ist, und das sehe ich als Regierungspräsident als meine Aufgabe, dass die Menschen hier sind. Hier sind Menschen.»

Lübcke spricht wohl frei, kommt teils assoziativ von einem Argument zum nächsten. Keiner, der nach einem «langen Weg nach Deutschland» in Hessen ankomme, müsse dank des Einsatzes der Gemeinden, seines Teams im Regierungspräsidium und der Ehrenamtlichen «obdachlos irgendwo unter einer Brücke schlafen», sagt er. Es gibt Zwischenrufe, es geht wohl um deutsche Obdachlose, genau verstehen kann man es nicht. «Bitte keine falschen Sachen hier reinwerfen», antwortet Lübcke. Er klingt genervt, verärgert. «Sehen Sie, das ist das, was ich hier vermeiden wollte, dass hier Sozialneid geschürt wird.»

Dann macht er einen neuen Anlauf, zu erklären, was er als seine Aufgabe versteht: «Wir leben in einer globalisierten Welt. Wir haben unseren Wohlstand auf Kosten auch von anderen Ländern aufgebaut. Und da haben wir eine Verpflichtung, Menschen zu helfen.» Plötzlich brandet im Saal Applaus auf, jemand ruft «Bravo!» Das macht deutlich: Lübcke redet nicht gegen den Saal an, wie es in dem Ausschnitt von H. wirkt. Es gibt mehr Menschen, die klatschen, als wütende Zwischenrufer. Sie sind nur die meiste Zeit leise, zu leise. Wer nur das Video auf YouTube anklickt, sieht all das nicht.

Lübcke, der eigentlich über eine neue provisorische Erstaufnahme-Einrichtung in einem leeren Gartenmarkt sprechen soll, holt noch einmal aus und wird grundsätzlich. Er spricht über 1945, das nach dem Zweiten Weltkrieg zerstörte Kassel, über das Grundgesetz von 1949. «Ich bin stolz, dass Artikel 16a da drinsteht. Dass wir als Deutsche sagen, wer politisch verfolgt wird, der hat bei uns einen Anspruch auf Asyl.» Für Lübcke ist das eine Lehre aus dem Nationalsozialismus, wie er sagt: «Es gab auch hier in der Region Menschen, die konnten nicht in die Schweiz, die konnten nicht nach Frankreich und konnten nicht nach Dänemark, weil sie nicht aufgenommen worden sind. Die kamen in die Konzentrationslager. Und wir haben das Glück, dass wir sagen, wir können Leuten, die politisch verfolgt werden, Asyl gewähren.»

Zugleich wird deutlich, dass Lübcke sich keineswegs für eine besonders liberale Einwanderungs- oder Flüchtlingspolitik einsetzt: Er unterscheidet in seiner Rede zwischen «Armutsflüchtlingen», die nicht politisch verfolgt würden, und «Kriegsflüchtlingen». Die Menschen, die vom Balkan kämen, «da weiß ich, dass 99 Prozent abgeschoben werden». Die zentralen Erstaufnahme-Einrichtungen dienten auch dazu, Abschiebungen zu erleichtern, für die sein Haus auch zuständig sei. Es sei doch «Blödsinn», die Leute, die mehrheitlich keinen Aufenthaltsstatus bekämen, auf die Gemeinden zu verteilen, argumentiert er. Die Entscheidung darüber müsse aber verfassungskonform «ordentlich abgearbeitet» werden, antwortet er auf einen weiteren Zwischenruf. «Da gibt es keinen Drehtüreffekt!» Es ist eine klassisch konservative Position zur Asylpolitik, die Lübcke vertritt, nicht mehr und nicht weniger. Gepaart mit dem Anpacker-Pragmatismus, den ihm viele attestieren, und seinen christlichen Überzeugungen, wie seine Familie später betont.

Erregungsfutter

Damals, als Markus H. das Video online stellt, soll es offenbar so ankommen, wie gedacht. Ernst sagt später aus, auf der Rückfahrt von der Veranstaltung habe man bereits darüber gesprochen, es zu verbreiten. In der Videobeschreibung heißt es dann: «Deutscher Politiker ‹wer die Werte des Grundgesetzes nicht vertreten will kann Deutschland verlassen›. Er meint aber, wem es nicht passt das illegale Einwanderer angesiedelt werden kann Deutschland verlassen. Politiker ohne Maske» [sic].

Der Begleittext ist auch mehr oder weniger verständlich ins Englische übersetzt. Die beiden Freunde hoffen offenbar, viele Menschen zu erreichen, auch jenseits des deutschen Sprachraums. Die kleine Inhaltsangabe zeigt: Sie haben durchaus verstanden, wie Lübcke den Satz meinte, aber interpretieren ihn anders. Das Zitat unter dem Video ist falsch. Aber der Spin sitzt.

Das erkennt auch Kagida. Keine 24 Stunden nach dem Abend von Lohfelden heißt es auf deren Facebook-Seite, Lübcke habe «besorgten Bürgern», die mit der Asylpolitik nicht einverstanden seien, gesagt, sie könnten jederzeit Deutschland verlassen. «UNFASSBAR!!!» Das Video ist verlinkt, selbstverständlich. Und dazu die Parole: #MerktEuchDieNamen.

Am selben Tag stimmt eines der größten deutschsprachigen Hetzportale, *PI-News*, ein. «Kasseler Regierungspräsident legt Deutschen nahe, das Land zu verlassen», ist der Link zum Video hier überschrieben. Am Schluss des Beitrags heißt es schlicht: «Abgelegt unter Volksverräter». In einem anderen Text auf der Website, der Autor suggeriert, vor Ort gewesen zu sein, werden bereits Lübckes E-Mail-Adresse und die Anschrift des Regierungspräsidiums veröffentlicht. In den Kommentaren postet jemand später unter einem gelben Smiley seine Privatanschrift. Sie steht damals einfach im Telefonbuch. «Könnte da jemand etwas vorbereiten?», heißt es dazu. Darauf weist der Journalist Robert Andreasch bereits am 3. Juni auf Twitter hin. «Verschwinden Sie aus Deutschland!!» Solche Sätze kommen jetzt bei Lübcke im Regierungspräsidium per E-Mail an. Es ist eine Flut von Hass: Beschimpfungen, Beleidigungen, aber auch Todesdrohungen.

Am Tag darauf hat Lübckes Satz die Bundespolitik erreicht, fast jedenfalls. Die Bundes-AfD macht seine Aussage auf ihrer Facebook-Seite zum Thema. «Noch ist es unser Land, Herr Lübcke!», schreibt die Partei und verlinkt ebenfalls das Video. Es wird eigens ein Sharepic im typischen AfD-Stil mit dem Slogan erstellt, auch ein Foto von Lübcke ist darauf zu sehen.

Aber warum wird das Video überhaupt zum viralen Hit im rechten Milieu?

Bereits ein früher Kommentar auf der Kagida-Facebook-Seite macht das deutlich. «Wir sollen ausgetauscht werden», schreibt da eine, die sich sonst für Tierschutz ausspricht und einen Hundebild als Profilbild nutzt. Es klingt fast schon triumphierend, denn schließlich habe sie vor kurzem noch darauf hingewiesen: «Jetzt dreht sich die kleine Gutmenschenwelt aber gewaltig». Die Szene im Video passt einfach zu gut zur Vorstellung vom angeblichen Bevölkerungsaustausch, die sich in unterschiedlicher Nuancierung längst als mächtiges Narrativ etabliert hat: Vom Volkstod-Wahn der Neonazi-Szene bis zum «Deutschland schafft sich ab»-Raunen in Bestsellern ist die Vorstellung einer existenziellen Bedrohung des völkisch verstandenen «deutschen Volkes» weit verbreitet. Lübckes Satz und das, was er vorgeblich damit meinte, ist ein weiterer vermeintlicher Beleg. Denn zur Vorstellung vom «Großen Austausch» gehört auch die Verschwörungsideologie vom Verrat der Eliten am eigenen Volk: Lübcke, «abgelegt unter Volksverräter».

Die heimliche Aufnahme umgibt zudem eine Aura der Aufdeckung und Authentizität: Man sieht es doch mit eigenen Augen, hört es mit eigenen Ohren! Für die gewünschte Reaktion beim Rezipienten gibt es Vorbilder im Video, fast wie bei einer Sitcom. Die Stelle mit dem Beifall fehlt, stattdessen schallt «Buh!» und «Verschwinde!» aus der Aufnahme. Es ist die Stimme von Stephan Ernst, dem späteren Mörder.

In der rechten Internetblase, vor allem in den USA, macht seit einiger Zeit der Begriff «red-pilling» die Runde. Eine Anspielung auf den 1990er-Jahre-Blockbuster «Matrix»: Held und Zweifler Neo wird vom weisen Rebellenanführer Morpheus vor die Wahl gestellt. Schluckt er eine blaue Kapsel, bleibt er ein Unwissender. Die rote Pille aber reißt den Schleier von der Welt, verspricht nichts als die Wahrheit, den Ausbruch aus dem Gefängnis des Alltagsverstands. Mit dem Begriff wird die Strategie verbunden, derartige Erweckungserlebnisse zu schaffen, etwa durch Propaganda im Internet, Karikaturen, Memes – oder eben Videos. So sollen Menschen «aufgeklärt» werden, aufgerüttelt. Gemeint ist: Sie sollen zu Anhängern eines anderen Weltbilds werden, einer rassistischen Verschwörungsideologie, hinabsteigen in die «tiefsten Tiefen des Kaninchenbaus», wie es Morpheus im Film formuliert. Man kann das «red-pilling» nennen oder: Radikalisierung.

Mancher im rechten Medienbiotop dürfte vielleicht hoffen, das Lübcke-Video tauge auch dazu, dass sich «die kleine Gutmenschenwelt aber gewaltig» dreht, wie es die Kagida-Anhängerin geschrieben hat. So oder so ist es willkommenes Erregungsfutter. Es gibt damals längst zahllose Blogs, Facebook-Seiten, YouTube-Kanäle, die um Aufmerksamkeit kämpfen. Die Formel «Bestätigung der eigenen Meinung plus vermeintliche Entlarvung des Gegners plus Feindbild» funktioniert zuverlässig. Auch in diesem Fall.

Aber nicht nur obskure Seiten und Facebook-Gruppen teilen das Video. Auch die Lokalzeitung bindet es auf ihrer Website ein, ganz so, als sei es ein neutraler Augenzeugenbericht. Die *Hessisch-Niedersächsische Allgemeine* (HNA) hatte am Abend des 14. Oktober 2015 einen eigenen Reporter vor Ort. In seinem Bericht beschreibt er, dass die Stimmung im Saal nach Lübckes Satz keinesfalls gekippt und die Störungen von einer Gruppe von Kagida-Anhängern ausgegangen waren. Der Journalist nennt sogar den Anführer der Truppe namentlich, den er offenbar erkannt hatte. Dennoch greift die Zeitung in weiteren Texten die Deutung auf, Lübcke habe «all jenen, die mit der Flüchtlingspolitik seiner Kanzlerin nicht einverstanden sind», freigestellt, das Land zu verlassen. So schreibt es ein anderer Redakteur in einem Kommentar. Und er meint: «Die Luft für Lübcke wird dünner», denn in der Landeshauptstadt Wiesbaden werde nun ganz genau verfolgt, wie sich der Regierungspräsident verhalte.

Lübcke gibt der Zeitung zwei Tage nach dem Lohfeldener Abend ein kurzes Interview. «Meine Aussage war an jene gerichtet, die durch Zwischenrufe ihre Verachtung unseres Staates artikuliert oder diesen Schmähungen applaudiert haben», stellt er klar. «Unser Zusammenleben beruht auf christlichen Werten. Damit eng verbunden sind die Sorge, die Verantwortung und die Hilfe für Menschen in Not.» Daran habe er erinnern wollen und «diese Zwischenrufer darauf hinweisen, dass in diesem Land für jeden und für jede, die diese

Werte und die Konsequenzen aus unseren Werten so sehr ablehnen und verachten, die Freiheit besteht, es zu verlassen; im Gegensatz zu solchen Ländern, aus denen Menschen nach Deutschland fliehen, weil sie diese Freiheit dort nicht haben.»

Rücktrittsforderungen von Bürgern in «zahlreichen Stellungnahmen», wie es der Interviewer formuliert, weist Lübcke zurück. «Regierungspräsidenten können nicht zurücktreten, weil sie vom Ministerpräsidenten eingesetzt und abberufen oder entlassen werden.» Auf HNA.de ist zu dem Gespräch wieder das Video eingebunden.

Und die Diskussion darüber läuft weiter, auch auf der Website der Zeitung. In den Leserkommentaren schreibt einer, dass Lübcke mit seinen Aussagen im Interview «schon wieder die Sachen verdreht». Der User nennt sich «Professor Moriatti». Markus H. mischt offenbar in der Debatte mit, die er selbst mit seinem Video ausgelöst hat. Zu erkennen gibt er sich nicht.

Derweil gehen im Regierungspräsidium und bei Lübcke weiter E-Mails ein. Der Spitzenbeamte erhält Polizeischutz. Nach dem Mord an Lübcke fast vier Jahre später kann die hessische Justiz nur zehn Ermittlungsverfahren wegen Drohungen in ihrem Archiv finden, möglicherweise waren es mehr, sagt Landesinnenminister Peter Beuth. Acht wurden eingestellt, bei sieben davon war offenbar nie ein Täter zu ermitteln. Nach Lübckes Tod sichern die Behörden in den ersten Wochen bereits sieben Gigabyte Daten mit Spott und Häme. Das Feindbild überlebt selbst den tödlichen Schuss.

Es ist unklar, ob sich Ernst und H. damals auch an den Drohungen gegen Lübcke beteiligten. Einen Beleg gibt es dafür nicht. Am Abend in Lohfelden war Ernst, der ganz in der Nähe wohnte, jedenfalls «aufgebracht», «richtig emotional aufgeladen», «fassungslos». Und: «Also ich sage mal, in diesem Moment war er bei mir auf dem Schirm ... Ich hab halt einen Hass bekommen.» So sagt er es in seiner ersten Vernehmung als Mordverdächtiger aus. Zitieren kann er den Satz von Lübcke damals nicht mehr, sinngemäß habe der Regierungspräsident laut Ernst gesagt: «Wenn Ihnen das hier nicht gefällt, so, wie wir das machen, dann können Sie das Land verlassen.»

Mit dieser Deutung und der Wut ist er offenbar keinesfalls allein. Der Eindruck muss sich den beiden Freunden bereits in den ersten Tagen aufdrängen, wenn sie durch die Kommentare unter ihrem Video scrollen. Andere Portale im rechten Milieu greifen den Satz derweil weiter auf: die neurechte *Junge Freiheit* oder die bei AfD-Anhängern beliebte *Epoch Times,* andere YouTuber laden das Video auf ihre Kanäle hoch.

Noch am 16. Oktober, zwei Tage nach der Veranstaltung in Lohfelden, veröffentlicht das Regierungspräsidium eine Stellungnahme auf der eigenen Website, es soll eine Klarstellung sein. Das hatte Lübcke offenbar auch mit dem HNA-Interview bezweckt. Aber die Deutung seiner Aussage lässt sich nicht mehr einfangen, zumindest in jenem wachsenden Teil der Öffentlichkeit, der sich nicht mehr bei Medien informiert, die den Nachrichtenwert einer Information anhand journalistischer Standards bewerten. Die Nachrichtenagentur *dpa* sendet damals drei ähnliche Meldungen im Landesdienst Hessen zur Aufregung um Lübckes Satz. Dort geht es folgerichtig vor allem um die Bedrohung des CDU-Mannes, nicht um seine Äußerung.

Hetze bei Pegida-Jahrestag

Fünf Tage nach dem Abend in Lohfelden in Dresden: Es ist der erste «Pegida-Geburtstag», mindestens 15 000 Menschen stehen in der Dämmerung mit Transparenten, Deutschlandfahnen, einem weißen Kreuz auf dem Theaterplatz an der Elbe. Pegida gelingt es damals, verschiedene Milieus anzuziehen und gemeinsam auf die Straße zu bringen: von biederen Senioren bis zu jungen Rechtsradikalen. Die Grenzen sind fließend, und die Wut ist groß.

Der Autor Akif Pirinçci, blaue Bomberjacke mit Fellkragen, kommt am Mikrofon auf der Bühne gerade richtig in Fahrt. Er sagt, deutsche Politiker würden «zunehmend als Gauleiter gegen das eigene Volk agieren». Und dann spricht er über Lübcke und dessen Satz bei der Bürgerversammlung, kennt plötzlich angeblich sogar den Wortlaut des Zwischenrufs, obwohl der auf dem Video gar nicht zu hören ist. Lübckes Satz interpretiert Pirinçci in Dresden so: «Mit Werten ist gemeint, das jeder Dahergelaufene, der seinen Fuß illegal auf deutschen Boden setzt, das Recht erzwingen darf, sich bis zu seinem Lebensende und das seines Clans von den Scheiß-Kartoffeln auf Luxusniveau verköstigen zu lassen.» Es ist eine bizarre Verdrehung von Lübckes Rede. Das stört hier wohl niemanden.

Mittlerweile ist es dunkel geworden in Dresden. Die Menge buht und pfeift immer wieder. «Widerstand, Widerstand!», schallt es über den Platz.

Pirinçci sagt, in Deutschland sei es schon so weit, dass man dem eigenen Volk die Ausreise empfehle, wenn es nicht pariere. Und er fügt hinzu: «Es gäbe natürlich andere Alternativen. Aber die KZs sind ja leider derzeit außer Betrieb.» Gemeint ist wohl: Wer der Bevölkerung zum Auswandern rate, wäre auch bereit, diese in Konzentrationslagern zu inhaftieren, wenn es sie noch gäbe. Es ist vor allem dieser Satz, der damals für mediale Empörung über die «KZ-Rede» sorgt. Auch weil viele Berichterstatter ihn falsch verstehen – nämlich so, als ob Pirinçci Migranten in Konzentrationslager einsperren wolle und bedauere, dass diese geschlossen seien. In der folgenden Debatte geht unter, dass der früher mit Katzenkrimis erfolgreiche Autor in jener Passage namentlich Lübcke nennt, ihn damit weiter zur Zielscheibe macht. Für Pirinçci hat sein Auftritt dennoch Folgen. Sein bisheriger Verlag nimmt seine Krimis aus dem Programm, knapp zwei Jahre später wird er wegen Volksverhetzung zu einer Geldstrafe verurteilt. Auf seinem Blog macht er damals seinem Ärger Luft. Die Hetze müsse aufhören, schreibt er. Und: «Ihr bringt ein Menschenleben in Gefahr.» Er meint damit nicht Lübcke. Er meint sich selbst.

Die Aufregung um einen allenfalls regional bekannten Beamten aus Nordhessen hat an diesem Abend mit der Pegida-Kundgebung in Dresden das Zentrum der rechten Bewegung jener Tage erreicht. Wo man gern «Wer Deutschland nicht liebt, soll Deutschland verlassen» brüllt, löst Lübckes Satz, ja sogar nur die Nennung seines Namens, Wut aus. Pegida überträgt damals per Livestream die Reden aus Dresden. Vielleicht hören auch Ernst und H. Pirinçci zu, hören das Johlen der Menge?

Von der Pirinçci-Rede haben sie jedenfalls erfahren. Bei Markus H. finden die Beamten nach seiner Festnahme ein Buch des Autors. Es erhält die Asservatennummer 14.1.4.1.5. «Umvolkung» steht auf dem Umschlag, darunter: «Wie die Deutschen still und leise ausgetauscht werden», schwarz, rot und gelb hinterlegt. Erschienen ist es 2016 in Götz Kubitscheks Antaios-Verlag in Schnellroda. Kubitschek gilt als prominentester Vertreter der sogenannten Neuen Rechten – dazu später mehr. Auf Seite 90 jenes Buches ist eine Passage zu lesen, die Pirinçci auch in Dresden vorgetragen hat. In der Ausgabe aus H.s Wohnung ist die Seite mit einem Kreuz gekennzeichnet. Der Name «Dr. Walter Lübcke» ist mit orangefarbenem Textmarker hervorgehoben. Sogar das Sprachbild mit den Politikern, die die «Maske fallenlassen» taucht auf der Buchseite auf, genau wie in der kurzen Beschreibung des YouTube-Videos.

Feedbackloop

Ernst verfolgt die Reaktionen auf das Video von Lohfelden genau. Am Abend nach der Bürgerversammlung verschickt er per WhatsApp einen Link dazu und bittet, ihn weiter zu verteilen. In einer weiteren Nachricht ist vom «Abschaum von Volksverrätern» die Rede.

Und er schreibt: «Ließ dir mal ein paar Kommentare auf YouTube durch» [sic]. Die Stimmung «droht zu kippen», interpretiert Ernst selbst, was er dort sieht: «NEIN – sie ist es schon!» Er sieht sich offenbar als Teil einer Bewegung: «... wir sind nicht mehr allein und wir werden immer mehr.» Die Kommunikation, die später Ermittler auf seinem Handy finden, zeigt, wie er beobachtet, welche Kreise die Aufnahme zieht. Wieder einen Tag später heißt es in einer WhatsApp-Nachricht: Das Video sei jetzt schon «über 100 000 mal angesehen» [sic] und im Radio über den «Eklat» bei der Bürgerversammlung berichtet worden.

Klar ist: Den beiden Rechtsradikalen aus Nordhessen ist ein Coup gelungen. Ohne ihr Video wäre das Zerrbild von «Lübcke, dem Volksverräter», nie entstanden. Und Ernst fühlt sich offensichtlich bestätigt: Nicht nur er ist außer sich über den Satz, vielfach brüllt es aus dem Netz zurück. Die Helden der Szene machen mit, Tausende Trolle toben. Unter den Facebook-Posts und Blogeinträgen sammeln sich wüste Beschimpfungen, Gewaltfantasien, Mordaufrufe. Sie sind zum Teil bis heute nachzulesen. Aber auch in der Lokalzeitung können sie verfolgen, wie Lübcke in einem scharfen Kommentar sein Satz vorgeworfen wird.

Es ist wie eine Rückkopplung, ein Feedbackloop. Unangenehm schrill und laut. Der Nachhall hält viel länger an, als es zunächst scheint. Nach ein paar Wochen versinkt Lübckes Zitat wieder im Erregungsstrom jener Zeit. *PI-News* und Co. müssen täglich das Wutfeuer anfachen und nachlegen. Der CDU-Regierungspräsident, er scheint vergessen. Nicht für seine ehemalige Parteifreundin Erika Steinbach. Die frühere Frankfurter Bundestagsabgeordnete, in der CDU jahrzehntelang am rechten Rand, aber bestens integriert, schöpft das Aufmerksamkeitspotenzial des Satzes auch 2017 noch einmal ab. Einige Monate zuvor ist sie aus der Partei ausgetreten, jetzt tritt sie nach. «Irgendwann verschlägt es einem die Sprache!», schreibt sie auf Twitter, verlinkt einen alten Bericht der *Jungen Frei-*

heit. Sie verweist nicht darauf, dass die Nachricht gar nicht aktuell ist.

Der Trigger triggert zuverlässig, immer noch: Mehrere hundert verteilen den Tweet weiter, darunter sammeln sich wieder empörte Kommentare. Einige derart heftig, dass sie von der Plattform später gesperrt werden.

Steinbach beherrscht das Spiel. Auf Twitter folgen ihr 2017 schon mehr als 30 000 Accounts. Und das Lübcke-Zitat läuft wohl einfach zu gut. Am 18. Februar 2019 verlinkt Steinbach jedenfalls erneut einen Blogpost dazu. Da hat sie bereits mehr als 80 000 Follower. Auf der extrem rechten Seite eines Mannes, der sich offenbar als Kreuzritter sieht, als «NaZi = Nicht an Zuwanderung interessiert», wie er selbst schreibt, erscheint der Beitrag damals ohne Verweis darauf, wie alt das Zitat da schon ist. Auf Twitter verbreitet Steinbach den Link zu diesem Blog und schreibt diesmal: «Zunächst sollten die Asylkritiker die CDU verlassen, bevor sie ihre Heimat aufgeben!» Die Antworten folgen prompt: «An die Wand mit dem», schreibt einer. Auf Facebook, wo Steinbach den Blogpost ebenfalls teilt, postet jemand das Bild eines Galgens, ein anderer das Foto einer Walther-Pistole mit dem Satz: «Los Walther, aufräumen!» Die Kommentare bleiben dort lange einfach so stehen.

Wie die Internet-Karriere des kurzen Videos insgesamt, zeigt dies, wie gezielt Empörungsdynamiken genutzt werden. Walter Lübcke, in dem kurzen Video kaum richtig als Person zu erkennen, ist zur Projektionsfläche geworden. Nicht zur prominentesten in der Blase, aber zu einem Feindbild, das in diesem Umfeld so einfach abrufbar ist, dass man es mühelos hervorholen und aktivieren kann, wenn es gerade passt. Das Original-Video sammelt bis zum Urteil gegen Ernst und H. im Januar 2021 etwas mehr als 400 000 Klicks.

Im Regierungspräsidium in der Kasseler Innenstadt, einem Büroriegel aus den 1950ern, branden die Ausläufer der neuen, kleineren Hass-Welle Anfang 2019 wieder an. Eigentlich war die Aufregung dort Jahre danach kein Thema mehr. Jetzt kommen erneut E-Mails mit Drohungen an. Lübcke selbst bekommt mit, dass seine frühere Parteifreundin ihn an den Pranger gestellt hat. Seine Witwe Irmgard Braun-Lübcke berichtet beim Frankfurter Prozess, dass er ihr davon erzählt habe. Ihr Mann sei sehr unglücklich und verärgert gewesen, dass er damals derart missverstanden wurde. Angst habe er keine gehabt, sich nur Sorgen um seine Familie gemacht. Sie selbst mache es hilflos, darüber nachzudenken, warum er derart zur Zielscheibe wurde. Sie werfe es dem Angeklagten H. vor, dass er all das mit ins Leben gerufen habe, sagt sie. «Aus Worten werden Taten.»

Über Taten und Worte machte sich auch Walter Lübcke Gedanken auf jener Bürgerversammlung in Lohfelden. Das zeigt eine weitere Passage seiner Rede, für die er Beifall aus dem Saal erhält, und die in dem YouTube-Ausschnitt ebenfalls fehlt. «Lassen Sie mich gleich damit beginnen, wo ich stolz darauf bin als Regierungspräsident», sagt er. «Das kann sich morgen ändern, [...] wenn solche Leute wie hier vorn so reden», fügt er mit Blick auf die aggressiven Zwischenruferinnen und Störer hinzu. «Ich bin stolz darauf, dass wir bisher in Nord- und Osthessen noch keine Übergriffe auf Flüchtlinge oder auf Einrichtungen hatten, die ja unwahrscheinlich zugenommen haben in Bereichen von Deutschland, wo einem angst und bange wird.»

Bis zu dem Mord an Walter Lübcke sind es an dem Abend in Lohfelden noch drei Jahre und mehr als sieben Monate. Es ist eine ereignisreiche Zeit, wenn man das gesellschaftliche Klima, in dem Ernst das Attentat verüben wird, und sein neues politisches Umfeld verstehen will. Nicht mehr die Neonazi-Szene ist dafür maßgeblich prägend, sondern ein neues Milieu, dessen Positionen auch bei Ernst und seinen Arbeitskollegen gut ankommen, und mit denen er im Schützenverein als «Durchschnittsdeutscher» durchgeht, wie einer der Vorsitzenden später einmal sagt. Und Ernst ist nicht der Einzige seiner Generation, der aus der militanten Neonazi-Szene kommt, sich zeitweise etwas zurückzieht und jetzt wieder aktiv wird.

Klima der Angst

Während der Wutsturm gegen Lübcke gerade in Fahrt kommt, macht Henriette Reker in Köln Wahlkampf. Sie ist Sozialdezernentin der Stadt und auch für die Unterbringung von Geflüchteten verantwortlich. Jetzt will sie als Parteilose mit Unterstützung von Grünen, CDU und FDP zur Oberbürgermeisterin gewählt werden. Am 17. Oktober 2015 verteilt sie Rosen an einem Wahlkampfstand. Eine der Blumen will sie auch einem Mann Anfang 40 überreichen. Kurz darauf rammt der ihr ein Messer in den Hals und verletzt sie lebensgefährlich. Reker gewinnt einen Tag später die Wahl und nimmt sie aus dem Krankenhausbett an.

In der Begründung des Urteils gegen den Attentäter wird es heißen, er habe ein «Signal gegen die Flüchtlingspolitik der Bundesregierung setzen» und ein «Klima der Angst schaffen» wollen. Kurz nach seiner Festnahme macht die antifaschistische Zeitschrift *Lotta* Bilder und Dokumente zu seiner Vergangenheit in der rechten Szene öffentlich. Die Eckdaten kommen einem bekannt vor: Politisiert in den 1990ern, FAP, Rechtsrock, Heß-Gedenkmarsch.

Nicht nur der Reker-Attentäter will damals ein Klima der Angst schaffen. Politikerinnen und Amtsträger werden vermehrt zum Ziel von Drohungen und Angriffen. Ein Fall macht 2015 Schlagzeilen: In Tröglitz, Sachsen-Anhalt, tritt im März jenes Jahres der ehrenamtliche Bürgermeister Markus Nierth, ein evangelischer Theologe und Trauerredner, zurück. Rechtsradikale wollten vor dem Haus seiner Familie aufmarschieren. Er hatte sich von den Behörden nicht geschützt gefühlt. Wenig später zündet jemand in der Ortschaft ein Gebäude an, in dem Geflüchtete einziehen sollen.

Die Strategie der Gewalt jener Zeit lässt sich nur im Kontext der gesellschaftlichen Stimmung verstehen. Und es gibt damals beinahe nur ein Thema: 2015 reisen in Deutschland rund 890 000 Menschen ein und bitten um Schutz. Die Zahl der Asylanträge erreicht ein Rekordhoch. Die meisten Asylsuchenden kommen aus Syrien. Dort tobt ein Bürgerkrieg. Auf dem Weg über das Mittelmeer nach Europa lassen in jenem Jahr mehr als 4000 Menschen ihr Leben, hat die Internationale Organisation für Migration erfasst. In der Europäischen Union kracht es gewaltig. Flucht und Migration rücken ins Zentrum der Debatte. In der deutschen Bevölkerung gibt es Anteilnahme, Hilfsbereitschaft, Eigeninitiative. Und Hass. Der schafft Gemeinsamkeiten und neue Allianzen.

Im September entscheidet die Bundesregierung, Flüchtende, die in Ungarn gestrandet sind und nach Deutschland weiterziehen wollen, nicht mit Gewalt an der Grenze zu Österreich aufzuhalten. Für die Kritikerinnen und Kritiker ist das die «Grenzöffnung» von 2015. Dabei konnte die Bundesregierung die Grenze zu Österreich gar nicht öffnen, da die Grenzen im Schengen-Raum seit vielen Jahren gar nicht geschlossen sind. Wortklauberei? Nicht nur. Die Rede von der «Grenzöffnung» ist zentral in einer bestimmten politischen Deutung dieser Ereignisse. Sie geht oft einher mit dem Vorwurf, die Bundesregierung habe damals Recht gebrochen, als sie sich etwa in der Frage von Zurückweisungen an der Grenze oder bei der Übernahme von Asylverfahren an europäisches Recht hielt, wie es mehrheitlich ausgelegt wird. Auch die Vorstellung eines Verrats am eigenen Volk verknüpfen viele aus der mehr oder weniger radikalen Rechten mit dem Jahr 2015. Der grüne Bundestagsabgeordnete Konstantin von Notz nennt den Begriff «Grenzöffnung 2015» einmal die «Dolchstoßlegende unserer Zeit». Tatsächlich ist das Jahr 2015 für die politische Rechte zur Chiffre geworden: «Nie wieder 2015», heißt es seitdem vielfach. «Nie wieder»: Die Schwurformel hatte im Deutschen einmal einem ganz anderen Ereignis gegolten.

Die CDU-Bundeskanzlerin Angela Merkel wird schnell zu *der* Symbolfigur für die Flüchtlingspolitik ihrer Regierung, zur «Flüchtlingskanzlerin». Manche meinen das vielleicht anerkennend, andere brüllen seither «Merkel muss weg!». Vergessen wird gern, dass die große Koalition mit den sogenannten Asylpaketen I und II die weitreichendsten Verschärfungen der Asylgesetzgebung seit Jahren auf den Weg brachte. Amnesty International, der Deutsche Anwaltverein und Pro Asyl kritisieren damals «eine Politik von Härte und Unverhältnismäßigkeit gegenüber Menschen auf der Flucht» und sehen deren Menschenrechte in Gefahr.

Auf das Feindbild Merkel haben diese politischen Entscheidungen keinen Effekt. Die Ablehnung reicht von legitimer politischer Kritik, auch aus Teilen der Union selbst, bis hin zu blankem, oft mit Frauenverachtung verquicktem Hass. Auf dem PC von Markus H. wird eine Bilddatei gefunden: Angela Merkel als Zielscheibe. Stephan Ernst hat ein Bildchen auf seinem Computer, das die Kanzlerin mit einem Soldaten mit einer Pistole in der Hand zeigt. In einer Denkblase steht: «Ich könnte zum Held werden, jetzt sofort.» Solche Memes kursieren längst nicht nur in der Neonazi-Szene. Walter Lübcke, sagt Ernst einmal, sei für ihn auch ein Repräsentant der Politik Merkels gewesen.

Innerhalb des demokratischen Spektrums wird der damalige bayerische Ministerpräsident und CSU-Chef Horst Seehofer für einige Jahre zum lautesten Merkel-Gegner. Er bringt drastische Begriffe in Umlauf, redet von der «Herrschaft des Unrechts», vom «Kontrollverlust». Später, als Bundesinnenminister, scherzt er, dass ausgerechnet an seinem 69. Geburtstag 69 Afghanen abgeschoben worden seien: «Das war von mir nicht so bestellt.» An seiner Sprache gibt es früh deutliche Kritik. Sie vergifte die Debatte und spiele Rechtspopulistinnen und Rechtsradikalen in die Hände, warnen manche.

Angriff auf Geflüchtete

Jenseits der demokratischen Parteien droht der Diskurs nicht nur vergiftet zu werden, er ist bereits toxisch. Die Liste der von der «sprachkritischen Aktion» gekürten Unwörter des Jahres mag das im Zeitraffer verdeutlichen: «Lügenpresse» (2014), «Gutmensch» (2015), «Volksverräter» (2016). Die aggressive Stimmung bekommen nicht nur Oberbürgermeisterkandidatinnen, Kommunalpolitiker oder eben Regierungspräsidenten zu spüren. Im Fokus stehen insbesondere die Geflüchteten selbst und die Orte, an denen sie Schutz finden sollen.

Walter Lübcke hat in der Bürgerversammlung davon gesprochen, dass die Angriffe auf Flüchtlinge und ihre Unterkünfte «unwahrscheinlich zugenommen haben». Zum Zeitpunkt seiner Rede, im Oktober 2015, sind die von den Behörden registrierten Zahlen auf einem Höchststand. Allein in diesem einen Monat werden 181 Straftaten erfasst, die sich gegen Flüchtlingsunterkünfte richten: Im Schnitt beinahe sechs pro Tag. Die Angriffe haben sich dem Bundeskriminalamt (BKA) zufolge im Vergleich zum Vorjahr mehr als verfünffacht: 1031 politisch motivierte Straftaten werden gezählt, 177 davon als Gewaltdelikte gewertet. Seit 2014 ist «Gegen Asylunterkünfte» eine eigene Kategorie der Statistik zur politisch motivierten Kriminalität. Lübcke hatte gesagt, er sei stolz, dass es bislang in Nord- und Osthessen keine Übergriffe gegeben habe, aber auch dort nehmen die Behörden Straftaten auf.

Bundesweit werden etliche der Taten nicht aufgeklärt. Ein Team der *Zeit* und von *Zeit Online* recherchiert damals, dass bei 222 gewalttätigen Angriffen auf Flüchtlingsunterkünfte in nur vier Fällen innerhalb des Jahres 2015 Täter verurteilt und in nur acht weiteren Anklage erhoben wurde. Die Tatverdächtigen, die ermittelt werden, stammen laut einem internen BKA-Lagebild häufig aus der Nähe ihrer Anschlagsziele, sind meist männlich, zwischen 18 und 30 Jahre alt. Viele von ihnen sind den Behörden bislang nicht als Rechtsextreme aufgefallen, heißt es in dem Bericht vom Oktober 2016. In dieser Zeit machen Fälle wie die Brandstiftung an einer noch unbewohnten Flüchtlingsunterkunft im Februar 2015 in Escheburg bei Hamburg die Runde. Der Täter ist ein bislang unbescholtener Finanzbeamter. Feierabendterrorismus aus der gesellschaftlichen Mitte: Das gibt es auch. Eine weitere Daten-Recherche von *Zeit Online* stellt aber in Frage, wie repräsentativ dieser Typus ist. Wer den Behörden bislang nicht als extrem Rechter bekannt ist, kann dennoch einer sein. Bei der Mehrzahl der namentlich bekannten Tatverdächtigen gelingt es den Journalistinnen und Journalisten, Hinweise auf Kontakte zur extremen Rechten zu finden, obwohl die Menschen in der Statistik der Behörden als bislang unbescholten gelten. Etliche sind demnach keine organisierten Neonazis aus Parteistrukturen oder langjährige Kameradschaftsmitglieder, aber sie hängen einer Weltsicht an, aus der sie offenbar eine Legitimation zum Handeln ableiten. Manche nehmen dabei Tote in Kauf.

Im Neonazi-Spektrum gibt man sich Mühe, diese Dynamik weiter zu befeuern, und sucht aktiv nach Bündnissen, um die eigene Mobilisierungsfähigkeit zu vergrößern. Die NPD nutzt die sozialen Medien, um lokal Konflikte um die Unterbringung von Geflüchteten anzuheizen. Dahinter steckt die einfache Strategie, dass der Ärger sich vor allem dort entfacht, wo Menschen sich ganz direkt betroffen fühlen: in ihrer Nachbarschaft. Außerdem sind kommunale Akteure leichter unter Druck zu setzen als die Bundesregierung. «Nein zum Heim», lautet die Parole. Es entsteht eine Vielzahl von Facebook-Gruppen mit dem Slogan und der jeweiligen Ortschaft im Namen. Wie seinerzeit mit der Bürgerinitiative gegen einen Moscheebau in Kassel, verzichtet die Partei oft auf ein offenes Auftreten im Namen der NPD. Die Neonazi-Partei «Der III. Weg» veröffentlicht im Sommer 2015 online eine Karte mit Standorten von Unterkünften. Es ist klar, wie das verstanden werden kann.

Innerhalb der oft zerstrittenen extrem rechten Szene können sich alle auf die radikale Ablehnung von Migration einigen. Und sie sind damit anschlussfähig an das prägende Thema in Öffentlichkeit und Politik. Die Neonazis radikalisieren Aussagen und Einstellungen, die ohnehin in der sogenannten Mitte der Gesellschaft kursieren. Sie können dabei ein Potenzial an autoritären Sehnsüchten, rassistischen Denkmustern, Antisemitismus anzapfen, das Untersuchungen wie die «Mitte»-Studien schon lange in der Bevölkerung messen. Es sind tief verwurzelte Einstellungen, die aber häufig unter der Oberfläche bleiben. Je mehr und je enthemmter über Migration in Politik und Medien gestritten wird, desto eher trauen sich Menschen, sich auch selbst so zu äußern. Und desto einfacher fällt es der radikalen Rechten, das aufzugreifen. So wie in den 1990er Jahren.

Freital im Sommer 2015

Aber die klassische Neonazi-Szene ist nicht mehr der treibende Faktor. Prägend ist in diesem Jahrzehnt eine gefährliche neue Mischszene, die unterschiedliche gesellschaftliche Milieus vereint. Die Grenzen verschwimmen. Ein Beispiel dafür sind Demonstrationen wie die sogenannten Spaziergänge von Pegida oder lokale Mobilisierungen gegen Flüchtlingsunterkünfte. Sie sind zugleich Ventil und Verstärker für Wut und Hass. Und sie ermöglichen den Teilnehmenden, die nicht aus der Neonazi-Szene kommen, ihr Selbstbild vom «besorgten Bürger» aufrechtzuerhalten, während man «Abschieben, abschieben!» brüllt und gemeinsam mit Leuten von der NPD auf die Straße geht. Wie schnell das eskaliert, dafür stehen in diesem Jahrzehnt wie in den 1990er Jahren oft Ortsnamen: Tröglitz. Bautzen. Heidenau. Und Freital: In der sächsischen Stadt stehen Anwohner, Neonazis, Hooligans im Sommer 2015 vor einem ehemaligen Leonardo-Hotel, in dem Geflüchtete untergebracht werden sollen. Wenig später detonieren Sprengsätze. Der Fall zeigt, wie kurz der Weg für manche der Täter dieser Zeit von den Parolen bis zu Anschlägen ist – und wie solche Taten von den lokalen Behörden entpolitisiert werden. In Freital entsteht im Umfeld der Proteste gegen die Unterkunft eine selbsternannte Bürgerwehr. Tatsächlich terrorisieren mindestens sieben

Männer und eine Frau aus dieser Struktur ihre Mitbürgerinnen und Mitbürger: Im Juli 2015 wird das Auto eines Linken-Stadtrates, der sich für Geflüchtete engagiert, zum Totalschaden gebombt. Im September geht ein selbstgebastelter Sprengsatz am Fenster einer Wohnung von Asylsuchenden und später einer am Schaufenster des Parteibüros der Linken hoch. Im Oktober greifen Vermummte ein linkes Wohnprojekt in Dresden mit Steinen, Böllern, Buttersäure an. Im November wird ein junger Geflüchteter durch Glasscherben im Gesicht verletzt, nachdem gleich drei Sprengsätze an Fenstern seiner Unterkunft explodierten.

Die sächsische Justiz ist anfangs, gelinde gesagt, zaghaft bei der Strafverfolgung. Zunächst soll gegen die Täter vor dem Amtsgericht verhandelt werden. Tiefer kann man es kaum hängen. Dann zieht die Bundesanwaltschaft das Verfahren an sich und stellt klar, dass es hier jedenfalls aus Sicht der Karlsruher Ermittler um Terrorismus geht. Später werden die Angeklagten im Alter zwischen 20 und 40 Jahren tatsächlich unter anderem wegen Mitgliedschaft in einer terroristischen Vereinigung verurteilt, zum Teil wegen versuchten Mordes.

Die Anwältin Kristin Pietrzyk vertritt in diesem Prozess damals Betroffene der Taten der sogenannten Gruppe Freital. Im Dezember 2017 sprechen wir für ein Interview für die *Frankfurter Rundschau* darüber. Damals steht das Urteil noch aus. Durch die Stimmung im Ort hätten die Täter wohl das Gefühl gehabt, der immer aggressiver werdende Protest sei von einer breiten Mehrheit getragen, sagt sie nach vielen Tagen im Gerichtssaal. Irgendwann seien diese überzeugt gewesen: «Wenn die Demos nichts bringen, muss man eine Stufe weitergehen.» Dann sei es sehr schnell gegangen. Der Radikalisierungsprozess, für den andere Rechtsterroristen früher «Jahre gebraucht haben, findet jetzt in wenigen Monaten statt – von der Politisierung, etwa durch Demonstrationen, zu einem Mordversuch», warnt Pietrzyk damals. «Die Verbindungen zu anderen militanten rechten Strukturen gehen sehr viel schneller, dazu tragen auch die vielen Demos – von Pegida bis AfD und NPD – und Rechtsrock-Konzerte bei.»

Ihre Enthemmung dokumentierten die Täter von Freital auch via Chats in Messenger-Apps. Geradezu eine zentrale Rolle spielt eine solche Chatgruppe auch für eine weitere Terrortruppe, die 2015 auffliegt. Die «Oldschool Society» (OSS) wird zerschlagen, bevor sie ihre Pläne, darunter ein Anschlag auf eine Asylunterkunft im sächsischen Borna, in die Tat umsetzen kann. Weil die Mitglieder online unbekümmert und unvorsichtig agieren, ist manchmal von der «dümmsten Terrorgruppe Deutschlands» die Rede. Aber so witzig ist das nicht, denn es zeigt zugleich die seltsame Normalität, mit der solche Anschläge besprochen werden. Die Behörden schlagen diesmal zu, bevor Taten begangen werden können.

Beim Bundeskriminalamt ist man über die Entwicklungen jener Zeit mehr als besorgt. Zumindest liest sich ein internes Lagebild entsprechend alarmiert. Es stammt aus dem Herbst 2016, da sind viele der Angriffe bereits geschehen. Die «Flüchtlingsthematik» sei dazu geeignet, «innerhalb des ansonsten sehr heterogenen rechtsextremistischen Spektrums einen ideologischen Konsens zu generieren», steht in dem Papier. Zur Erinnerung: Ende der 1980er hatte der militante Neonazi-Anführer Michael Kühnen gesagt, man vertrete beim Thema Ausländer «die gleichen Forderungen wie die Republikaner», die rechtspopulistische Partei jener Tage.

Auch das Wechselspiel zwischen extremen Rechten und Teilen der bürgerlichen Öffentlichkeit ist zumindest in ähnlicher Weise wieder zu beobachten. Das BKA hält fest: Die Anschlussfähigkeit und die damit zunehmenden «Mobilisierungsmöglichkeiten im bürgerlichen Spektrum» begünstigten die Fokussierung der Szene auf die Thematik. Vor diesem Hintergrund sei auch zukünftig davon auszugehen, dass Asylsuchende oder Personen, die von Tätern dafür gehalten würden, zum Ziel von Straftaten würden. «Neben Körperverletzungen muss in Einzelfällen auch mit Tötungsdelikten gerechnet werden», heißt es weiter. Damit solle ein «Klima der Angst» erzeugt werden. Zu befürchten sei außerdem, dass die Agitation gegen angeblich politisch Verantwortliche weitergehe oder sogar intensiviert werde. Gefährdet seien zudem ehrenamtlich Engagierte, Betreiber von Unterkünften, Hilfsorganisationen, Medienhäuser, Journalistinnen und Journalisten. Die Szene verfüge über Waffen und Sprengstoff, die auch schwere Gewalttaten ermöglichten.

Eine bundesweite, einheitliche Strategie hinter den Angriffen lasse sich bisher nicht erkennen, analysiert das BKA damals. Als mögliche Täter sieht man «Personen mit Anbindung an rechte bzw. rechtsextremistische Organisationsstrukturen», die dabei nicht zwingend «gruppenintern erteilte Aufträge» erfüllten, sondern auf eigene Faust agierten. Aufgrund einer grundsätzlich «gewaltbejahenden Strategie» müsse man sich sowohl auf Kleinstgruppen als auch auf terroristische Banden einstellen. Besonders schwer zu verhindern seien allerdings Taten von «fanatisierten Einzeltätern», die keine enge Anbindung an militanten Strukturen haben. Das beschreibt schon relativ präzise das Panorama des Rechtsterrorismus der folgenden Jahre.

Köln

Erkannt hat man in der Bundespolizeibehörde auch, dass die radikale Rechte schnell auf politische Ereignisse reagiert. Und eines dieser Ereignisse geschieht auf dem Kölner Bahnhofsvorplatz neben dem Dom.

Längst ist die «Kölner Silvesternacht» zu einer Art Eigenname geworden und bereits wenige Tage nach dem Jahreswechsel 2015/16 zur Projektionsfläche. Fest steht: Während der Silvester-Feierlichkeiten begehen junge Männer auf dem Platz vor und im Gedränge im Bahnhof in großem Ausmaß Diebstähle und sexualisierte Gewalt bis hin zu Vergewaltigungen. Der Polizei gelingt es nicht, das zu verhindern. Die Mehrzahl der später Beschuldigten stammt aus Maghreb-Staaten. Öffentlich bekannt wird all das erst mit einer gewissen Verzögerung, nicht zuletzt, weil die Polizei in einer Pressemitteilung zunächst von einer friedlich verlaufenen Nacht spricht.

Erste Berichte über sexuelle Belästigungen erscheinen schon in den folgenden Tagen. Doch erst ab dem Montag darauf, dem 4. Januar, wird das Geschehen in seinem Ausmaß bekannt. Mit den ersten Berichten beginnt auch eine erbitterte Auseinandersetzung um deren Deutung. Und zwar noch bevor klar ist, was überhaupt genau geschehen ist.

Die *Bild* schreibt damals vom «Sex-Mob», und auch international sind die Ereignisse Thema – oder genauer: das, was sie zu belegen scheinen. Es ist ein bisschen wie mit dem Video von Lübckes-Satz: Weil eine bestimmte Deutung an bestehende rassistische Vorstellungen andocken kann und diese zu bestätigen scheint, ist sie derart erfolgreich. Mancher in der Blase dürfte sie wieder als «Red Pill» sehen, die man den «Gutmenschen» verabreichen kann. Donald Trump, damals noch auf dem Weg zum US-Präsidentschaftskandidaten, twittert am 6. Januar von «massiven Attacken» von Migranten auf das deutsche Volk. «Denkt nach!», schreibt er in Großbuchstaben dazu. Die Übergriffe müssen nun als Beleg «für gefühlte und tatsächliche Missstände» herhalten, wie der *Zeit*-Reporter Yassin Musharbash schreibt. «Am offenkundigsten ist dabei, wie die Ereignisse mit Kritik an der Politik der Willkommenskultur verknüpft wurden.» Die Silvesternacht wird zu einem «Ereignis, das den Stimmungsumschwung von der Willkommenskultur zur Ablehnungs- und Furchtkultur markiert».

Köln kommt auch in Kassel an. Am 5. Januar 2016 greift Stephan Ernst zum Handy und öffnet WhatsApp. «[S]chau dir diesen Link an und unbedingt verteilen», schreibt er. «Dort ist ein Video über Köln – Silvesternacht, von einem der dabei war» [sic]. Entdeckt habe er es bei *PI-News*, der Hetz-Website, die auch das Lübcke-Video aufgegriffen hatte. Ernst empfiehlt sie als «eine Infoseite» weiter.

In dem internen BKA-Lagebild «Straftaten gegen Asylunterkünfte» vom Herbst 2016 haben die Autoren davor gewarnt, dass «Ereignisse wie in verschiedenen deutschen Großstädten in der Silversternacht 2015/16 oder die terroristischen Anschläge in Paris und Brüssel» dazu geeignet seien könnten, die Eskalation der Gewalt noch voranzutreiben.

Wie die Debatte um Köln auf manche Menschen wirkt, lässt sich gut an Ernst beobachten. Wenn der Mörder von Walter Lübcke nach seiner Festnahme über sein Leben spricht, dann gibt er den Ereignissen von Köln eine kaum zu überschätzende Bedeutung. In seinem später teilweise widerrufenen Geständnis bezeichnet er sie als ein «Schlüsselerlebnis», das eine zweite Radikalisierung mitauslöste. Es ist das erste in einer Reihe von «Schlüsselerlebnissen», mit denen er den Vernehmungsbeamten seine Fixierung auf Walter Lübcke erklären will. Später spricht er von den islamistischen Anschlägen von Paris, von dem Lkw-Anschlag in Nizza im Sommer 2016 und weiteren Taten von Islamisten.

Ernst behauptet, diese Ereignisse und ein Wiedersehen mit H., den er aus der Neonazi-Szene kannte, hätten eine Art Rückfall ausgelöst. Denn eigentlich, so schildert er es zumindest, habe er der Kameradschaftsszene nach der militanten Demonstration in Dortmund 2009 den Rücken gekehrt, weil man dort seine Frau nicht respektiert und er Zweifel an mancher politischen Position gehabt habe. Außerdem machte die Bewährungsstrafe offenbar einen gewissen Eindruck. Ein tatsächlicher Ausstieg im Sinne eines Bruchs ist es nicht. Er taucht etwa 2011 noch bei einer Sonnenwendfeier auf. Dort entsteht das Foto, das ihm der hessische Verfassungsschutz nicht zuordnet. Aber es wird ruhiger um Ernst, bei Aufmärschen wird er nicht mehr gesehen.

Mit seiner Frau und den beiden Kindern lebt er schon damals seit mehreren Jahren in seinem Einfamilienhaus in Kassel-Forstfeld. Im leicht verwilderten Garten stehen später Ställe für Kaninchen und eine kleine Hütte. Der Verfassungsschutz glaubt 2015, er sei ein «abgekühlter» Extremist. Deswegen habe man seine Akte geschlossen, heißt es.

Aber Ernst kühlt nicht ab. Er ist auch kein Aussteiger. Er findet nur ein anderes politisches Umfeld für seine Ideologie. Eines, in dem die Themen prägend sind, die ihn beschäftigen: «Überfremdung», Migration, Islam, ein vermeintlich drohender Bürgerkrieg. Eines, das zu seinem Leben als Ehemann, Vater, Facharbeiter bei einem großen Industriebetrieb in Kassel besser passt als die Subkultur der Kameradschaften, die sich eher an junge Männer richtet. Eines, in dem mitunter eine etwas andere Sprache gesprochen wird, das aber Anschluss an die Ideologie der Neonazi-Szene bietet, die ihn seit der Jugend begleitet. Er findet damit auch Anschluss an eine Art Bewegung, die im Auftrieb scheint. «Wir sind nicht mehr allein und wir werden immer mehr», schreibt Ernst in einer seiner WhatsApp-Nachrichten nach der Bürgerversammlung von Lohfelden. Man kann das als Vergleich lesen zwischen der überschaubaren politischen Wirkung seiner Aktivitäten mit seiner Kasseler Kameradschaft und dem, was er jetzt zu beobachten glaubt.

Den Begriff «Schlüsselerlebnisse» führt Stephan Ernst übrigens selbst in seine Vernehmung ein. Ein Wort, das auffällt in dem beinahe vierstündigen Gespräch zwischen den Beamten und dem Beschuldigten, weil es mehr nach Psychologie klingt als nach Polizeiverhör. Ernst hat mit beidem bereits Erfahrungen gesammelt. Es ist ein Wort, das eigentlich nicht treffend ist: Die Ereignisse, die Ernst aufzählt, sind gerade das Gegenteil von Erlebnissen. Ernst hat ja nicht erlebt, was in Köln passiert ist, sondern all das nur medial konsumiert, nur als Bestätigung eines rassistischen Weltbildes herangezogen, dem er ohnehin schon anhing. Seine Informationen stammen von Portalen wie *PI-News*, aus Videos wie das von einem, «der dabei war» – so wie er bei der Bürgerversammlung von Lohfelden. Wenn Ernst in dieser Vernehmung über seine eigenen Emotionen spricht, wird deutlich, wie sehr er dafür Begriffe aus dem Diskurs jener Zeit fischt: «Also, ich war damals außer mir», sagt er den Polizisten. Er habe sich reingesteigert, als all das bekannt geworden sei. Er spricht von «Grenzöffnung», die «Unrecht» war, vom «Kontrollverlust», dass man all das der Politik zu verdanken habe, der Bundeskanzlerin. «Merkel will dieses Land zerstören, Merkel hat dieses Recht gebrochen. Was hier passiert, ist Unrecht und wir werden überflutet von Ausländern. Da muss was passieren.» Ernst verwendet auch das Wort «Erniedrigung», das auf den engen Zusammenhang zwischen dem Diskurs nach den Ereignissen von Köln und tradierter Männlichkeitsbilder verweist, auf deren Projektion auf junge Migranten und das alte Bild der bedrohten deutschen Frau.

Vielleicht habe er bereits damals Lübcke verantwortlich für all das gemacht, sagt Ernst. «Es war für mich wirklich dann so ein Indiz, es bestätigt sich ja doch alles», sagt er über seine alten Überzeugungen aus Kameradschaftszeiten.

Es ist oft nicht zu unterscheiden, was Ernst in Vernehmungen aus strategischen Gründen behauptet und was der Wahrheit entspricht. Wie er über die Ereignisse von Köln dachte, nachdem er online darüber gelesen hatte, ist aber anderweitig dokumentiert. Nachdem er per WhatsApp den Link zu *PI-News* geschickt hat, schreibt er am Abend des 5. Januar noch etwas hinterher, das das deutlich macht: «Soviel zum Jahr 2016, so verhalten sich wahre Flüchtlinge», schreibt er sarkastisch. Und kurz darauf: «Und unsere Volksver(treter) ... äh – Verräter, suchen verzweifelt nach Entschuldigungen dafür – einfach nur widerlich.»

Die beiden Feindbilder – «Asylbetrüger» und «Volksverräter» – gehen Hand in Hand. Bis zum Mord an Walter Lübcke sind es noch drei Jahre und fast fünf Monate.

Der Überfall auf Ahmed I.

Auch Ahmed I. hat Anfang Januar 2016 von den Ereignissen in Köln und den Reaktionen im Internet gelesen. Der damals 22-Jährige lebt da erst seit ein paar Wochen in Deutschland. Er stammt aus der irakischen Metropole Mossul und ist auf der Flucht vor dem «Islamischen Staat» (IS). Zu Hause, erzählt er mir Jahre später, hat er manchmal als Model vor der Kamera gestanden. Er hat ein paar Fotos aus jener Zeit auf seinem Smartphone. Viele Erinnerungen sind darauf gespeichert. Sie zeigen einen schlanken jungen Mann mit großen braunen Augen, feinen Gesichtszügen, akkurat getrimmtem Vollbart, die dunklen Haare nach hinten gekämmt und an den Seiten ausrasiert. Er wischt mit dem Finger über den scheinbar endlosen Strom aus Fotos, Videos, Selfies. In Mossul nimmt er Rapsongs auf. Damit ist Schluss, als die Terrormiliz seine Stadt im Juni 2014 überrennt. Musik, wie er sie liebt, ist unter den Islamisten streng verboten, und sie setzen ihre Vorstellungen in ihrem damals wachsenden Herrschaftsgebiet mit brutaler Gewalt durch. Ahmed I. macht sich irgendwann auf den langen Weg nach Deutschland.

Hier angekommen, ist er sicher, glaubt er, wie viele andere Geflüchtete. Allein in jenem Januar 2016 werden nach Zahlen des BKA aber insgesamt mehr als 320 politisch motivierte Straftaten erfasst, die sich gegen Asylsuchende richten, 43 davon sind Gewalttaten. Und das Dunkelfeld dürfte noch größer sein.

Am 6. Januar 2016 will Ahmed I. an einer Tankstelle Zigaretten holen. Sein provisorisches Zuhause liegt in einem Industriegebiet. Mit Hunderten anderen bewohnt er einen leerstehenden Gartenmarkt. Hölzerne, nach oben offene Verschläge unterteilen den ehemaligen Verkaufsraum in so etwas wie Zimmer. Ein großes kupfergrünes Dach mit Einsätzen aus Glas in Zeltform spannt sich darüber. Darunter finden bis zu 800 Menschen Platz. Es ist die Einrichtung, über die Walter Lübcke in der Bürgerversammlung gesprochen hat.

Es ist schon längst dunkel, als Ahmed I. die Unterkunft verlässt. Er zieht sich die Kapuze seines blauen Winterparkas über den Kopf, steckt sich Kopfhörer in die Ohren, hat sein Handy in der Hand. Um 21.56 Uhr schickt er eine Sprachnachricht: «Mir ist kalt, ich rauche.» Er bemerkt noch, wie sich ein Fahrradfahrer von hinten nähert. Der Mann ruft vielleicht irgendwas mit «Deutschland», so will es ein Zeuge aus der Ferne gehört haben. Jedenfalls sticht er zu. Ahmed I. bricht zusammen, seine Beine versagen plötzlich. Er bemerkt erst nicht, wie schwer verletzt er ist, und glaubt, man habe ihn nur niedergeschlagen, vielleicht ausrauben wollen. Als er sich unter der Kleidung an den Rücken fasst, klebt sein Blut an seiner Hand. Er braucht Hilfe, aber die Autos fahren an ihm vorbei. Er robbt sich auf die Straße. Ein Mann hält an und ruft einen Rettungswagen.

Die Ärzte im Krankenhaus stellen fest, dass das Messer etwa viereinhalb Zentimeter tief in seinen Rücken eingedrungen ist, zwischen Wirbelsäule und linkem Schulterblatt. Der Schnitt ist rund drei Zentimeter lang. Zwei Nervenstränge sind durchtrennt, ein Brustwirbel und Rückenmark verletzt. Deswegen sind seine Beine kurzzeitig gelähmt. Die Waffe verfehlt nur knapp eine wichtige Arterie. Bis heute leidet der junge Mann unter den Spätfolgen. «Meine Welt besteht aus Krankenhaus, Ärzten und Schmerzen», sagt er mir im Winter 2019. Täglich müsse er Tabletten nehmen. Für ihn fühle es sich an, als habe er bei dem Angriff die Beine verloren, obwohl er längst wieder laufen könne. Eines seiner Beine werde immer dünner, im anderen habe er kaum noch Gefühl. Der Überfall habe sein Leben zerstört.

Nach der Notoperation äußert er bei seiner ersten Befragung noch im Krankenbett den Verdacht, dass ein Neonazi hinter der Tat stecken könnte. Nach dem Versagen beim NSU hieß es aus Politik und Behörden, in Zukunft solle anders als bisher mit Taten umgegangen werden, die einen rassistischen Hintergrund haben könnten. Die Ermittlungen im Fall Ahmed I. sind damit eine Art Testfall, wie sehr sich die Praxis tatsächlich verändert hat.

Die nach der Straße am Tatort benannte Soko Fieseler stellt verschiedene Hypothesen auf: Raubüberfall, Drogen, Schleuserbanden. Aber auch ein politisches Motiv ziehen die Ermittler in Betracht. Das Landesamt für Verfassungsschutz und das Gemeinsame Terrorismusabwehrzentrum werden eingebunden. Die Kasseler Staatsanwaltschaft lobt eine Belohnung von 3000 Euro aus. Die Beamten durchsuchen ihre Polizeidatenbank nach Rechtsextremen aus dem Umfeld und der Region. Das Ergebnis sind mehrere Excel-Dateien mit mehr als 880 Namen. Um die kümmert sich ein Beamter aus dem Zentralkommissariat 10, Polizeilicher Staatsschutz. Man konzentriert sich schließlich auf 31 Personen, die im Umfeld des Tatorts wohnen.

Später wird ein Soko-Ermittler vor dem Oberlandesgericht Frankfurt aussagen, dass er diese Liste selbst nie zu Gesicht bekommen hat. In einem Vermerk in den Akten ist davon die Rede, dieser Teil der Ermittlungen sei «aufgrund der Schutzbedürftigkeit der Daten abgeschottet durchgeführt» worden. Nur bei relevanten Ergebnissen sollten Berichte für die Hauptakte gefertigt werden, schreibt ein führender Beamter Jahre später, als sich die Bundesanwaltschaft nach dem damaligen Vorgehen erkundigt. Außerdem sei ein zusammenfassender Vermerk vorgesehen gewesen. Geschrieben wird der jedoch nicht.

Nach und nach arbeiten Polizisten die Aufstellung ab. Sie klingeln und hoffen, dass man mit ihnen spricht, wenn sie sagen, dass man derzeit eine «allgemeine Befragung» in der Nachbarschaft durchführe. Auch Stephan Ernsts Daten stehen auf der Liste. Während seine Akte beim Verfassungsschutz damals schon geschlossen ist, tauchen seine Vorstrafen weiter in der Polizeidatenbank POLAS auf, dazu die Zusätze: bewaffnet, gewalttätig, REMO. Das ist das Kürzel für «Straftäter, politisch rechts motiviert». Die Tat vom Bahnhof in Wiesbaden steht noch in der Datei, dazu andere Vorfälle mit Messern. Das Team, das Ernst aufsuchen soll, muss mehrmals in den

Stadtteil Forstfeld fahren, bis sie ihn zu Hause antreffen und ihre insgesamt sieben Fragen stellen können. Sie stehen auf einem ausgedruckten Blatt, die Antworten fügen die Beamten von Hand hinzu. Ernst gibt demnach am 13. Januar 2016 zu Protokoll, die Unterkunft zu kennen, von dem Angriff gehört und am Tattag freigehabt zu haben. Einen Alibizeugen benennt er den Notizen zufolge nicht. Er zeigt den Polizisten sein Fahrrad. Abgehakt: Das Blatt kommt in den Spurenordner im Staatsschutzkommissariat.

Die Liste der polizeibekannten Rechtsextremen offenbart noch etwas: In der Unterkunft von Ahmed I. ist offenbar ein Neonazi ausgerechnet als Security tätig. Er wird befragt. Sein Alibi? Zu Hause. Kann das jemand bestätigen? Nein. Der Mann ist ein alter Bekannter von Ernst. Er taucht in den 2000er Jahren mehrmals gemeinsam mit ihm auf. Der Verfassungsschutz hat das damals notiert, und einem Dokument von 2010 zufolge waren beide Thema beim Austausch mit den Staatsschützern von der Polizei. Und er ist nicht der Einzige auf der Liste mit nur 31 Namen polizeibekannter rechter Straftäter, der in einer Flüchtlingsunterkunft für einen Sicherheitsdienst arbeitet.

Sicher ist: Eine Hausdurchsuchung gibt es weder bei Ernst, der ja bereits für einen hinterrücks begangenen Messerangriff verurteilt wurde, noch bei seinem Kameraden aus alten Zeiten, der inzwischen in jener Unterkunft arbeitet. Dazu braucht es einen Anfangsverdacht, und der habe sich nicht ergeben, heißt es später.

Fragen und Indizien

Es wird weiter ermittelt. Und anderen Verdächtigen in dem Verfahren, die sich später als unschuldig erweisen, ergeht es schlechter als denen auf der Neonazi-Liste: Da ist etwa ein Mann, der auffällt, weil er mit dem Fahrrad am Tatort vorbeikommt, sich aus Sicht der

Beamten auffällig verhält, widersprüchliche Angaben macht. Er wird observiert, sein Konto durchleuchtet, sein Telefon abgehört, seine Wohnung durchsucht. Ein anderer gerät in den Fokus, weil er eine ähnliche Tat wie den Angriff auf I. begeht, allerdings in Aschaffenburg. Das bringt dem türkischen Staatsbürger, der bereits in U-Haft sitzt, eine weitere Hausdurchsuchung ein. Zuletzt taucht ein Mann als möglicher Täter auf, der mehrere Menschen von einem Fahrrad aus mit einem Messer verletzt hat, diesmal in München. Die Kasseler Ermittler bitten um einen DNA-Abgleich von Spuren an der dort sichergestellten Tatwaffe. Sie müssen mehr als eineinhalb Jahre auf ein Ergebnis aus der bayerischen Landeshauptstadt warten. Nach einigen sehr deutlichen Schreiben aus Kassel ist es dann so weit: negativ.

Die Akten zum Angriff auf Ahmed I. wandern im Sommer 2017 ins Archiv der Staatsanwaltschaft Kassel. Das Verfahren wird vorläufig ergebnislos eingestellt. Das erfahre ich, als ich kurz nach der Festnahme von Stephan Ernst für die *Zeit* dort nachfrage, ob nun der unaufgeklärte Messerangriff von 2016 möglicherweise neu betrachtet werde. Ein Sprecher teilt mit: «Umstände, die Anlass für eine Wiederaufnahme des Verfahrens bieten, sind hier gegenwärtig nicht bekannt.»

Am 25. Juni 2019 ändert sich das. Da sitzt Stephan Ernst vor Ermittlern der Soko Liemecke und redet. Es ist sein erstes Geständnis – jenes, das er später in Teilen widerrufen wird. Im Zusammenhang mit den erwähnten «Schlüsselerlebnissen» will er den Ermittlern offensichtlich en détail klarmachen, wie sehr ihn die Silvesternacht von Köln beschäftigt hat. Er sei wütend durch die Straßen gezogen, habe Wahlplakate von SPD und Grünen zertreten. Einen Mann, den er für einen Migranten hielt, habe er angebrüllt: «Euch müsste man den Hals aufschneiden.»

Ein Beamter fragt: «Das war aber an dem Silvestertag, oder war das ein paar Tage später?»

Ernst antwortet: «Das war, ich weiß nicht, ich meine, es war der 6., der 6.1.»

Just am Tag des Angriffs auf Ahmed I. und einen Tag nach Ernsts wütenden WhatsApp-Nachrichten, in denen er die Ereignisse von Köln ausdrücklich mit Geflüchteten in Verbindung brachte. Ahmed I. wendet sich am Tag der Vernehmung von Ernst mit Unterstützung von response, einer Beratungsstelle für Betroffene rechter Gewalt, an die Behörden und bittet zu prüfen, ob der Verhaftete auch in seinem Falle als Täter in Frage komme. Von dessen Aussage weiß I. da noch gar nichts. Auch einem Ermittler aus der Soko Fieseler fällt auf, dass der damals noch mutmaßliche Lübcke-Mörder ausgerechnet den Tag des unaufgeklärten Messerangriffs in seinem Geständnis nennt.

Bei einer erneuten Durchsuchung finden die Beamten in Ernsts Keller ein Klappmesser mit rotem Metallgriff. Die Klinge ist an der Spitze nachträglich beidseitig geschliffen worden und an der Schneide glänzt ein winziger Fleck. Harald Schneider, dem DNA-Experten des hessischen LKA, gelingt es, sie trotz der geringen Menge an enthaltenem Erbgut auszuwerten. Schneider kommt aber zu dem Schluss: Für eine eindeutige Identifizierung nach den Regeln der Forensik reicht deren Qualität nicht. Es ist eine Mischspur, kein klarer Treffer wie die Partikel an Lübckes Hemd. Doch der Biologe sagt vor Gericht, er müsste sich schon sehr täuschen, wenn die Spur nicht von I. oder einem Blutsverwandten stamme.

Kein schlagender Beweis, aber ein Indiz. Und nicht das einzige: Eines der Fahrräder von Ernst könnte zu einer verwaschenen Aufnahme des Rad fahrenden Täters passen, die von einer Überwachungskamera stammt. Die Bundesanwaltschaft befindet: Die Tat ist ihm nicht «wesensfremd» und erinnert an den Überfall vom Bahnhofsklo. Ernst kannte den Tatort, die Unterkunft lag auf einem möglichen Weg zur Arbeit, den er oft mit dem Fahrrad zurücklegte. Dann kommt noch Ernsts seltsame Aussage hinzu, ausgerechnet an jenem Tag voller Wut auf Flüchtlinge und die Politik wegen der

Ereignisse von Köln gewesen zu sein. Die Karlsruher Strafverfolger nehmen die Tat schließlich in ihre Anklage mit auf. Ernst habe mit dem versuchten Mord «seinen rechtsextremistischen Hass auf Flüchtlinge» ausleben und «durch seine willkürliche Opferauswahl sowie die heimtückische Begehungsweise Angst unter den in der Bundesrepublik Deutschland Schutz suchenden Menschen fremder Herkunft» verbreiten wollen.

Ahmed I. setzt einige Hoffnung in den Prozess. Bislang hat er sich von Polizei und Ämtern oft im Stich gelassen gefühlt, erzählt er mir. Sein Anwalt Alexander Hoffmann findet, die Ermittler hätten dem jungen Mann, der immerhin Opfer eines versuchten Tötungsdeliktes geworden war, Misstrauen statt Empathie entgegengebracht. Sein Mandant sei ohne schriftliche Vorladung einfach zu Vernehmungen abgeholt worden, man habe ihm unterstellt, sich durch das Verfahren Vorteile verschaffen zu wollen. In seinem Plädoyer deutet er das als «institutionellen Rassismus». An dem Fall könne man ablesen, was sich bei der Polizei seit dem NSU geändert habe, sagt er: offenbar nichts.

Als Ahmed I. im Oktober 2020 in dem Gerichtsverfahren als Zeuge aussagt, stehen trotz Corona-Pandemie einige junge Leute vor dem Gericht, um ihn zu unterstützen. «Die Betroffenen nicht allein lassen» steht auf einem Transparent. Als Ahmed I. mit seinem Anwalt am Eingang zum Gebäude ankommt, wird er mit Applaus begrüßt.

Drinnen, im Saal, ist die Atmosphäre weniger freundlich. Ahmed I. ist Nebenkläger, aber jetzt soll er als Zeuge aussagen. Neben ihm sitzen Hoffmann und sein Dolmetscher. Der Vorsitzende Richter Thomas Sagebiel kann ruhig und freundlich mit Menschen umgehen. An diesem Tag zeigt er das nicht. Er wirkt ungeduldig. Ahmed I. muss öffentlich über intime medizinische Spätfolgen Auskunft geben. Der Angeklagte Markus H. grinst.

Dann geht es im Detail um Vermerke der Polizei zu seinen früheren Aussagen. Durch die Antworten über Bande kommt es zu Verständigungsproblemen im Saal, möglicherweise wie bereits damals bei der Polizei. Da übersetzte eine Dolmetscherin, die dafür nicht speziell ausgebildet war.

Die Vorhalte aus den Akten sollen dazu dienen, Erinnerungen aufzufrischen und Widersprüche aufzuklären. Sie wirken an diesem Tag mitunter wie Vorwürfe, als ob Ahmed I. nicht als Opfer gehört, sondern wie ein Angeklagter befragt werde. So empfindet er es jedenfalls. Die Verteidiger von Stephan Ernst versuchen die Glaubwürdigkeit von I. zu erschüttern, obwohl es auf seine Aussage bei der Belastung ihres Mandanten gar nicht ankommt. Er hat nie behauptet, Ernst wiederzuerkennen. Die Bundesanwaltschaft wirft den Anwälten später vor, «auf perfide Weise mit Vorurteilen» gespielt zu haben.

Ernst selbst hat seinen Verteidiger Mustafa Kaplan zu dem Vorwurf erklären lassen, er habe damit «nichts zu tun». Fragen des Nebenklägers und des Senats dazu beantwortet er nicht. Der 5. Strafsenat des Oberlandesgerichts Frankfurt spricht Stephan Ernst schließlich vom Tatvorwurf des versuchten Mordes an Ahmed I. frei.

Es ist nicht zuletzt eine Quittung über ein Messer, die dazu beiträgt. Ernst hat einen Scan auf einem USB-Stick abgelegt. Der Beleg über 12,50 Euro ist für ein Messer derselben Serie ausgestellt wie das mit den DNA-Spuren aus seinem Keller. Die Rechnung trägt ein Datum 24 Tage nach der Tat. Welches Messer genau an diesem Tag gekauft wurde, lässt sich nicht klären. Die Richter kommen zu dem Schluss, es sei anzunehmen, dass der Beleg zu dem bei Ernst gefundenen Messer gehöre, das damit nicht als Tatwaffe in Frage komme. Die DNA-Analyse sei nach anerkannten wissenschaftlichen Methoden ohnehin «nicht aussagekräftig». Der Senat hat letztlich «ernsthafte Zweifel an der Täterschaft» von Ernst. Er könne es gewesen sein. Aber: «Wir wissen es nicht», sagt der Vorsitzende Richter Sagebiel am letzten Tag im Gerichtssaal.

Der Überfall hat Ahmed I. nachhaltig aus dem Tritt gebracht. Ein junger Mann, der wie ausgebremst wirkt. Man könne nicht etwas aufbauen, wenn man mit Herz und Kopf noch ganz woanders sei, sagt er. Sein Mandant sei aufgrund der Folgen der Verletzungen nur stark eingeschränkt arbeitsfähig, berichtet Anwalt Hoffmann, der immer wieder Menschen vertritt, die zum Ziel rechter Gewalt geworden sind. Er ist nach Ende des Prozesses in Frankfurt überzeugt: Hätte man im Falle seines Mandanten damals anders ermittelt und sofort gehandelt, «der Mord an Walter Lübcke hätte nicht stattgefunden». Für eine Hausdurchsuchung reichten in anderen Konstellationen doch viel geringere Hinweise, meint der Strafverteidiger. Das Messer, dass er trotz des Freispruchs für Ernst weiter für die Tatwaffe hält, hätte man damals vielleicht schon im Keller finden und besser auswerten können.

Diese Kritik teilt die Bundesanwaltschaft ausdrücklich nicht. Das macht Oberstaatsanwalt Dieter Killmer in seinem Plädoyer am 22. Dezember 2020 deutlich. Hält er nach der Beweisaufnahme im Prozess Ernst weiter für den Täter? «Ein ganz klares und persönlich überzeugtes: Ja.» Er sieht «einen ganzen Ring von Indizien, der sich um den Angeklagten Ernst zieht». Der Angriff sei Ausdruck eines «absoluten Vernichtungswillens», von «Flüchtlingshass und Rassismus», die der Angeklagte Ernst als Verteidigung der Deutschen vor Überfremdung idealisierte, argumentieren Killmer und sein Kollege Staatsanwalt Daniel Otto in ihrem Schlussvortrag. Sowohl die Bundesanwaltschaft als auch Ahmed I. haben Revision gegen den Freispruch eingelegt.

Juristisch bleibt die Tat vorerst ungesühnt. Anwalt Hoffmann richtet bei seinem Plädoyer im Gerichtssaal einen Appell an die Gesellschaft: Es komme jetzt für seinen Mandanten auf die Unterstützung von denjenigen an, «die erkannt haben, dass rassistische Gewalt, rassistische Straftaten ihren Ursprung in der Mitte der Gesellschaft haben; von denjenigen, die erkannt haben, dass die bloße Aburteilung von Straftaten keine gesellschaftliche Wirkung hat, sondern die direkte Solidarität mit Opfern rassistischer Gewalt notwendig ist».

Neue Rechte

Die politische Mobilisierung in jenen Jahren, in denen Walter Lübcke zunächst zum Feindbild und Ahmed I. zum Opfer eines Messerangriffs wird, hat die Bundesrepublik verändert. Es ist insbesondere eine Strömung der deutschen radikalen Rechten, die mit Blick auf die Massendemonstrationen von Pegida, die Wahlerfolge der AfD und eine teils enthemmte Debatte um Migration und Islam ihre Zeit gekommen sieht: die sogenannte Neue Rechte. Eine «bisher unbedeutende Szene, die sich um einige kleine Zeitschriften und Institutionen gesammelt hatte, fand eine wütende Basis», schreibt der Historiker Volker Weiß in seinem Standardwerk «Die autoritäre Revolte» über diese Zeit. Und die theoretischen Konzepte, die Strategie für diese autoritäre Revolte liegen längst bereit. «Bislang Offiziere ohne Soldaten, schien die Neue Rechte in den ‹besorgten Bürgern› die Armee gefunden zu haben, die ihnen so lange gefehlt hatte.»

Zu jener Armee, um im Bild von Weiß zu bleiben, wird man auch Ernst zählen können. Es ist eine Armee, die nicht auf klarer Zugehörigkeit basiert, die sich eher in oft lose Gruppen von Gleichgesinnten gliedert als in straffe Bataillone. «Wir sind nicht mehr allein und wir werden immer mehr», hatte Ernst in einer WhatsApp-Nachricht geschrieben. Um dieses Milieu zu verstehen, das sich da bildet, ist ein Verständnis der Strategie der «Offiziere» zentral. Sie lässt sich in Grundzügen anhand zweier Begriffe aufschlüsseln: «Metapolitik» und «Großer Austausch». Sie verdeutlichen zugleich, warum der Neuen Rechten oft eine Scharnierfunktion zugeschrieben wird, eine Vermittlerrolle zwischen Konservatismus und Rechtsradikalismus – und was sie so gefährlich macht.

Metapolitik

Es geht schon bei dem Namen los: «Neue Rechte» ist etwas irreführend. Und bereits ein gutes Beispiel für die politische Strategie, die dahintersteht. Mit dem Begriff, eine geschickte Eigenbezeichnung, wird eine Strömung beschrieben, die längst nicht mehr so neu und deren eigene Abgrenzung von der «alten Rechten» keineswegs so klar ist, wie es der Name suggeriert. Die Neue Rechte will mit dem historischen Nationalsozialismus ideologisch gebrochen haben. Man bezieht sich stattdessen auf verschiedene ultrarechte Publizisten aus der Zeit vor der Machtübergabe an die NSDAP, die unter dem Label «Konservative Revolution» zusammengefasst werden. Auch das ist eine Selbstverharmlosung, wie Volker Weiß aufzeigt. Die Neue Rechte gibt sich gern intellektuell, mancher raunt lieber, als laut zu brüllen. Das ohnehin überholte Bomberjacken-Springerstiefel-Auftreten der militanten Neonazi-Szene wäre auch hinderlich für die propagierte politische Strategie. Für sie steht das Schlagwort: «Metapolitik».

Abgekupfert hat die Neue Rechte das Konzept bei dem italienischen Marxisten Antonio Gramsci, der sich in den 1920er und 1930er Jahren in faschistischer Haft Gedanken über die Erfolgsbedingungen einer kommunistischen Revolution in westeuropäischen Staaten machte. Ganz grob lässt sich das Ergebnis so zusammenfassen: Es reicht nicht, die Staatsgewalt und ihre Institutionen zu erobern. Wer Erfolg haben will, muss auch eine «kulturelle Hegemonie» in der Zivilgesellschaft erringen – in der Sprache, im Alltagsbewusstsein, in der Kultur. Gramscis Hegemonietheorie ist komplexer als das, was die Neue Rechte daraus bastelt. Sie übernimmt aber eine zentrale Einsicht: Es braucht eine «metapolitische» Vorarbeit, bevor eine politische Umwälzung erfolgreich sein kann. Und diese Arbeit versucht die Neue Rechte zu leisten, zunächst in obskuren Theoriezirkeln, in denen man sich für den Kampf um Begriffe rüstet und versucht, ins demokratisch-konservative Lager hineinzuwirken. Ihre Vertreter bedienen sich dabei aber auch schon früh einiger Protestformen, die lange eher für Linke typisch waren, zum Beispiel provokante Agitprop-Aktionen statt der klassischen Aufmärsche. Das ist bis heute so, man denke an den strategischen Einsatz von Memes der US-amerikanischen Alt-Right-Bewegung oder an virale Videos als Propagandawerkzeug – wie das von Lübcke. Klar ist auch: Nicht jeder in dieser «Armee» muss die Strategiedebatten verfolgen oder verstehen, um Schlachten mitzuschlagen.

Den Neurechten spielt in die Hände, dass ihre Strategie vielfach nicht als solche erkannt, der eigentliche Inhalt ihrer Botschaften mitunter nicht dechiffriert wird und Teile von Politik, Medien und Gesellschaft überrumpelt. So gelingt es, die eigenen Positionen in den politischen Diskurs einzuschleusen, aber es geht der Neuen Rechten nicht um den zwanglosen Zwang des besseren Arguments. Es geht darum, den Diskurs zu unterwandern. Die oben genannte Liste der Unwörter des Jahres zeigt schlaglichtartig, wie das teilweise gelingt. Wenn sich verschiebt, was bei einem Großteil der Bevölkerung etwa beim Wort ‹Flüchtling› mitschwingt, dann ist das ein Erfolg. Einer der prominentesten Vertreter der Neuen Rechten, der Verleger, Aktivist und Ziegenhalter Götz Kubitschek, hat einmal selbst plakativ und etwas großspurig beschrieben, was dahintersteckt: «Unser Ziel ist nicht die Beteiligung am Diskurs, sondern sein Ende als Konsensform, nicht ein Mitreden, sondern eine andere Sprache, nicht der Stehplatz im Salon, sondern die Beendigung der Party.»

So neu ist das natürlich nicht. Rechtsterrorist Manfred Roeder hatte ja bereits 1979 seine Hoffnungen in die französische Nouvelle Droite gesetzt, denn aus seiner Sicht propagiert sie «die Ungleichheit aller Menschen und fordert die völkische Verwurzelung in einer hierarchisch gewachsenen Ordnung, in der eine Elite führt». Neu ist aber inzwischen, dass der Strömung eine Art Durchbruch geglückt ist und sie es aus ihren Blättchen mehrmals in die Bestsellerlisten geschafft hat. Und es ist ausgerechnet ein damaliges SPD-Mitglied, das den Startschuss dafür gibt. Dieser Durchbruch ist eng mit der Verschwörungsideologie verknüpft, die von der Neuen Rechten als «Großer Austausch» propagiert wird.

Der Erfolg des 2010 erschienenen Buches «Deutschland schafft sich ab» von Ex-Bundesbank-Vorstand Thilo Sarrazin gilt als entscheidender – in ihrer Sprache: metapolitischer – Moment für die Neue Rechte. «Themen und Begriffe, die bislang in der äußersten Rechten zirkulierten, erreichten die ganze Gesellschaft», schreibt Historiker Weiß. Sarrazin ist damals noch SPD-Mitglied und verbreitet mit seinem Bestseller krude Thesen zu Einwanderung, Islam, Geburtenrückgang. Von Expertinnen und Wissenschaftlern werden seine Behauptungen als rassistisch, eugenisch, antisemitisch und als schlicht falsch kritisiert. Dem Erfolg des Buchs schadet das nicht: Mehr als 1,5 Millionen Exemplare werden verkauft. Es greift Ressentiments auf, die in der deutschen Bevölkerung offensichtlich weit verbreitet sind und jetzt durch eine enorme Öffentlichkeit diskutiert und normalisiert werden. Schon im Titel kann man den Anklang an die uralte reaktionäre These vom Untergang des Abendlandes hören, genau wie die von einem vermeintlichen Verschwinden der Deutschen als Volk. Und diese These zeigt sehr gut, warum der Neuen Rechten eine Scharnierfunktion zugeschrieben wird.

Die Geschichte vom existenziell bedrohten deutschen Volk ist in der radikalen Rechten geradezu ein Klassiker. Sarrazin wiederholt sie nicht in dieser Form, aber sein Untergangsszenario ist anschlussfähig. Durch ihn finden die «Stichworte der Neuen Rechten den Weg in die breite Öffentlichkeit», argumentiert Weiß. Der Historiker verweist auf Kubitschek selbst: Durch Sarrazin sei das «Diskutieren über bestimmte Dinge [...] einfacher geworden», zitiert er den Neurechten. Denn der Ex-Banker habe Begriffe «ventiliert, die wir seit Jahren zuspitzen, aber nicht im mindesten so durchstecken können wie Sarrazin das konnte».

Der Kern des Mythos bleibt über die Jahrzehnte konstant, es ändern sich je nach Radikalisierungsgrad und historischem Kontext das Vokabular und die Details: Die Deutschen (oder: die Europäer, «die Weißen») würden durch den Zuzug von (aktuell meist muslimischen) Fremden und aufgrund sinkender Geburtenraten zur Minderheit im eigenen Land, unterworfen, ihre Kultur vernichtet – letztlich: aussterben. Oft kommt noch die antisemitisch aufgeladene Verschwörungsideologie hinzu, dass hinter alldem finstere Mächte steckten, die gezielt an dieser Vernichtung arbeiteten. Die Neonazis nennen es «Volkstod». Im vermeintlichen Abwehrkampf dagegen gilt jedes Mittel als legitim.

Um es ganz deutlich zu machen: In einem NSU-Bekennervideo werden Bilder der Mordopfer gezeigt, dazu wird kommentiert, die Getöteten wüssten nun, «wie ernst es uns mit dem Erhalt der deutschen Nation ist».

Selbstverständlich schreibt Sarrazin so nicht und will so auch nicht verstanden werden. Die Neue Rechte benutzt ebenfalls andere Vokabeln als die Neonazi-Szene, aus der Stephan Ernst stammt. Sie spricht vom «Großen Austausch», eine Formulierung, die auf den französischen Autor Renaud Camus zurückgeht. In der AfD und in ihrem Umfeld ist auch von «Umvolkung» die Rede, so wie Pirinçci sein Buch nennt, in dem er Lübcke in die Nähe eines «Gauleiters» rückt. International ist mitunter vom «white genocide» die Rede, von einem angeblichen Genozid an «den Weißen».

Solche Formulierungen hätten es eigentlich schwer, in den medialen Mainstream vorzudringen. Sarrazins Buch aber schlägt für jene, die noch radikaler argumentieren, eine Schneise. Und die Neue Rechte dient wiederum als Vermittlerin zwischen gerade noch bürgerlichen Positionen und dem völkischen Denken der Ultrarechten. Der «Große Austausch» dürfte ihr erfolgreichster Export sein.

Identitäre

Wie lassen sich die Strategie der «Metapolitik» und die Ideologie vom «Großen Austausch» praktisch verbinden? Das veranschaulicht die «Identitäre Bewegung» am besten. Hinter dem Namen steckt keine Bewegung im eigentlichen Sinne, sondern vielmehr eine Art Kaderorganisation der Neuen Rechten, die besonders junge Menschen ansprechen soll und inzwischen ihren Zenit überschritten hat. 2016 ist sie hingegen auf dem Höhepunkt ihrer Aktivitäten in Deutschland: Viele dürften sich daran erinnern, wie eine Handvoll junger Männer im Sommer jenes Jahres auf das Brandenburger Tor klettert, dort Leuchtfackeln zündet und Banner gegen Migration herablässt. Diese Bilder – und dass sie derart im Gedächtnis bleiben – sind das, um was es den «Identitären» geht. Zeitweise lösen sie einen kleinen Medienhype aus. Sie erzeugen Aufmerksamkeit, weil sie eben nicht auftreten, wie sich große Teile der Öffentlichkeit damals offenbar noch Rechtsextreme vorstellen: Sie tragen Sneaker statt Springerstiefel, Polohemd statt Bomberjacke, nutzen Ernst-Jünger-Zitate, statt «Deutschland den Deutschen! Ausländer raus!» zu brüllen. Sie sehen sich als die «letzte Generation ohne Migrationshintergrund», die den «Großen Austausch» gerade noch aufhalten könne, und wollen gemäß der Metapolitik-Strategie eine neurechte Gegenkultur schaffen.

Die öffentlichen Aktionen führen damals meist die immer selben Reisekader aus. Das deckt zu jener Zeit eine Recherche von *Zeit Online* auf. Etliche der prominenten Akteure haben eine Vergangenheit in der Neonazi-Szene, auffällig viele im völkischen Milieu, etwa bei der inzwischen verbotenen «Heimattreuen Deutschen Jugend», die an die «Wiking-Jugend» erinnert. Das soll man den «Identitären» aber nicht ansehen. Sie wollen das neurechte Gedankengut ja in die Öffentlichkeit tragen, ohne als Rechtsradikale abgestempelt und damit diskursiv ausgeschlossen zu werden. Es gelingt der «Bewegung», die damals nur wenige hundert Mitstreiter hat, eine erstaunliche Social-Media-Präsenz aufzubauen. Dort werden die sorgsam inszenierten Aufnahmen der Aktionen verbreitet.

Den Kampf um die kulturelle Hegemonie nennen sie «Infokrieg». Ein Krieg gegen einen angeblich von 68ern und Linken dominierten Mainstream. Es geht darum, Begriffe zu kontaminieren, Themen zu setzen, den Raum des Sagbaren zu erweitern, so wie es mit der Sarrazin-Debatte gelungen war. Die «Identitären» greifen die Diskussion um die Silvesternacht von Köln auf, stören Theateraufführungen mit Geflüchteten, verkleiden sich als Vollverschleierte, weil sie eine behauptete «Islamisierung» ins Gespräch bringen wollen. Online setzen sie auf Troll-Armeen und versuchen, die Memes der Alt-Right-Bewegung jenseits des Atlantiks zu adaptieren. «Wir lenken den lockeren, offenen Partypatriotismus in eine identitäre Richtung und machen ihn zum politischen Faktor gegen die Multikulti-Ideologie», heißt es in einem internen Strategiepapier.

Besonders die Führungsfigur, Martin Sellner aus Österreich, entwickelt sich damals zu einer Art neurechtem Politpromi, der im Fernsehen auftritt und sich eine Followerschaft auf YouTube, Twitter, Facebook aufbaut. Die Online-Propaganda, professioneller und ästhetischer gestaltet als das, was die klassische Neonazi-Szene so hervorgebracht hat, spricht auch Leute an, die für eine vermeintliche Jugendbewegung schon etwas alt sind. Stephan Ernst verfolgt offenbar genau, was die «Identitären» so treiben. Datenreste auf seinem Computer verweisen auf Videos von Sellner und die Website der Gruppe. Und er ist auch bereit, sie finanziell zu unterstützen. Bis zum Mord an Walter Lübcke überweist Ernst immer wieder Geld an die «Identitären» auf verschiedene Spendenkonten, insgesamt 300 Euro. Das letzte Mal zahlt er Anfang 2019.

Zum Geldsammeln nutzen die «Identitären» das neurechte Biotop, das in jenen Jahren entstanden ist. Ein politisches Milieu mit eigenen Verlagen und Medien, Social-Media-Stars, Verbindungen in die Parlamente, das die Journalisten Christian Fuchs und Paul Middelhoff in ihrem Buch «Das Netzwerk der Neuen Rechten» durchleuchten. Manche in jener Szene träumen von einer «Mosaik-Rechten», also unterschiedlichen Strömungen, die getrennt marschieren, aber vereint schlagen.

Im Umfeld der «Identitären» entsteht eine kleine, aber zentrale Organisation, die großspurig zum «Greenpeace» der Neuen Rechten werden will, und genau dieses Konzept verkörpert: «Ein Prozent für unser Land». Geleitet wird die Truppe von einem radikalen Burschenschafter. Anfangs tauchen als Unterstützer Kubitschek, Jürgen Elsässer vom *Compact*-Magazin, einem der erfolgreicheren Medien der Blase, und Abgeordnete der AfD auf der Website auf. Man sammelt Spenden, unterstützt Aktivisten, die Ärger mit der Justiz haben, will zur Vernetzung beitragen.

Das folgende Beispiel verdeutlicht, wie diese Mosaik-Rechte in jener Zeit im Kleinen schon funktioniert und wie breit das Bündnis dann werden kann – von den «Identitären» zur AfD und bis hin zum vorbestraften Neonazi.

Als die Band «Jennifer Rostock» im Sommer 2016 einen Anti-AfD-Song («Nur die dümmsten Kälber wählen ihre Metzger selber») aufnimmt und damit einen viralen Hit landet, kontern zwei «Identitäre». Eine junge Frau singt, ein Mann begleitet sie am Klavier, das Video stellen sie auf YouTube. Ihr Liedchen führen die beiden auch bei einer AfD-Wahlparty in Mecklenburg-Vorpommern auf, obwohl die Partei sich offiziell von den «Identitären» distanziert. In einer Strophe heißt es über die politischen Gegner: «Von Köln und Nizza und Paris, / da wollen sie nichts hören / Sie lassen sich von Terroristen / auch nicht weiter stören / Am Ende dieses fulminanten Multikulti-Traumes / Da wartet auf uns der Verlust des öffentlichen Raumes.»

Köln, Nizza, Paris. Da tauchen sie wieder auf die «Schlüsselerlebnisse» von Stephan Ernst. Und Ernst gefällt es offenbar: Am 5. September 2016 überweist er 50 Euro an das «Einprozent»-Netzwerk. Verwendungszweck: AfD-Song.

Wenn die Neue Rechte aber eine Art Kulturrevolution propagiert und mehr oder weniger provokante Lieder aufnimmt, statt einen gewaltsamen Umsturz zu planen, was hat das dann mit den Strategien der Gewalt des Rechtsterrorismus zu tun? Eine Frage, die nicht nur Stephan Ernst ganz praktisch beantwortet.

Den Boden bereiten

Auf der Oberfläche verträgt sich die neurechte Metapolitik-Strategie nicht mit Terrorismus. Die zentrale, von Gramsci abgeschaute Idee beruht ja gerade auf der Einsicht, dass der Status quo von einer kulturellen Hegemonie gestützt wird, die man nicht einfach gewaltsam überwinden kann. Gramsci spricht von einem langfristigen «Stellungskrieg» im Gegensatz zum schnellen «Bewegungskrieg», bei dem die bloße Eroberung der Staatsmacht das Ziel ist. Im Stellungskrieg der Neuen Rechten könnte politische Gewalt ein strategischer Nachteil sein, solange es nicht gelungen ist, einer kritischen Masse das eigene Weltbild näherzubringen. Und in diesem Sinne argumentieren auch manche prominente Vertreter der Neuen Rechten – zumindest in der Öffentlichkeit. Man bedient sich dabei gern beim Vokabular des zivilen Ungehorsams, dem zufolge ein bewusster Verstoß gegen Gesetze legitim sein kann, um auf ein größeres Unrecht aufmerksam zu machen, und verkehrt diese Tradition zugleich. Martin Sellner hat die strategischen Überlegungen dahinter einmal ausgeführt, als sich die Szene im Februar 2017 im Gasthaus von Schnellroda in Sachsen-Anhalt versammelt, um bei einer «Winterakademie» des privaten «Instituts für Staatspolitik» um Verleger Götz Kubitschek das Thema Gewalt zu diskutieren. Der Österreicher rät damals zu einer strategischen Gewaltlosigkeit. Als Journalist erhalte ich vor Ort keinen Zutritt. Eine Aufnahme des Auftritts wird später online gestellt, allerdings ohne die Diskussion danach.

Den «Raum des Sagbaren» verändere man eher durch Subversion denn durch Gewalt, argumentiert Sellner in seinem Referat von der Bühne der Kneipe. Wer gewaltfrei agiere, müsse nicht konspirativ handeln, sich nicht in den Konflikt mit der Staatsmacht begeben. Mögliche staatliche Repression könne man hingegen propagandistisch als Überreaktion ausschlachten – und dazu nutzen, die öffentliche Meinung weiter im eigenen Sinne zu verschieben. Das Ziel, das Sellner damals für Deutschland und Österreich ausgibt, nennt er «Orbánisierung»: eine «radikale und drastische Änderung der öffentlichen Meinung, die andere Gesetze und andere Politik ermöglichen wird».

Das klingt vom Ergebnis her bedrohlich, vom Vorgehen aber fast harmlos. Wie passt das zu der gerade für die «Identitären» so zentralen Wort- und Bilderwelt, die vor militärischen Metaphern, Codes und Anspielungen nur so strotzt? Von der propagierten «Reconquista» und einer «Remigration», bei der ein beachtlicher Teil der deutschen Bevölkerung das Land verlassen müsste, was nicht als gewaltloser Prozess denkbar ist? Wie passt das zum Märtyrerkult um spartanische Krieger, zu den Kampfsporttrainings, Kontakten zum ukrainischen Regiment «Asow», der behaupteten Dringlichkeit, als letzte Generation «ohne Migrationshintergrund» gegen den «Großen Austausch» anzukämpfen?

Relativ problemlos: Die öffentliche Absage an Gewalt wird einerseits bloß strategisch begründet und ist andererseits Teil einer doppelten Botschaft, die Gewalt zugleich mystifiziert, teils glorifiziert – und vor allem mal mehr, mal weniger zwischen den Zeilen legitimiert.

Das wird besonders deutlich, wenn man den anderen Männern zuhört, die an jenem Wochenende noch auf der Bühne auftreten. Der US-Amerikaner Jack Donovan propagiert einen mit Nietzsche-Vokabeln ausstaffierten Männerkult. Für «edle Barbaren» stelle sich die Frage, ob Gewalt gegen Fremde gut oder böse sei, gar nicht.

Entscheidend sei nur, ob ihr Einsatz Erfolg verspreche. Marc Jongen, baden-württembergischer AfD-Bundestagsabgeordneter und manchmal als angeblicher «Parteiphilosoph» geadelt, bietet bei der Tagung einen eher bildungsbürgerlichen Sound – und die klassische Notwehr-Erzählung: Jongen spricht von einer «Migranteninvasion» als «Akt der Gewalt» gegen die «psycho-soziale Integrität» des deutschen Volkes, wie er sonst nur zu Kriegszeiten zu beobachten sei. Dagegen gelte es die eigenen Selbstbehauptungskräfte zu stärken.

Bei Björn Höcke, der auch gern in Schnellroda auftritt, klingt das an anderer Stelle so: «Ich sage, wir müssen unsere Männlichkeit wiederentdecken. Denn nur wenn wir unsere Männlichkeit wiederentdecken, werden wir mannhaft. Und nur wenn wir mannhaft werden, werden wir wehrhaft. Und wir müssen wehrhaft werden, liebe Freunde!»

Die Neue Rechte nutzt geschickt die Sprache gewaltfreier Protestkultur, um sich selbst zu verharmlosen. Kubitschek spricht etwa 2015 vom «Widerstand» gegen «die Auflösung unseres Volkes», bei dem es legitim sei, auf friedliche Weise, wie er betont, «gegen die kleine Ordnung zu handeln», um «die große Ordnung zu schützen».

Es geht aber nicht um den zivilen Ungehorsam wie etwa der Schwarzen Bürgerrechtsbewegung in den USA, nicht um die Anerkennung von Rechten für alle. Es geht vielmehr um die Fantasie, selbst für den Staat einzutreten, weil der nicht so repressiv handelt, wie man es sich wünscht. Das hat weit mehr mit Bürgerwehr und Selbstjustiz zu tun als mit zivilem Ungehorsam. Zugleich wird durch die apokalyptische Beschreibung der Gegenwart – «Migranteninvasion!» «Großer Austausch!» «Auflösung unseres Volkes!» – ein enormer Handlungsdruck suggeriert: Wann, wenn nicht jetzt?

Und vor allem dieser Teil der Botschaft kommt bei vielen an. Nicht zuletzt bei Menschen, die sich für Strategiediskussionen um Gewaltlosigkeit und Metapolitik nicht besonders interessieren.

Im neuseeländischen Christchurch ermordet am 15. März 2019

ein Mann insgesamt 51 Menschen in zwei Moscheen und verletzt Dutzende. Er streamt die Tat live im Internet und veröffentlicht dort ein Dokument, das mit «Manifest» zu wohlwollend umschrieben wäre. Die Überschrift: Der Große Austausch. Der Täter ist Teil einer Online-Subkultur, die mit den «Identitären» nicht deckungsgleich ist. Aber auch er spendet vor seinem Anschlag an den österreichischen Ableger der Gruppe und hatte mit Martin Sellner per E-Mail Kontakt. Seine Waffe kritzelt er mit Codes voll, die sowohl aus dem Neue-Rechte-Diskurs als auch aus der Neonazi-Szene stammen. Unter anderem nimmt er Bezug auf den UN-Migrationspakt, der damals ein zentrales Agitationsfeld von Sellner und den «Identitären» ist. Sellner distanziert sich von Tat und Täter später öffentlich.

Bei Stephan Ernst finden die Ermittler nach dem Mord an Walter Lübcke eine Ausgabe der *Bild*, die er aufbewahrt hat. Auf Seite 1 ist das Gesicht des Christchurch-Täters und «Identitären»-Spenders zu sehen. «Massenmord live im Internet», lautet die Schlagzeile.

Während Polizistinnen und Polizisten der Soko Liemecke das Haus von Ernst durchsuchen, durchforsten Mitglieder der «Identitären» in Deutschland ihr Vereinskonto. Man ahnt wohl, was man dort finden könnte. Tatsächlich: Kurz nach der Festnahme von Ernst erreicht die Bundesanwaltschaft ein Anwaltsschreiben im Namen eines Vorsitzenden der deutschen «Identitären». Aufgrund eines vergleichbaren Falles in Österreich – damit dürfte das Geld des Massenmörders von Christchurch gemeint sein – hätten seine Mandanten ihre Kontoauszüge durchgeblättert. Man sei dabei auf eine Überweisung eines Stephan Ernst aus dem Januar 2019 gestoßen. Da die «Identitären» zur Aufklärung beitragen und kein Geld von «Extremisten» verwenden wollten, melde man sich mit dem Hinweis selbst. Es habe zu keinem Zeitpunkt wissentlich Kontakt zu dem damals noch Tatverdächtigen gegeben.

Stochastischer Terrorismus

Was sagt es über die Neue Rechte, wenn ihre Propaganda immer wieder Menschen anspricht, die dann schwerste Gewalttaten verüben? Was bedeutet das für die Distanzierung ihrer prominenten Vertreter von der Strategie der Gewalt des Rechtsterrorismus?

Vor allem in den USA wird seit einigen Jahren versucht, dieses Phänomen mit dem Begriff «stochastischer Terrorismus» zu fassen. Gemeint ist damit: Diejenigen, die Hass-Propaganda und Verschwörungsmythen verbreiten, die Feindbilder in Umlauf bringen, erhöhen bei einer ausreichend großen Zahl an Zuhörern und Followerinnen die Wahrscheinlichkeit, dass irgendwann irgendjemand zur Waffe greifen wird. Wer, wo, wann – das lässt sich nicht voraussagen, aber man muss damit rechnen. Umfasst ist damit auch die Praxis, insbesondere der radikalen Rechten, ganz konkrete Personen oder Bevölkerungsgruppen online zur Zielscheibe zu machen. Die Propagandisten und Hetzerinnen können sich dann distanzieren, wenn es zu Gewalt kommt, weil es kein direktes Anstiften, keinen Aufruf und keinen direkten Kontakt zum Täter gibt, nicht einmal eine Absicht ist einfach zu beweisen.

Der mitunter schwer zu greifende «stochastische Terrorismus» spitzt die Dynamik des «führerlosen Widerstands» in dieser Deutung noch einmal zu: Es ist jetzt nicht einmal mehr eine Zelle nötig, sondern nur ein effektiver Beitrag zum Aufheizen der Stimmung. Irgendjemand wird aus den Worten schon Taten machen.

Die Soko Liemecke findet übrigens später drei weitere Zahlungen an Konten der «Identitären» in Ernsts Unterlagen. Er spendet und reagiert stets auf aktuelle Themen, die von der Gruppe über ihre Kanäle gestreut werden. «Nicht unterkriegen lassen», heißt es einmal als Verwendungszweck. Da war das Auto eines der Social-Media-Aushängeschilder der Gruppe angezündet worden, der als «Malenki» auftritt.

Auch sonst zeigen Ernsts Kontoauszüge, die Ermittler auswerten, wie sehr er in die neurechte Mischszene und ihre Online-Welt eintaucht: Er überweist 50 Euro an Legida, den Leipziger Pegida-Ableger. Seine Nachricht an die Gruppe übermittelt er im Empfängerfeld: «Die Tapferen Gott segne euch», heißt es da im Sommer 2016. Die Kontobewegungen dokumentieren zudem Einkäufe bei Kubitscheks Antaios Verlag und Zahlungen an rechte Rapper: Komplott, bürgerlich Patrick Bass, liefert damals den Soundtrack für die «Identitären» und schickt Ernst eine Autogrammkarte. Den als «Volkslehrer» auftretenden Nikolai Nerling unterstützt Ernst ebenfalls mit einer Geldspende im Sommer 2018 auf dessen polnisches Bankkonto.

Ernsts Konto zeigt zudem, wie er sich ein weiteres Feindbild zu eigen macht, das damals in der rechten Blase, aber eben auch darüber hinaus, in den Fokus rückt: den öffentlich-rechtlichen Rundfunk. Wenn Ernst seinen Beitrag zahlt, schreibt er Botschaften in das Namensfeld des Überweisungsformulars: «BRD Zwangsabgabe» steht da zum Beispiel 2016, «Lügenpresse» gleich mehrfach. Die letzte Botschaft ist vom April 2019, ein paar Wochen vor dem Mord an Lübcke: «AN DIE WAND MIT EUCH».

VI
Aufrüstung zum Attentat

Training im Schützenverein

Die letzten Meter führen durch den Wald: Hinter einem Gatter mit Stacheldraht und zwischen hohen Bäumen steht das Vereinsheim des Schützenclubs 1952 Sandershausen e. V.: weiße Fassade, Giebeldach, im Erdgeschoss eine Vereinskneipe mit einer Theke. Ringsherum erstreckt sich ein weitläufiges Grundstück mit Schießbahnen, Schuppen, Zielscheiben für Bogenschützen. Am 22. Mai 2016, einem Sonntag, treffen sich die Mitglieder wie jedes Jahr zum «Multicup». Sie treten dann gegeneinander in unterschiedlichen Disziplinen an: Luftpistole, Großkaliber, Bogen. Nachmittags gibt es Kuchen und Würstchen vom Grill. Ein ganz normaler Sonntag in dem Schützenverein, einem von mehr als 14 000 in Deutschland.

Der Messerangriff auf Ahmed I. ist da gerade ein paar Monate her. Bis zum Mord an Walter Lübcke sind es an dem warmen Frühlingstag noch etwas mehr als drei Jahre.

Stephan Ernst darf keine Schusswaffen besitzen. Mit seinen Vorstrafen wäre es aussichtslos, eine Waffenbesitzkarte zu beantragen, die Voraussetzung dafür. An diesem Tag feuert er trotzdem aus einer Pistole, Kaliber neun Millimeter, auf dem Schießstand hinter dem Schützenhaus. Das ist wiederum nicht verboten. Man muss dem Gesetz nach nicht einmal Mitglied eines Vereins sein, um unter Aufsicht mit scharfen Waffen schießen zu dürfen. Fein säuberlich ist Ernsts Name an diesem Tag im Schießbuch des Vereins notiert. Gleich unter dem von Markus H. Nicht immer, so sagt Ernst Jahre später vor Gericht, habe man gemeinsame Schießtrainings ordnungsgemäß festgehalten. H. schweigt dazu, auch zum Zweck der Übungen, so wie zu den meisten anderen Vorwürfen.

Die beiden Freunde sind am Tag des Wettbewerbs schon eine Weile in dem Schützenverein aktiv. Ernst gibt an, H. habe ihn mitgenommen, nachdem man sich am Arbeitsplatz wiedergetroffen habe. Draußen vor dem Eingangstor zum Clubgrundstück hängt ein

Schaukasten mit einer Art Organigramm des Vorstands. Links unten steht «Referent Bogen» und: Stephan Ernst. 2015 hat er den Posten übernommen. Noch kurz nach seiner Festnahme im Zusammenhang mit dem Mord an Lübcke im Juni 2019 ist das dort so zu sehen. Auch sein Foto hängt noch darunter. Später wird das Bild, auf dem Ernst eine schwarze Kappe trägt, abgeklebt.

Markus H. ist schon lange von Schusswaffen fasziniert. In dem Neonazi-Forum, in dem er sich in den 2000ern «Stadtreiniger» nennt, nutzt er eine E-Mail-Adresse mit dem Wort «Kalashnikov». Die Chatnachrichten von damals, die ich einsehen konnte, zeichnen das Bild eines auf konspiratives Vorgehen bedachten Manns, der großes Interesse an Waffen, Sprengstoff, Untergrund-Taktik an den Tag legt. Er beschäftige sich seit Jahren mit «kampfsport, militär, waffen», schreibt der «Stadtreiniger» da und bezeichnet sich in einer Nachricht selbst als «Waffenfetischist». Einem Kameraden empfiehlt er die in Deutschland einst indizierte Schweizer «Kleinkriegsanleitung für jedermann», die auch bei Roeders Deutschen Aktionsgruppen gelesen wurde. Kommentar: «aber bitte nur informieren!» Es geht in dem Forum auch um Hakenkreuz-Reichsadler, um die «Protokolle der Weisen von Zion» oder darum, dass nicht die Muslime das Problem seien, sondern «gewisse Politiker». Der «Stadtreiniger» schreibt, dass er sogar überlege, seinen Wohnsitz nach Österreich zu verlegen, möglicherweise um dort an Waffen zu kommen.

Solche komplizierten Umwege muss H. 2016 nicht mehr gehen. Er ist jetzt bei den deutschen Behörden als Sportschütze anerkannt und kann ganz legal Waffen kaufen. Wie ist das möglich?

Auf einer Waffenbesitzkarte von H. sind zu jener Zeit, als bei den Sandershausener Schützen bei Grillwürstchen um die Wette geschossen wird, bereits zwei halbautomatische Pistolen eingetragen. Bis zu seiner Festnahme nach dem Mord an Walter Lübcke kommen noch weitere Waffen hinzu. Er bewahrt sie zu Hause in einem Panzerschrank auf. Offenbar stets ordnungsgemäß, jedenfalls gibt es bei Kontrollen keine Beanstandung. Eigentlich war das zuständige Ordnungsamt der Stadt Kassel durchaus skeptisch, als der Mann 2012 schon zum zweiten Mal eine Erlaubnis zum Schusswaffenbesitz beantragt. Beim ersten Mal, ein paar Jahre zuvor, hatte man ihm die Waffenbesitzkarte verweigert, weil H. 2006 in einer Kasseler Billardkneipe den Hitlergruß gezeigt, «Sieg Heil» gerufen hatte und dafür verurteilt wurde. Das ist aber beim zweiten Antrag im Sommer 2012 schon zu lange her, um noch als Grund zu gelten. Die Behörde hat dennoch Bedenken. Jedenfalls schreibt das Ordnungsamt am 26. Juni 2012 an das Landesamt für Verfassungsschutz. Man bittet um Hinweise, ob dort Erkenntnisse über H. vorliegen, «die waffenrechtlich relevant sind». Beim Inlandsgeheimdienst vermerkt jemand handschriftlich auf dem Brief: «bitte zügige Reaktion».

Die Antwort kommt dann etwas mehr als zwei Monate später bei der Behörde in Kassel an. Der Verfassungsschutz verweist darauf, dass auch dort das Hitlergruß-Urteil aktenkundig ist. Außerdem sei H. bei einer NPD-Demonstration im November 2008 in Fulda und am 1. Mai 2009 in Dortmund aufgetaucht. Es ist der Aufmarsch, bei dem Ernst den Stein auf den Polizisten wirft. Markus H. verwende das Pseudonym «Stadtreiniger» in rechtsextremistischen Foren, berichtet das Landesamt weiter und verweist auf einen Artikel der *Frankfurter Rundschau*, der das öffentlich gemacht hatte. Der Stadt Kassel reicht das erst einmal. Man verweigert H. die Waffenbesitzkarte erneut mit Verweis auf das Waffengesetz, das Menschen die erforderliche Zuverlässigkeit abspricht, die «Bestrebungen [...] verfolgt haben, die gegen die verfassungsmäßige Ordnung gerichtet sind». Aber H. legt Widerspruch ein.

Als der Fall schließlich Anfang März 2015 vor dem Verwaltungsgericht Kassel entschieden wird, kommt es wieder einmal auf Fristen an. Und inzwischen liegen die vom Verfassungsschutz gemeldeten Hinweise auf H.s Aktivitäten in der Neonazi-Szene noch länger zurück. Die Stadt Kassel hakt noch einmal beim Inlandsgeheimdienst nach, ob es nicht aktuellere Informationen gebe. Der Verfassungsschutz teilt im Februar 2015 mit, es lägen keine weiteren Erkenntnisse vor.

Dabei hätte man im Amt durchaus Hinweise auf aktuellere Aktivitäten gehabt. Denn dort war ja zuletzt im März 2011 aufgefallen, dass H. sich nicht nur in rechten Foren als «Stadtreiniger» tummelt, sondern auch auf YouTube. In den Kommentaren zu seinem Kanal toben sich seinerzeit Neonazis in verschiedenen Sprachen aus: «Heil to our Race from Serbia!», wünscht einer und gleich mehrfach taucht der Szene-Code 14/88 auf. 14 steht für die «Fourteen Words», ein Rassisten-Glaubensbekenntnis aus den USA. 88 ist ein Zahlencode, der auf den achten Buchstaben im Alphabet verweist, HH gleich «Heil Hitler». Außerdem meldet ein V-Mann aus der Szene dem Verfassungsschutz noch im Herbst 2010: H. habe Kontakt zu Mike S.

Legaler Waffenbesitz für Markus H.

Aber das erfahren weder die Stadt Kassel noch das Verwaltungsgericht. Dort heißt es schließlich im Urteil: «Das Gericht hat zwar keinen Zweifel daran, dass der Kläger sich jedenfalls von 2006 bis 2009 [...] in einem rechtsextremen Umfeld bewegt hat.» Aber: «Vorgänge, die mehr als fünf Jahre zurückliegen, lösen die Annahme der Regel-Unzuverlässigkeit nicht aus, sodass die Aktivitäten des Klägers in den Jahren 2006, 2008 und 2009 diesen Schluss nicht zulassen.» Ein «Verfolgen rechtsextremistischer Bestrebungen» sei dem Kläger aktuell nicht nachzuweisen. Die Stadt Kassel muss H. erlauben, legal Waffen zu besitzen. Er wird in dem Rechtsstreit von dem bekannten Szene-Anwalt Björn Clemens vertreten, der später auch sein Verteidiger im Prozess um den Mord an Walter Lübcke sein wird.

Als das NDR-Magazin *Panorama* im Juni 2020 über diesen Vorgang berichtet, sagt der heutige Präsident des Landesamtes für Verfassungsschutz, Robert Schäfer, er habe keine Erklärung, warum die Erkenntnisse nicht übermittelt worden seien. Ob das ein Fehler gewesen sei, könne er rückblickend nicht beurteilen. «Richtig ist, dass wir das heute anders machen würden.» Laut Schäfer würden die Waffenbehörden jetzt umfassender informiert: «Wir haben aus heutiger Sicht daraus Schlüsse gezogen.» Zu dem V-Mann-Bericht sagt er, dass nur «offene und gerichtsverwertbare» Informationen übermittelt werden könnten.

Bereits damals, als H. seine Waffenbesitzkarte in Kassel beantragt, ist die legale Bewaffnung bekannter Rechtsextremer Thema für die hessischen Sicherheitsbehörden. In der sogenannten Sicherheitsrunde, in der sich Polizei, Verfassungsschutz und Innenministerium austauschen, wird mehrmals darüber diskutiert. Ende 2012 ist die Selbstenttarnung des NSU gerade ein Jahr her. Im Verfassungsschutz werden weiter die Akten für den Aktenprüfbericht gewälzt. Der damalige Innenminister Boris Rhein erteilt eine Anweisung, auch im Bereich Rechtsextremisten und legaler Waffenbesitz etwas zu unternehmen.

Unter den Fällen, die Verfassungsschutz und LKA dann zusammentragen, ist H. nur einer von mehreren Dutzend. Und im Fall H. hat man wohl lange geglaubt, genug unternommen zu haben. Schließlich hatte die Stadt die Waffenbesitzkarte untersagt.

Monatelang geht damals eine Tabelle mit Namen und Details zu Erkenntnissen und waffenrechtlichen Erlaubnissen zwischen den Sicherheitsbehörden und dem im Innenministerium angesiedelten Landespolizeipräsidium hin und her. Informationen werden ergänzt, Waffenbehörden informiert. Die Stimmung zwischen den Vertretern verschiedener Behörden ist offenbar gereizt, klingt aus mancher Notiz heraus. Es gibt Unstimmigkeiten, wer für was zuständig ist, welche Zahlen dem Parlament gemeldet werden und wie der Minister informiert wird. Es gelingt aber immerhin, einigen der Neonazis auf der Liste ihre Waffenerlaubnis zu entziehen.

Ein Fazit aus den zähen Bemühungen lautet bereits damals: Die Waffenbehörden sollen künftig besser informiert werden. Das Landesamt für Verfassungsschutz macht für den 15. Juni 2016 einen Termin mit den Zuständigen in Kassel aus, zufällig ein paar Wochen nach dem «Multicup» im Schützenverein von Ernst und H. Vor dem Treffen informiert der Geheimdienst schriftlich, dass ein Waffenbesitzer aus dem Einzugsgebiet der Kasseler Behörde als Rechtsextremist bekannt sei: Markus H., der sich mit seiner Klage inzwischen durchgesetzt hat. Das Amt versichert, man prüfe, ob man gerichtsverwertbare Informationen weitergeben könne, und werde diese unaufgefordert mitteilen. Aber es kommt nicht mehr dazu. Nur 15 Tage danach wird im Landesamt für Verfassungsschutz die P-Akte von H. geschlossen. Begründung auf dem entsprechenden Formular: Keine Aktivitäten mehr seit 2011, «Internetrecherche ergab keine Erkenntnisse», Speicherfrist abgelaufen. So ähnlich war es ein Jahr zuvor mit der Akte von Ernst gewesen.

Im Kasseler Ordnungsamt bekommt man davon nichts mit – und wartet. Offenbar hat man den Fall nicht vergessen. Ein halbes Jahr nach dem Treffen schicken die Kasseler ein Schreiben an den Verfassungsschutz nach Wiesbaden: Leider seien bislang die angekündigten Informationen zu H. nicht übersandt worden. Mehr als einen Monat später antwortet das Amt mit einem Satz: «Zu der von Ihnen am 22. Dezember 2016 angefragten Person liegen hiesiger Behörde keine Erkenntnisse vor.» Man hatte die Akte H. dort ja bereits ausgesondert und gesperrt. So wird der langjährige Neonazi wieder zum Unbekannten.

Das Landesamt für Verfassungsschutz in Wiesbaden registriert danach offenbar nicht, wie Markus H. weiter legal aufrüstet und wie sein Freund Stephan Ernst sich illegal Waffen beschafft. Bis zu seiner Festnahme im Fall Lübcke wird H. sechs Lang- und drei Kurzwaffen auf einer seiner Waffenbesitzkarten eintragen lassen.

Aus einem Erddepot, dessen Position Ernst den Ermittlern nennt, werden acht Waffen ausgegraben, dazu Munition und Schalldämpfer, alles fein säuberlich in einzelne Pakete verpackt. Auch eine automatische Maschinenpistole vom Typ Uzi ist dabei. Es ist ein Arsenal, das für einen groß angelegten Anschlag ausreichen würde, wie ihn andere Rechtsterroristen begangen haben. Ernst behauptet einerseits, dergleichen habe er nie geplant, aber zugleich auch, dass er den Ort verraten habe, um die Waffen aus dem Verkehr zu ziehen. Ob es tatsächlich Personen gibt, die das Versteck auf dem Gelände seines Arbeitgebers kannten, bleibt unklar.

Ernst und H. schießen nicht nur im gemeinsamen Schützenverein mit scharfen Waffen. Sie nutzen auch den Stand eines weiteren Vereins, der Schützengesellschaft zu Grebenstein 1553 e. V., als Gäste: Zum ersten Mal nachweislich im Oktober 2016, ein paar Monate nach dem Fest in ihrem Verein. Das Schützenhaus liegt etwas außerhalb der Kleinstadt Grebenstein, rund 20 Kilometer nördlich von Kassel, zwischen Feldern auf einer Anhöhe. Die beiden trainieren dort mit einer Truppe, die sich SSG Germania Cassel nennt. Das Deckblatt der Schießbücher, in das Mitglieder ihre Trainingseinheiten eintragen, ziert ein Schriftzug in dicken schwarzen Lettern und eine Zeichnung der Germania-Statue vom Niederwalddenkmal am Rhein. Die Abkürzung SSG steht wohl für «Schießsportgruppe».

Diese legt allerdings keinen Wert auf große Außenwirkung: Eine Website gibt es nicht, beim Amtsgericht Kassel ist kein Verein dieses Namens eingetragen. Keiner der großen Schießsport-Dachverbände in Deutschland bestätigt auf Nachfrage, dass die Gruppe zu den Mitgliedsvereinen gehört. Nur in Wettkampflisten tauchen mitunter Schützen auf, die für die SSG antreten. Bei einer Recherche für *Zeit Online* kurz nach der Festnahme von Ernst bekommen wir wenig Antworten auf unsere Fragen, wenn wir bei Vereinen und Schützen nachhören. Es heißt, es handele sich um eine Art Reservistengemeinschaft. Beim Verband der Reservisten der Deutschen Bundeswehr ist keine SSG Germania Cassel bekannt. So bleiben Fragen offen. Der Leiter der Gruppe möchte sich auf Anfrage nicht dazu äußern.

In den Schießbüchern der Germania sind etliche Trainingseinheiten von H. dokumentiert. Mindestens fünfmal taucht auch Ernst auf, er benutzt mitunter eine falsche Adresse oder ein falsches Geburtsdatum. Um die reine Freude am Schießsport dürfte es ihm bei den Einheiten wohl nicht gehen. Er interessiert sich für Waffen, um vorbereitet zu sein, wie er bei einer seiner Vernehmungen sagt: vorbereitet auf einen angeblich drohenden Bürgerkrieg. Ernst gibt an, er habe mit H. im Verein immer wieder über Migration und Flüchtlingspolitik gesprochen, auch vor der «Grenzöffnung» 2015. Darüber, dass Deutsche sich schützen müssten.

Deutschland schafft sich Waffen an

Die Aufrüstung beginnt angeblich schon zu einer Zeit, als H. noch mit den Mitteln des Rechtsstaats um eine Waffenbesitzkarte kämpft. Ernst sagt aus, H. habe ihm ein Gewehr verschafft. Ernst interessiert sich damals für eine Schrotflinte, weil er sich die «so mächtig vorstellt». H. habe ihm schließlich ein belgisches Fabrikat besorgt und für rund 800 Euro verkauft. Angeblich stammt die Waffe aus einer Haushaltsauflösung. Gemeinsam habe man im Wald auf Teller geschossen, erzählt Ernst den Ermittlern. Die Stelle in einem Vogelschutzgebiet finden die Beamten später. Die Munition für die Waffe habe H. selbst hergestellt, sagt Ernst weiter. H. bestreitet das vor Gericht. Bei ihm wird ein Gerät gefunden, das dafür eingesetzt werden kann. Die Ermittler stoßen auch darauf, dass er Werkzeug, wie es Büchsenmacher nutzen oder eben Personen, die sich an sogenannten Deko-Waffen zu schaffen machen, legal auf einer Online-Plattform verkaufte.

Bei H. finden die Ermittler keine illegalen Waffen. Sie stoßen nur auf eine Maschinenpistole, die als Deko-Waffe verkauft wurde und deren Griffstück nicht ausreichend deaktiviert war. Es ist die einzige Straftat, für die H. vom Oberlandesgericht Frankfurt im Prozess um den Mord an Walter Lübcke verurteilt wird, ein Verstoß gegen das Waffengesetz. Er hat Revision eingelegt.

Ernst ist keineswegs der Einzige, der aufrüstet in jener Zeit. In der Bevölkerung insgesamt lässt sich damals ein gesteigertes Interesse an Waffen feststellen. Die Zahl der Anträge für den leicht zu bekommenden sogenannten kleinen Waffenschein, der es ermöglicht, Schreckschuss- und Reizgaswaffen mit sich zu führen, schnellt in die Höhe. Im Herbst 2016 zählen die Behörden rund 449 000 solcher Erlaubnisse – ein Anstieg von mehr als 60 Prozent im Vergleich zum Vorjahr. In den Medien wird die Nachfrage unter anderem der

Diskussion um die sexualisierte Gewalt zu Silvester in Köln in Verbindung gebracht.

Mit einem gefährlichen Gebräu aus Rassismus und Angst machen Leute aus der extremen Rechten derweil ein gutes Geschäft: Auf einer Website mit dem Namen «Migrantenschreck» werden im Jahr 2016 hierzulande verbotene Schreckschusswaffen aus Ungarn nach Deutschland verkauft, bequem per Päckchen nach Hause geliefert. Sie verschießen Hartgummigeschosse und können lebensgefährliche Verletzungen verursachen. «Wenn Sie sich nicht gefallen lassen wollen, dass Ihre Stadt zum gesetzlosen Tummelplatz von Asylforderern wird, wenn Sie Ihre Frauen schützen und Ihre Fußgängerzonen zugänglich halten wollen – dann handeln Sie jetzt!»

So bewirbt der inzwischen abgeschaltete Online-Shop ganz offen sein Sortiment. Dazu serviert er die Gerüchte zu vermeintlichen Gewalttaten von Migranten gleich mit, genau wie Werbevideos, in denen auf Fotos des damaligen Bundespräsidenten Joachim Gauck geschossen wird. Ein Bericht von *Zeit Online* deckt im Dezember 2016 auf, dass in nur sieben Monaten rund 200 Bestellungen verschickt werden. Die Daten offenbaren: Die Kunden kommen auch aus der sprichwörtlichen Mitte der Gesellschaft: Ärzte, Richter, Erzieher, Zierfisch-Züchter. Hinter dem Versandhandel steckt ein Mann, dem auch eine einflussreiche Facebook-Seite zugerechnet wurde, die mit Falschmeldungen Hass schürt und für die «Migrantenschreck»-Waffen wirbt.

In Ernsts direktem Umfeld gibt es Leute, die noch einen Schritt weitergehen als die «Migrantenschreck»-Kunden.

Und Ernst ermöglicht das. Am Arbeitsplatz verkauft er einem Kollegen einen .38er-Revolver von Smith & Wesson, einem anderen mehrere Waffen. Beide sind den Behörden zuvor nicht als Rechtsextreme aufgefallen oder anderweitig polizeibekannt. Der eine sagt später aus, er habe die Waffe gekauft, um sie für einen möglichen Suizid zu nutzen. Er hat deutlich mehr Munition vorrätig, als dafür notwendig wäre. Der andere ist ein Einzelgänger, in dessen Wohnung allerhand NS-Memorabilia gefunden werden: Orden, Hitler-Fotos, ein Dolch mit Hakenkreuz. Er interessiere sich für den Zweiten Weltkrieg und Militaria, sagt der Mann, aus Sammelleidenschaft und als Wertanlage.

Ernst sagt hingegen bei einer Vernehmung aus, die Kollegen teilten seine politischen Ansichten, das sei ihm aufgefallen. Man habe sich eben so unterhalten: «Merkel will dieses Land zerstören, Merkel hat das Recht gebrochen. [...] Wir werden überflutet mit Ausländern.» Der Mann mit dem Sammlerfaible sagt, Ernst habe empfohlen, die AfD zu wählen. Er habe der Partei auch tatsächlich seine Stimme gegeben. Ernst gibt an, er habe mit den Waffenverkäufen Geld verdienen, aber eben auch Gleichgesinnte bewaffnen wollen, «dass man dann vorbereitet ist».

Gleichgesinnte trifft Ernst nun nicht mehr beim NPD-Stammtisch, sondern zwischen den großen Maschinen in der Werkhalle am Arbeitsplatz und bei der AfD, vielleicht im Schützenverein, wo auch mindestens ein Mitglied dieser Partei aktiv ist. Im Verein trainiert Ernst Jugendliche am Bogen. H. und er fallen nicht weiter auf, heißt es. Der Vorsitzende sagt Jahre später in Interviews, politische Themen seien mitunter schon aufgekommen, an der Flüchtlingspolitik hätten ja viele etwas auszusetzen gehabt. Über Ernst sagt er mir und einem Kollegen bei einem Interview für eine ARD-Dokumentation: «Wahrgenommen hat man ihn als Familienmenschen, zwei Kinder, ein ganz normaler Durchschnittsdeutscher im Prinzip.»

Woher die Waffen stammen, die Ernst inzwischen sogar so leicht besorgen kann, dass er sie weiterverkaufen kann, ist bisher nicht abschließend geklärt. Er selbst sagt, er habe sie von einem älteren Trödelhändler, der in einem nordrhein-westfälischen Dorf wohnt, nicht weit von Kassel. Den Kontakt zu diesem habe Markus H. hergestellt, der den Mann von Flohmärkten gekannt habe.

Tatwaffe vom Trödler?

Irgendwann 2016, das behauptet jedenfalls Ernst, soll jener Mann ihm auch einen Revolver angeboten haben. Ein brasilianisches Fabrikat der Waffenschmiede Rossi: Kurzer Lauf, Kaliber .38 Special. Es ist die Waffe, mit der er drei Jahre später Walter Lübcke ermorden wird. Sie kostete ihn 1100 Euro, sagt er aus. Er habe sie gekauft, weil sie klein, handlich und leicht zu verstecken sei.

Der mutmaßliche Verkäufer bestreitet später bei einem Verhör, Ernst den Revolver oder andere scharfe Waffen verkauft zu haben. Sein Fall wird nicht in Frankfurt vor dem Oberlandesgericht verhandelt, sondern von den Karlsruher Bundesanwälten an eine Staatsanwaltschaft in Nordrhein-Westfalen abgegeben. Eine Anklage steht noch aus.

Der Mann hat ein Faible für NS-Devotionalien und ein nicht ganz unauffälliges Umfeld. Als die Behörden einen Mann aufsuchen, mit dem er wohl Kontakt hatte, finden sie viele Waffen. Der Mann bringt sich danach um. Er war offenbar wiederum Kunde bei Markus H. und bestellte bei ihm einen Kugelschreiber mit einem «interessanten Mechanismus», wie es in Artikelüberschrift der Plattform eGun hieß. Die Ermittler mutmaßen, es könne sich um ein Gerät handeln, das man zu einer getarnten Waffe umbauen könne. In einer Antwort an einen Kunden schreibt H., dass so etwas «strengstens illegal» sei.

Eine Verbindung finden die Ermittler von H. auch zu einem anderen Händler auf der Plattform, bei dem wiederum ein Oberleutnant der Bundeswehr Kunde gewesen sein soll. Der Soldat muss sich 2021 ebenfalls vor dem 5. Strafsenat des Oberlandesgerichts Frankfurt verantworten: Franco A. Er hatte sich als syrischer Flüchtling ausgegeben und war in Wien festgenommen worden, als er eine Pistole aus einem Versteck holen wollte. Vorgeworfen wird ihm unter anderem die Vorbereitung einer schweren staatsgefährdenden Gewalttat.

Die Spur der Tatwaffe selbst führt aus der brasilianischen Fabrik zu einem inzwischen 90-Jährigen in der Schweiz, der sie Ende der 1980er Jahre gekauft hat. In seinem Haus wird noch die Verpackung des Revolvers samt Anleitung in einer Nachttischschublade gefunden. Der Mann, der an beginnender Altersdemenz leiden soll, erklärt, er habe angenommen, dass auch die Waffe selbst noch darin liege. Wie sie aus dem Schweizer Nachtkästchen möglicherweise zu dem Flohmarkthändler und dann zu Ernst gelangt ist, liegt im Dunkeln.

Vorbereitet sein – Prepper

Die Faszination für Waffen gehört zum Kern des extrem rechten Weltbilds. Die Untergangsszenarien vom «Großen Austausch», einer drohenden «Islamisierung», die Schreckensmeldungen einschlägiger Portale über angebliche Gewalt und Straftaten von Migranten – sie verfangen aber weit darüber hinaus. Hinzu kommen apokalyptische Warnungen vor einem drohenden Bürgerkrieg oder einem Zusammenbruch der staatlichen Ordnung.

Solche Erzählungen sind anschlussfähig an Vorstellungswelten sogenannter Prepper, Menschen, die sich auf Katastrophenfälle vorbereiten. Teile der Szene wollen nur vorsorgen, falls ein großer Stromausfall die Versorgung lahmlegt, oder haben Spaß an Überlebenstrainings im Wald. Andere verbinden ihre Ideen aber dezidiert mit politischen Vorstellungen. Ernst sagt aus, dass er mit H. Survivalmärsche unternommen habe, auch der Begriff «Prepper» fällt. Die Idee vom Einzelkämpfer, vom starken Mann mit der «mächtigen» Schrotflinte, der auf alles vorbereitet ist, zieht den langjährigen Neonazi offenbar an.

Nicht nur ihn: Derartige Vorstellungen fassen selbst in Sicherheitsbehörden Fuß. Im Januar 2016, in jenem Jahr, in dem Stephan Ernst nach eigenen Angaben die spätere Tatwaffe beschafft, blinken in der russischen Messenger-App Telegram die Namen zweier neuer Chatgruppen auf: Nord Kreuz und Nord Com. Der Administrator ist ehemaliger Soldat, Präzisionsschütze und damals im Spezialeinsatzkommando der Polizei in Mecklenburg-Vorpommern. «Desto besser die Kommunikation, umso einfacher die Organisation und das Sammeln untereinander am Tag X», heißt es in einer Nachricht mit Anweisungen, die der Absender in Anlehnung an militärische Sprache als SOP abkürzt: Standard Operating Procedure, Standardvorgehensweise. «Doch bis dahin gilt es für jeden von UNS, so wenig wie möglich aufzufallen.»

Die Nordkreuzler tauschen sich über die «Vorbereitung auf einen Krisenfall» aus, wie es in einem Urteil gegen den Gründer heißt. Es geht oft um Migration, Flüchtlinge, Politik – allerdings auf ganz bestimmte Weise. Man schickt sich Bilder mit Hakenkreuzen, Bundesminister werden in diesem Umfeld mitunter als «Volksverräter» bezeichnet. Munition wird beiseitegeschafft. Bewaffnet sind viele ohnehin legal, teils dienstlich. Man bestimmt sogenannte Safehouses, die der Gruppe als Anlaufstelle dienen sollen, wenn der «Tag X» kommt.

Und Nordkreuz ist nicht die einzige Gruppe dieser Art, die damals entsteht. Es gibt ein Netzwerk von Gleichgesinnten, das bis heute nicht vollständig aufgehellt ist. Ein früherer Bundeswehr-Soldat aus dem Kommando Spezialkräfte (KSK), eine Einheit, die meist mit dem Zusatz «Elite» versehen wird, zählt zu den Strippenziehern, wie Recherchen der *taz* zeigen. Ehemalige Polizisten, Soldaten, Verfassungsschutzmitarbeiter tauchen im Zirkel um den KSK-Mann auf, der sich «Hannibal» nennt. Bei der Bundeswehr gerät die Situation derart außer Kontrolle, dass das Verteidigungsministerium eine komplette KSK-Kompanie auflöst. Der Kommandeur sagt der *New York Times*, er könne eine Unterwanderung von rechts nicht ausschließen. Und äußert den bemerkenswerten Satz: «Ich weiß nicht, ob es eine Schattenarmee in Deutschland gibt.» Er sei besorgt, dass «am Ende so etwas existiert und dass vielleicht unsere Leute ein Teil davon sind».

Die Vorstellung eines Zusammenbruchs der staatlichen Ordnung changiert bei den «Gleichgesinnten» zwischen Schreckensszenario und ersehnter Fantasie. Die Bundesanwaltschaft geht davon aus, dass mindestens zwei Mitglieder der Nordkreuz-Chatgruppe den «Krisenfall als Chance gesehen haben». Als Chance, politische Gegner «festzusetzen und mit ihren Waffen zu töten».

Das erinnert ein wenig an den «Technischen Dienst» aus den 1950er Jahren, über den Hessens Ministerpräsident Zinn damals berichtet hatte, die Truppe bereite sich für einen «Fall X» vor. Und im Nordkreuz-Umfeld tauchen ebenfalls sogenannte Feindeslisten auf, darunter die bereits erwähnten Adressdaten von vermeintlichen «Antifa-Mitgliedern», die Neonazi-Hacker bei einem Punk-Versandhandel erbeutet hatten. Aber auch wesentlich detailliertere Informationen werden beschafft, etwa eine Skizze der Wohnung eines Kommunalpolitikers. Die hatte der polizeiliche Staatsschutz angefertigt, als jener sich dort meldete, weil er bedroht worden war und Hilfe suchte.

Besonderes Aufsehen erregt die Enthüllung, dass die Gruppierung eine Bestellliste hatte, auf der ein Posten auf «Leichensäcke» lautete. Die seien lediglich als Überzieher für Schlafsäcke gedacht und die Tag-X-Diskussionen bloß harmlose Planspiele, heißt es zur Verteidigung von Nordkreuz-Leuten. Die Ermittlungen sind noch nicht abgeschlossen.

Bei dem Nordkreuz-Admin, dem Polizisten, wird derart viel Munition und Sprengstoff sichergestellt, dass die Auflistung mehrere Seiten der schriftlichen Begründung des Urteils gegen den Mann füllt. Hinzu kommt eine Uzi-Maschinenpistole aus Bundeswehrbeständen. Die Kriegswaffen will er auf dem Parkplatz einer Waffenmesse gekauft haben – ausgerechnet in Kassel.

Die Untergangsszenarien der neuen und alten Rechten machen

nicht jede Leserin von *PI-News* zur Terroristin, nicht jeden «Widerstand» skandierenden Rentner bei Pegida zum völkischen Schläfer. Aber sie tragen dazu bei, eine Stimmung zu erzeugen, in der der Einsatz von Gewalt mit dem erprobten Motiv der Täter-Opfer-Umkehr legitimiert wird. Während man sich über «kriminelle Ausländer» aufregt, kauft der eine oder andere in der Pause zwischen zwei Schichten illegal einen Revolver vom Arbeitskollegen, der dort für die AfD Werbung macht. Während man von einem vermeintlich drohenden Ausnahmezustand redet, bestellen manche in Ungarn gefährliche Schreckschusswaffen mit Gummigeschossen, und andere entwenden Munition bei der Spezialeinheit, für die sie Dienst tun.

Nicht alle agieren dabei besonders planvoll oder professionell. Das macht es nicht weniger gefährlich. Von den angesammelten Waffen – angeblich ja bloß für den Fall der Selbstverteidigung beschafft – kann eine Art Handlungsdruck ausgehen. Wie lange noch zusehen, wenn man doch vorbereitet ist? Rechtsterrorist Roeder hatte schon vor Jahrzehnten seinen Anhängern zugeraunt: «Die Zeit ist reif, wenn du reif bist.» Will heißen: Wann der Tag X gekommen ist, kann jeder für sich entscheiden.

Und manche glauben offenbar, dass es im Jahr 2016 so weit ist: Am 22. Juli jenes Jahres erschießt ein 18-Jähriger am Münchner Olympia-Einkaufszentrum neun Menschen. Er begeht die Morde am fünften Jahrestag des rechtsterroristischen Anschlags von Anders Breivik in Norwegen. Kurz darauf zündet ein Pegida-Anhänger, der bei einem der abendlichen «Spaziergänge» auch als Redner aufgetreten war, Sprengsätze an einer Dresdner Moschee und vor dem dortigen Kongresszentrum. Glücklicherweise wird niemand verletzt. Im Oktober tötet ein Mann, der zur wachsenden und lange unterschätzten Szene der «Reichsbürger» zählt, einen Polizisten, weil ihm seine Waffen abgenommen werden sollen.

«Ich habe die Waffen da und tue nichts.» So beschreibt Ernst selbst in seiner ersten Aussage seine Gedanken nach dem islamistischen

Anschlag von Nizza im Juli 2016. Bis zum Mord an Walter Lübcke sind es da noch drei Jahre hin.

«Höcke, Höcke!»

1. Mai 2017, Tag der Arbeit. Die AfD demonstriert vor dem Thüringer Landtag, Motto: «Sozial ohne rot zu werden». Auf der Bühne steht ein Security mit gegeltem Haarstreifen und winzigem Zöpfchen auf dem ansonsten kahlgeschorenen Kopf. Vor ihm am Rednerpult: Björn Höcke im hellgrauen Anzug. Der Thüringische Landesvorsitzende ist zugleich Führungsfigur des völkischen Lagers der Partei, das sich damals im «Flügel» organisiert. Dort versteht man die AfD als «Widerstandsbewegung gegen die weitere Aushöhlung der Souveränität und der Identität Deutschlands», als «Bewegung unseres Volkes gegen die Gesellschaftsexperimente der letzten Jahrzehnte», wie es in der «Erfurter Resolution» vom März 2015 heißt.

2016 verzeichnet die AfD im Windschatten der Debatte «nach Köln» neue Umfragerekorde. Im März erzielt die Partei in Baden-Württemberg und Rheinland-Pfalz zweistellige Ergebnisse bei den Landtagswahlen, in Sachsen-Anhalt kommt sie sogar auf mehr als 24 Prozent. Es ist der bisher größte Erfolg der Partei, die erst 2013 im hessischen Oberursel im Taunus ihre erste öffentliche Versammlung abgehalten hatte und sich damals als liberal-konservative Partei älterer Herren und Professoren rechts der Union gab. Die AfD übt aber von Anfang an Anziehung auf Rechte aus, die auf der Suche nach einer politischen Heimat sind, von Rechtspopulistinnen bis zu völkischen Rechtsradikalen. Die neurechten Strategen erkennen in ihr einen parlamentarischen Arm der Bewegung, von der sie träumen.

Vor seiner Zeit als Berufspolitiker ist Björn Höcke Lehrer in einem hessischen Gymnasium, ausgerechnet auch für das Fach Geschichte. Am Rednerpult auf der Bühne begrüßt er im Mai 2017 die «lieben

Patrioten von nah und fern». Er wisse, dass auch «Patrioten aus Hessen» nach Erfurt gekommen seien, «neben Dresden die Hauptstadt der Mutbürger», wie er den rund 1200 Menschen zuruft. Stephan Ernst und Markus H. sind aus Hessen angereist. Sie hören an diesem Tag, wie Höcke von den «Altparteien» spricht, von der «global vernetzten Elite», vom «Knacken im Gebälk» der Sozialsysteme durch die Aufnahme «immer neuer Migranten», wie er vor einer «Multikriminalisierung durch Multikulturalisierung» warnt. Aus dem Publikum schallt es: «Höcke! Höcke!» Auf dem Handy von H. finden die Ermittler später ein Video von jenem Tag.

Es ist nicht die einzige AfD-Veranstaltung, die die beiden Kasseler Kameraden besuchen. Und Höcke hat es ihnen offenbar besonders angetan.

Zu jener Zeit ist der AfD-Mann noch stärker in den Fokus der Öffentlichkeit gerückt. Im Januar 2017 hatte er bei einem Auftritt in Dresden in einer als geschichtsrevisionistisch kritisierten Rede eine «erinnerungspolitische Wende um 180 Grad» gefordert, das Denkmal für die ermordeten Jüdinnen und Juden Europas in Berlin als «Denkmal der Schande» bezeichnet. «Die AfD ist die letzte evolutionäre, sie ist die letzte friedliche Chance für unser Vaterland», hatte Höcke von der Bierkeller-Bühne gerufen.

Er gerät danach im innerparteilichen Machtkampf unter Druck. Zu dieser Zeit versucht die damalige AfD-Chefin Frauke Petry, ihn aus der Partei zu drängen. Am Ende wird es sie sein, die geht. Als Reaktion auf Höckes sogenannte Dresdner Rede baut die Aktionskunstgruppe «Zentrum für politische Schönheit» Repliken der Stelen des Berliner Mahnmals auf ein Nachbargrundstück von Höcke im thüringischen Eichsfeld und behauptet, ihn als «zivilgesellschaftlicher Verfassungsschutz» unter Beobachtung zu stellen. Höcke tritt kurz darauf bei einer Konferenz des *Compact*-Magazins auf und nennt die Künstlergruppe eine «terroristische Vereinigung». Nur wenige Tage darauf überweist Stephan Ernst der AfD 100 Euro.

Verwendungszweck: «Solidarität mit Björn Höcke». Schon im Jahr zuvor hatte er 150 Euro an die Partei gespendet und ein «Gott segne euch» mitgeschickt.

Ernst und H., die einst gemeinsam hinter Bannern einer Neonazi-Kameradschaft hergelaufen waren, sind bei der AfD angekommen, ohne in die Partei einzutreten. Sie demonstrieren in Erfurt, in Eisenach – und sie sitzen in Kassel mit an den Stammtischen. Mehrfach machen sie sich gemeinsam auf den Weg, wenn Höcke auftritt. Sie hören dann, dass er sich sorge, «zur Minderheit im eigenen Land zu werden», dass er die Nase voll habe von der «Politikerkaste». Sie hören, wie das Publikum um sie herum das Wort «Volksverräter» skandiert. In seine Reden streut Höcke Begriffe ein, die vielleicht nicht jede Zuhörerin, nicht jeder Demonstrant gleich entschlüsselt. Für Ernst und H. dürfte das keine Schwierigkeit darstellen. In der Szene ist man es gewohnt, in Codes zu sprechen, und weiß, welche Assoziationen die Rede von einer «globalen Elite», von den «Globalisten» weckt und wie das, ohne das Wort «Juden» auszusprechen, andockt an den antisemitischen Wahn von der jüdischen Weltverschwörung.

Mit Höcke, dem Aushängeschild vom rechten Rand der AfD, verbindet Ernst und H. mehr als ihr Bezug zu Hessen und als es zunächst scheint. Beide waren auf den einschlägigen Neonazi-Demonstrationen in Dresden anlässlich des Jahrestags der Bombardierung der Stadt. Und Höcke und Ernst haben sogar einen gemeinsamen Kontakt: Ernst besucht 2011 eine Sonnenwendfeier von Thorsten Heise, der wie Höcke aus dem Westen nach Thüringen gezogen ist. Der militante Neonazi und stellvertretende NPD-Chef wohnt nicht weit von dem AfD-Abgeordneten. Heise half Höcke 2008 sogar beim Umzug, berichtet die *Zeit* unter Berufung auf zwei anonymisierte Zeugen, die zudem von weiteren Treffen der beiden in vertrauter Runde erzählen.

Unter Berufung auf Recherchen des Soziologen Andreas Kemper geht das Bundesamt für Verfassungsschutz «mit an Sicherheit grenzender Wahrscheinlichkeit» davon aus, dass Höcke unter dem Pseudonym Landolf Ladig in einer von Heise herausgegebenen Zeitschrift publiziert hat. Beide bestreiten das. Eine Rolle spielt bei der Beweisführung unter anderem ein revisionistischer Leserbrief, den Höcke in seiner Zeit als Lehrer geschrieben hat. Er erschien in der *Hessisch-Niedersächsischen Allgemeinen*. Es ist jene Zeitung, in deren Online-Kommentarbereich sich auch Markus H. unter Pseudonym tummelte. Als ein anderer User dort zu einem Höcke-Auftritt schreibt, nun zeige die AfD ihr wahres, hässliches Gesicht, antwortet H. alias Professor Moriatti: «Was für den einen ein hässliches Gesicht ist ist für den anderen das hübscheste Antlitz überhaupt.»

Unauffällig in der AfD

Bei der AfD in Kassel fallen Ernst und H. offenbar nicht negativ auf. Im Gegenteil: Ernst hilft einem älteren Herrn, den er bei einem AfD-Vortrag kennenlernt, beim Zwetschgenernten in dessen Schrebergarten. Über Politik habe man nicht gesprochen, sagt der später der Polizei. Eine Frau, mit der Ernst beim Landtagswahlkampf 2018 Plakate für die Partei aufhängt, hat ihn als «ausgesprochen sympathisch» in Erinnerung, sie habe ihn sogar ein bisschen bewundert, weil er so in sich ruhte, wie sie zu beobachten glaubte. Die Gespräche bei den Stammtischen seien ganz harmlos und belanglos gewesen. Bei Ernst wird die Polizei später auch Formblätter finden, mit denen die AfD Unterschriften sammelte, um bei der Landtagswahl 2018 antreten zu können. Einer der Kandidaten, dessen Name auf den Dokumenten steht, schafft den Einzug.

Ernst und H. sind nicht die Einzigen, die aus der Kasseler Neonazi-Szene stammen und jetzt bei der AfD auftauchen. Auf einer internen Liste von Interessenten stehen unter anderem Mike S. und ein anderer der Männer, der wie Ernst bei der Heise-Feier war. Und bei der Kommunalwahl 2021 tritt der ehemalige Kasseler Kameradschaftschef Christian Wenzel auf Listenplatz 15 der AfD Kassel-Land an. Er ist ein alter Weggefährte von Ernst, dem er in einem Brief in die Untersuchungshaft noch 2019 seine Unterstützung versichert. Nachdem eine Kasseler Antifa-Gruppe namens «Task» das öffentlich gemacht hat, wird bekannt, dass er kurz zuvor noch als Reservist eines Panzergrenadierbataillons im Einsatz war, bevor er entlassen wurde.

Damals, während Ernst Veranstaltungen der AfD besucht und mit H. schießen geht, unternimmt er immer wieder Erkundungsfahrten nach Wolfhagen-Istha, manchmal tagsüber, manchmal nachts, in der Regel am Wochenende. Wann genau und wie oft Ernst sich auf den Weg in den Wohnort von Walter Lübcke macht und wie diese Besuche ablaufen, ist wegen seiner wechselhaften Aussagen nicht leicht zu rekonstruieren. Mancher Besuch lässt sich allerdings anhand anderer Indizien nachvollziehen: So gibt es etwa aus dem Jahr 2017 eine Videoaufnahme, die später bei Ernst gefunden wird. Sie stammt aus einer sogenannten Dashcam, einer Videokamera, die man von innen hinter der Frontscheibe eines Autos befestigt. Ernst fährt im Frühjahr 2017 in den kleinen Ort, parkt in der Nähe der Straße der Lübckes und lässt das Gerät laufen. Auf den Aufnahmen entdecken Ermittler später das Auto von Walter Lübcke, am Steuer sitzt wahrscheinlich seine Frau.

Im Mai 2017 wird in Istha die Weizenkirmes gefeiert, so wie später in der Nacht des Attentats. Anfangs sagt Ernst, dass er wohl auch in jenem Jahr während des Festes in dem Dorf von Lübcke unterwegs ist. Schon damals will er daran gedacht haben, Lübcke während der Kirmes zu töten. «Ich dachte: Guck sie dir alle an, guck sie dir an, die feiern da, für die scheint die Welt in Ordnung. Und ich dachte so:

Um uns herum sterben doch die Leute, ich möchte, dass der Terror zu ihnen kommt», sagt er den Beamten.

Zwischendurch habe sich sein Hass auf Lübcke auch wieder beruhigt, behauptet Ernst in jener Vernehmung. Aber er habe ihn immer wieder aufgeladen, «wie eine Batterie»: Mit Aufnahmen von Terroranschlägen, Hinrichtungen, aber auch mit «Videos im Netz, wo Deutsche geschlagen, erniedrigt werden».

Bis zum Mord an Walter Lübcke sind es damals noch zwei Jahre.

Eskalation in Chemnitz

Ein Video, das am 27. August 2018 online geht und es auf Platz eins der deutschen YouTube-Trends schafft, dürfte auch die Aufmerksamkeit von Stephan Ernst erregt haben. Schließlich geht es um «Rassismus gegen Deutsche, die Gewalt gegen Deutsche, die Morde gegen Deutsche, das tägliche Schlachten und Aufschlitzen, das tägliche Vergewaltigen». Es ist genau sein Thema. Titel: «Migranten-Mord Chemnitz».

Hochgeladen hat es ein Rapper aus der extremen Rechten, der sich in Anlehnung an den griechischen Kriegsgott «Chris Ares» nennt. In dem kurzen Clip rappt er aber nicht. Christoph Aljoscha Zloch, wie der Mann mit bürgerlichem Namen heißt, sitzt hinter dem Steuer eines Autos und filmt sich mit dem Smartphone selbst. Seine Stimme klingt aufgebracht, er schaut genau in die Kameralinse, gestikuliert mit seinem von Tätowierungen bedeckten Arm. Er wolle versuchen, «objektiv darüber zu berichten», sagt der Mann. Und tut das Gegenteil: Zloch spricht über eine Tat vom Wochenende in Chemnitz. Ein 35-Jähriger ist an den Folgen eines Messerangriffs am Rande des Stadtfestes gestorben, nicht weit vom Wahrzeichen der Stadt, dem großen Karl-Marx-Denkmal. Zloch behauptet, «drei deutsche Männer» seien «abgestochen» worden, nachdem sie Frauen vor sexuellen Übergriffen geschützt hätten. Vielleicht gebe es zwei Tote.

Nur: Das stimmt nicht. Was zutrifft und worauf es Zloch offensichtlich besonders ankommt: Ermittelt wird gegen einen Syrer und einen Iraker. «Wie jede Woche» seien wieder «Deutsche Opfer von Migranten geworden», behauptet der Rapper. Weil das Video derart erfolgreich ist, wird es auch in Medien aufgegriffen und teilweise Faktenchecks unterzogen. Zloch wird kritisiert und doch zugleich bekannter. Ernst überweist dem Mann einige Tage später 50 Euro. Zur «Unterstützung», wie es im Verwendungszweck heißt. Das Ereignis, über das Zloch spricht, und was danach ins Rollen kommt, bekommt für den Mörder von Walter Lübcke eine große Bedeutung.

Als das Video auf YouTube trendet und schnell von beinahe einer halben Million Menschen angeklickt wird, ist die Diskussion um die Tat von Chemnitz bereits hochgekocht. Es geht wie in den Tagen nach der Kölner Silvesternacht nicht mehr darum, was eigentlich passiert ist, sondern darum, was die Ereignisse angeblich bedeuten. Und für einige steht im Vordergrund, wie man sie politisch benutzen kann.

In Chemnitz hatten sich am Wochenende Tausende Menschen durch die zur Partymeile umfunktionierte Innenstadt geschoben. Auf Bühnen treten Musiker auf, ein Riesenrad leuchtet im Dunkeln, die Stadt feiert das 875. Jubiläum. Irgendwo bei dem Döner-Imbiss Alanya kommt es in den frühen Morgenstunden am Sonntag, 26. August, zu einer Auseinandersetzung. Es geht wohl um Zigaretten oder eine EC-Karte. Jemand zückt ein Messer, sticht fünfmal auf den 35-jährigen Daniel H. ein. Er stirbt an den Folgen der schweren Verletzungen. Zwei Männer werden kurz darauf festgenommen: Alaa S. und ein irakischer Asylsuchender, der später wieder freigelassen wird. S. wird wegen Totschlags verurteilt. Ein weiterer Tatverdächtiger ist bis heute auf der Flucht.

Schon kurz nach der Tat kursieren Gerüchte. Falschmeldungen wie jene, die auch Zloch verbreitet. Im Vordergrund steht dabei: Die Täter sind Flüchtlinge, der Getötete habe Frauen beschützen wollen. Eine Konstellation, die perfekt ins einschlägige Weltbild einrastet. Am Sonntagnachmittag versammeln sich Wütende, Hooligans, Rechtsradikale am Marx-Kopf, der in Chemnitz «Nischel» genannt wird. «Für jeden toten Deutschen einen toten Ausländer» wird da gerufen. Der Getötete wird zum Märtyrer, der gerächt werden soll, egal was seine Angehörigen darüber denken, egal was er davon gehalten hätte.

Die Polizei wirkt überfordert. Es kommt zu Auseinandersetzungen mit den Beamten, Passanten werden angegriffen. Auf einem später vieldiskutierten Handyvideo, das bei Twitter auftaucht, ist zu sehen, wie zwei afghanische Asylsuchende verfolgt werden. Eine Frauenstimme ruft im Off ihrem Begleiter zu: «Hase, du bleibst hier!» In den Medien sind neben der tödlichen Tat auch die Ausschreitungen schnell Thema. Von «Hetzjagden» ist die Rede. Ein umkämpfter Begriff, wie sich zeigen wird. Journalistinnen und Beobachter vor Ort machen sich früh Sorgen, die Situation könne sich weiter zuspitzen.

Am Montagabend marschieren dann rund 5000 durch die Straßen. «Deutschland den Deutschen! Ausländer raus!», schallt es aus der Menge. «Merkel muss weg!» Ein paar Leute brüllen, sie seien die «Adolf-Hitler-Hooligans», die Menge klatscht. In der Nacht wird das jüdische Restaurant «Schalom» mit Steinen angegriffen.

In der rechten Blase nimmt die Online-Mobilisierung weiter Fahrt auf – in Messenger-Gruppen, auf YouTube und Facebook. An jenen Sommertagen kulminiert eine Entwicklung der vergangenen Jahre, die sich schleichend vollzogen hat, von einem Großteil der Gesellschaft vielleicht unbemerkt und unterschätzt. Nach dem tödlichen Angriff auf den 35-jährigen Chemnitzer findet die von manchem Neurechten erträumte «Mosaik-Rechte» auf den Straßen der sächsischen Stadt tatsächlich zusammen. Sie setzt sich aus Hooligans, Neonazis, Strategen der Neuen Rechten, «Identitären», Pegida, AfD und wütenden Anwohnern zusammen. Sie protestieren gemeinsam. Es gibt keine Scheu, keine Abgrenzung, aber Gemeinschaftsgefühl. Für viele, die mitlaufen, ist es wohl ein Erweckungserlebnis. Für Ernst steht danach fest: Gegen Walter Lübcke muss man etwas unternehmen. So schildert er es vor Gericht.

Die gefährliche Dynamik, die entsteht, wenn die Grenzen zwischen unterschiedlichen Strömungen der radikalen Rechten immer mehr verwischen, zeigt sich überdeutlich. Der Umgang von Teilen der Politik und Sicherheitsbehörden mit der Situation trägt nicht dazu bei, sie zu entschärfen.

Kurz nach dem Ares-Video legt der Justizbeamte Daniel Zabel nach. Er fotografiert den Haftbefehl eines zu jener Zeit tatverdächtigen Irakers und schickt das Foto weiter. Das Dokument macht schnell die Runde, wird etwa von Pegida-Anführer Lutz Bachmann und AfD-Politikern verbreitet. Zabel wird suspendiert. Er wird von dem Dresdner Anwalt Frank Hannig vertreten und geht offensiv an die Öffentlichkeit: «Mir war dabei klar, dass ich damit Dienstpflichten verletze und ich habe auch gewusst, dass ich dadurch mit hoher Wahrscheinlichkeit meinen Job verlieren werde», heißt es in einer Erklärung in seinem Namen, die auf den 31. August datiert ist. «Ich möchte, dass die Öffentlichkeit weiß, was geschehen ist. Ich möchte, dass die Spekulationen über einen möglichen Tatablauf ein Ende haben und ich möchte, dass die Medien nicht mehr die Hoheit haben, den tatsächlichen Tatablauf in Frage zu stellen, zu manipulieren oder auf eine ihnen jeweils genehme Art und Weise zu verdrehen.» Auf der Website von «Ein Prozent für unser Land», an die Ernst einmal Geld für den «AfD-Song» des «Identitären»-Duos überwiesen hatte, wird Zabel jetzt zum Whistleblower, als «Held von Chemnitz», stilisiert. Der Iraker, dessen Haftbefehl er öffentlich macht, wird später nicht einmal angeklagt.

Kein Jahr später wird Anwalt Frank Hannig einen neuen Mandanten gewinnen: Stephan Ernst, der wegen des Verdachts des Mordes an Walter Lübcke in Untersuchungshaft sitzt. Während Hannig mit seinem Mandanten in der Justizvollzugsanstalt spricht, fällt Zabel Polizisten in Istha auf, weil er am Wohnhaus der Lübckes auftaucht. Er wolle dort eigene Ermittlungen anstellen, notieren die Beamten. Zabel ist für Hannig als freier Mitarbeiter und Privatermittler tätig. Inzwischen sitzt er im Landesvorstand der sächsischen AfD.

«Extremismusoffene Mischszene»

Zurück nach Chemnitz: Am 1. September machen sich auch Stephan Ernst und Markus H. auf den Weg nach Sachsen. An diesem Tag soll ein «Trauermarsch» zusammenkommen, zu dem drei ostdeutsche AfD-Landesverbände aufgerufen haben. Björn Höcke mobilisiert auf Facebook. In dem Text der AfD, den er dort verbreitet, heißt es, «der brutale Mord an einem Chemnitzer Familienvater durch zwei Asylbewerber» sei der Anlass. Man wolle aber zugleich «aller Todesopfer gedenken, die es ohne die Asylpolitik der CDU-geführten Regierung nicht gegeben hätte». Die Logik dürfte Ernst bekannt vorkommen: Er macht den CDU-Politiker Lübcke schon seit Jahren für die Taten von Islamisten, Migranten, Asylsuchenden verantwortlich, wie er später aussagt.

Nicht nur die AfD bewirbt den 1. September. Aus allen Spektren der radikalen Rechten gibt es Aufrufe, nach Chemnitz zu fahren. Die rechte Vereinigung «Pro Chemnitz» organisiert eine zweite Demonstration an jenem Tag. Demonstranten beider Märsche vereinen sich schließlich auf der Straße. Rund 4500 Menschen ziehen durch die Stadt. An der Spitze des AfD-Aufzugs steht Höcke im dunklen Anzug mit einer weißen Rose am Revers, neben ihm die Pegida-Prominenz. Die Demonstration ist vielleicht das anschaulichste Bild vom Schulterschluss der Rechten: Er reicht von den Parlamenten bis hin zum Rechtsterrorismus, wie sich zeigen wird. Bekannte Gesichter der Neuen Rechten laufen weiter hinten mit: Kubitschek, Sellner und andere «Identitäre». Kader der NPD und anderer radikaler Kleinstparteien wie «Die Rechte» und der «III. Weg» vertreten die «alte Rechte», genau wie Leute aus der militanten Szene. Viele Bürgerinnen und Anwohner schließen sich an.

«In Chemnitz erodieren die Grenzen zwischen Neuen Rechten und militanten Neonazis», resümieren Christian Fuchs und Paul Middelhoff in ihrem Buch «Das Netzwerk der Neuen Rechten». Für den Politikwissenschaftler Matthias Quent zeigt sich damals die «Integrationskraft» der Höcke-AfD «vom äußersten rechten Rand bis in die Stadtgesellschaft» und ins «reaktionäre Bürgertum».

Mittendrin laufen auch Ernst und H. durch Chemnitz. Der Mitschnitt eines Livestreams jenes Tages zeigt sie, wie sie zwischen den Leuten stehen. Über den Köpfen wehen ein paar schwarz-rot-goldene Fahnen. H. trägt eine dunkle Sonnenbrille, Ernst seine Schirmmütze. Sie tauschen sich mit anderen Demonstranten aus.

Nach seiner Festnahme wegen des Mordes an Walter Lübcke spricht Ernst mit Norbert Leygraf, einem forensischen Psychiater, der ihn für das Gerichtsverfahren begutachten soll. Ernst berichtet dem Gutachten zufolge von einem «vermeintlichen Wir-Gefühl», das ihn vereint habe mit den Kollegen am Arbeitsplatz, aber auch mit Menschen, mit denen er und H. sich unterhalten hätten, «als wir mal in Chemnitz waren». Überhaupt sei Chemnitz eine «sehr bedeutende Geschichte» gewesen, «sehr ausschlaggebend» dafür, wie er und H. «weiter auf Herrn Lübcke zugegangen» seien. Man sei «sehr, sehr aufgebracht» gewesen und habe auf der Rückfahrt im Auto darüber gesprochen, dass jetzt etwas passieren müsse. Der Gutachter fragt Ernst auch danach, was Lübcke denn mit den Geschehnissen in Chemnitz zu tun gehabt habe. Ernst sagt: Aus ihrer Sicht habe Lübcke «diese Entwicklung mitbefördert». Zu alldem schweigt H. vor Gericht.

Ernst und H. treffen damals in Chemnitz auch einen Bekannten aus Hessen. Er ist deutlich jünger als die beiden und war bei der Kameradschaft «Freie Kräfte Schwalm-Eder» aktiv, die 2008 nach einem brutalen Überfall auf ein Zeltlager der Parteijugend der Linken bekannt wurde. Markus H. und der Mann sind immer wieder in Kontakt. Sie schreiben sich rege über den verschlüsselten Messenger Threema hin und her. Die beiden waren auch gemeinsam bei einer Feier im Schützenverein und mit Ernst bei einer AfD-Demonstration.

Ermittler der Soko Liemecke durchsuchen später dessen Wohnung und befragen ihn. Er ist aus früheren Verfahren kein Unbekannter. Ihnen ist aufgefallen, dass er kurz vor dem Mord mit H. Kontakt hatte und ihn am Tag danach besuchte. Den Verdacht, dass sie bei ihm auf Kommunikationsdaten stoßen, die einen Bezug zu der Tat haben, lässt sich nicht erhärten. Er hatte auch mit Ernst gechattet, den er angeblich nur über H. kannte, seine Threema-Unterhaltung mit ihm aber bereits gelöscht. Es habe ihn emotional belastet, mit einem Mordverdächtigen kommuniziert zu haben, erklärt er vor Gericht. In dem Chat sei es ohnehin nur um ein Werkstück gegangen, das Ernst ihm mit den Maschinen seines Arbeitgebers herstellen sollte. Das habe er für das Studium gebraucht.

Die Vernehmungsbeamten halten ihren Eindruck in den Akten fest, dass der Zeuge nicht gerade «rückhaltlos zur Aufklärung des Sachverhalts beitragen wollte». Auch vor Gericht wirkt der schmächtige Mann schmallippig. Er gibt an, aus der Szene ausgestiegen zu sein.

Nicht nur Ernst ist offenbar schwer beeindruckt von Chemnitz. Auch andere sehen in den Ereignissen im Herbst 2018 offenbar ein Fanal: Ein Neonazi gründet damals mit Gleichgesinnten eine Chatgruppe namens «Revolution Chemnitz». Dort werden «Linke, Parasiten, Merkel-Zombies, die Mediendiktatur und deren Sklaven» als Feinde benannt. Den NSU wolle man wie eine «Kindergarten-Vorschulgruppe» aussehen lassen. Auftakt der «Revolution» ist der Überfall auf Geflüchtete und Jugendliche auf der Chemnitzer Schlossteichinsel Mitte September 2018. Dann werden die Neonazis festgenommen. Sie sollen etwas für den 3. Oktober in Berlin geplant haben. Acht Männer werden später wegen Mitgliedschaft in einer terroristischen Vereinigung verurteilt, weitere als Unterstützer.

Erkennen die Behörden damals die Bedrohung, die von solchen Ereignissen ausgeht? Das Bundesamt für Verfassungsschutz spricht in einem Gutachten zur AfD einige Monate später von einer «extremismusoffenen Mischszene», die in Chemnitz zusammengefunden und von der sich Höcke nicht glaubhaft distanziert habe. Direkt nach den Ausschreitungen klingt es in vielen Ohren deutlich verharmlosender, was der Inlandsgeheimdienst zu den Vorfällen zu sagen hat: Der damalige Präsident des Bundesamtes, Hans-Georg Maaßen, äußert sich einige Tage nach dem Trauermarsch in der *Bild*-Zeitung, als die Debatte um rechtsextreme Ausschreitungen in vollem Gange ist. Er habe «keine belastbaren Informationen», dass es in Chemnitz «Hetzjagden» auf Migranten gegeben habe, sagt er. Es lägen ihm zudem keine Belege dafür vor, dass das inzwischen bundesweit bekannte Video mit dem «Hase»-Ruf authentisch und ein Beleg genau dafür sei. Maaßen nennt die Szenen, die dort zu sehen sind, einen «angeblichen Vorfall». Der CDU-Mann widerspricht damit Bundeskanzlerin Merkel, die Hetzjagden ausdrücklich verurteilt hatte. In der großen Koalition in Berlin knirscht es jetzt gewaltig. Plötzlich geht es darum, ab wann die Rede von «Hetzjagden» zulässig ist, statt um die Frage, wie man solche Szenen verhindert.

Die SPD fordert, Maaßen zu entlassen. Bundesinnenminister Seehofer verteidigt ihn anfangs. Auch seine Äußerungen zu den Geschehnissen sorgen für Kritik. Der CSU-Chef sagt damals in einem Interview mit der *Rheinischen Post*, es gebe «eine Aufregung und eine Empörung in der Bevölkerung wegen dieses Tötungsdelikts, für die ich Verständnis habe», fügt aber hinzu: «Ich wäre, wenn ich nicht Minister wäre, als Staatsbürger auch auf die Straße gegangen – natürlich nicht gemeinsam mit Radikalen.» Für Gewalt gelte null Toleranz. Die «Migrationsfrage» bezeichnet er zugleich als «die Mutter aller politischen Probleme».

Maaßen wird letztlich in den einstweiligen Ruhestand versetzt. Der frühere Präsident des Bundesamtes für Verfassungsschutz fällt danach vor allem mit rechtspopulistischen Sprüchen auf Twitter auf. Eine Zeitlang ist er auch als Redner unterwegs. Er sagt dann Sätze wie diesen: «Ich bin vor dreißig Jahren nicht der CDU beigetreten, damit heute 1,8 Millionen Araber nach Deutschland kommen.»

VII

Die Tat und das Urteil

Aus nächster Nähe

Seit dem «Trauermarsch» von Chemnitz sind acht Monate vergangen. In der Nacht vom 1. auf den 2. Juni 2019 sitzt Walter Lübcke allein vor seinem Haus. Er zündet sich noch eine Zigarette an. Etwa um 0.30 Uhr will Jan-Hendrik Lübcke seinen Vater auf der Terrasse wecken. Er schläft nicht. Was genau in den Minuten davor geschieht, ist bis heute nicht eindeutig klar, auch nach dem Urteil des 5. Strafsenats des Oberlandesgerichts Frankfurt mehr als eineinhalb Jahre später. Es gibt mindestens zwei konkurrierende Erzählungen zum Tatgeschehen.

Die eine geht so: Schon am Vorabend, Freitag, 31. Mai, fährt Stephan Ernst die knapp 30 Kilometer von seinem Haus im Kasseler Stadtteil Forstfeld nach Istha. Es ist nicht sein erster Besuch. Immer wieder ist er dort gewesen, hat manchmal schon mit der Waffe im Vorgarten gekauert und dann doch nicht abgedrückt. Dieser Freitag ist ein Brückentag. In Istha ist die Kirmes in vollem Gange, Motto: «Durst & Sportsgeist». Einer Anwohnerin fällt auf, wie ein Mann gegenüber ihrem Haus aus einem Auto steigt, das dem VW Caddy von Ernst ähnelt. Es ist irgendwann nach 23 Uhr. Er trägt eine Kappe und wohl einen Rucksack auf dem Rücken, erinnert sie sich. So genau ist das im Dunkeln nicht zu sehen. Der Mann läuft in Richtung Ortsmitte. Von dort aus heißt das auch: in Richtung des Hauses der Lübckes.

Im Schutz der Dunkelheit schleicht sich Ernst auf eine Pferdekoppel am Ortsrand. Es ist schon nach Mitternacht, als er durch eine Art Fernrohr linst, das er an einem Bändel um den Hals trägt, versteckt unter der Kleidung. Im Katalog eines Jäger-Versandhandels steht über das Gerät: «Wärmebild-Monokular im praktischen Hosentaschenformat», 15 Zentimeter lang. Tiere soll man damit aus mehr als 90 Metern Entfernung erkennen können. Menschen dementsprechend auch. Durch die Wärmebildkamera Flir Scout TK Compact zeichnen sich in dieser Nacht die Konturen des Hauses von

Walter Lübcke ab, aber keine hellen Flecken, die Lebewesen in der Dunkelheit verraten würden. Weil Ernst auf die gummierte Taste der Kamera drückt, wird das Bild gespeichert. Und dazu ein Datum und eine Uhrzeit in den Metadaten. Die Ermittler finden das Gerät später in einem Rucksack in einem Auto von Ernst. Die interne Uhr des Geräts ist falsch eingestellt. Die Ermittler rechnen die Aufnahmezeit aus. Demnach entsteht das Foto kurz nach ein Uhr, weniger als 23 Stunden vor dem Mord. Ernst fährt damals wieder nach Hause. Walter Lübcke war nicht auf die Terrasse gekommen.

Am nächsten Tag, 1. Juni 2019, geht Ernst am Abend in sein Arbeitszimmer. Aus einem versteckten Fach hinter einem Schrank holt er seinen Rossi-Revolver. In der Trommel sind fünf Patronen. Sein Handy lässt er zu Hause, weil er fürchtet, geortet zu werden, als er sich in sein Auto setzt. Nach 19.30 Uhr steuert er den Caddy auf eine Schnellstraße, folgt der A 44 bis nach Istha und fährt einmal durch das Dorf. In dem weißen Festzelt auf dem Dorfplatz wird wieder gefeiert. Ernst fährt zu einem Parkplatz außerhalb der Ortschaft. Hier wartet er, bis es dunkel wird.

Es ist kurz vor 23 Uhr, als er sein Auto am Ende der Straße der Lübckes abstellt. Er hängt sich seine grüne Nylon-Umhängetasche mit Klettverschluss um, in der er den geladenen Revolver versteckt, und läuft wieder auf die Pferdekoppel. Dort wartet er eine Weile, vielleicht 20 Minuten. Eigentlich will er schon wieder gehen, als er in der Dunkelheit etwas aufleuchten sieht. Es ist das iPad von Walter Lübcke, der auf der Terrasse sitzt und nach Hotels googelt. Er will mit seiner Frau am nächsten Tag spontan verreisen. Ernst läuft zurück auf die Straße, will sich vergewissern, dass es tatsächlich Lübcke ist. Der bemerkt den Täter nicht, obwohl die Terrasse an der Vorderseite des Hauses liegt, mit Blick auf die Straße. In diesem Moment soll sich Ernst entschieden haben, seine Tat umzusetzen.

Zurück auf der dunklen Pferdekoppel, drückt er die unterste Litze des Weidezauns herunter und steigt hindurch. Er läuft seitlich auf das Haus zu, es sind nur ein paar Meter, ein paar Schritte über ein Mäuerchen mit Blumenbeet. Nach vorne hin leuchten zwei Baustrahler den Garten aus. Dort, wo Ernst jetzt auf das Haus zuläuft, ist es finster. Der Regierungspräsident kann Ernst nicht kommen sehen, weil der sich dem Haus in seinem Rücken nähert und dann an der Hauswand entlang bis zu der Ecke bewegt, hinter der Lübcke sitzt.

Den Revolver hat der Attentäter in der Hand, den Hahn schon gespannt, als er irgendwann zwischen 23.20 bis 23.30 Uhr um die Hausecke kommt. Vielleicht bemerkt Lübcke, die gerade angezündete Zigarette zwischen den Fingern der linken Hand, noch seinen Schatten. Ernst drückt ab. Er trifft Lübcke aus einem bis eineinhalb Metern Entfernung in den Kopf, gleich hinter dem rechten Ohr. Um sich zu vergewissern, dass Lübcke tot ist, geht er zu ihm hin und berührt sein Opfer. Das Einschussloch zwischen den Haaren hat er in der Dunkelheit wohl nicht gesehen. Dann läuft Ernst davon, auf demselben Weg, den er gekommen ist, zurück zum Auto.

Diese Version der Geschehnisse basiert zu einem Großteil auf der ersten Vernehmung von Stephan Ernst, der da nur die Berührung nach dem Schuss abstreitet und das Ausspähen mit der Wärmebildkamera am Tag zuvor – bis zuletzt. Die Ermittler aber sind überzeugt, dass wesentliche Ergebnisse ihrer Arbeit diesen Tatablauf stützen: die DNA-Spur auf dem Hemd von Lübcke, das Foto der Wärmebildkamera, die Laufspuren im hohen Gras der Koppel, die ein Luftbild der Ermittler sichtbar macht. Der nahezu horizontale Schusskanal seitlich am Kopf bedeutet, dass Lübcke nicht zu seinem Mörder geschaut haben kann, jedenfalls nicht, als der Schuss fiel. Die Zigarette in seiner Hand, die später sein Sohn bemerkt, spricht dafür, dass er überrascht wurde und keine Chance mehr hatte zu reagieren. Außer den zwei Partikeln mit DNA von Ernst am Hemd des Ermordeten findet die Soko keine Fremdspuren auf der Terrasse. Allerdings wurde diese ja gereinigt, bevor die Ermittlerinnen und Tatortspezialisten ihre Arbeit aufnahmen.

Und da ist die Vernehmung selbst: Ein mehr als vierstündiges Verhör vom 25. Juni 2019, aus zwei Perspektiven auf Video festgehalten, in dem Ernst mehr oder weniger lebhaft und schlüssig die Tat und ihre Vorgeschichte schildert – von seinem angeblichen Ausstieg aus der Neonazi-Szene nach der Demonstration am 1. Mai 2009 in Dortmund, vom Wiedertreffen mit H. über den Besuch der Bürgerversammlung zu den gemeinsamen Schießübungen, den «Schlüsselerlebnissen» von Köln über Nizza bis zum Mord an zwei Rucksacktouristinnen in Marokko, die er Lübcke anlastete. Von sich aus, ohne Anwalt, ohne Notizen, aber auch mit Lücken und Lügen, wie sich später zeigt.

Wenig später, nach einem Anwaltswechsel, widerruft Ernst dieses Geständnis: Er habe mit jener Version der Nacht vor allem Markus H. decken und selbst wie ein «Psycho-Nazi» wirken wollen, heißt es später. Sein erster Verteidiger, der Szene-Anwalt Dirk Waldschmidt, habe ihn dazu gedrängt, niemanden zusätzlich zu belasten, wenn er von den Kameraden Unterstützung erlangen wolle. Er selbst sei durch die DNA-Spuren überführt. Mit einem Geständnis als Einzeltäter könnte man Ermittlungen im Umfeld vielleicht vermeiden, dürfte das Kalkül gewesen sein. Waldschmidt bestreitet das.

Die geschilderte Version der Tatnacht ist die der Anklage und des Urteils gegen Stephan Ernst. Hierin sind sich Bundesanwaltschaft und Gericht einig.

Noch ein Geständnis

Aber es gibt noch eine zweite Variante. Im Ermittlungsverfahren spielt sie keine Rolle, sie bekommt erst im Laufe des Prozesses Konturen. Und sie basiert, wie die erste, auf Ernsts Aussage. Nur diesmal, als Angeklagter im Gerichtssaal, erzählt Ernst eine andere Geschichte.

Sie geht in etwa so: Ernst und H. fahren mehrfach gemeinsam nach Istha. Kurz nach der Silvesternacht von Köln zum Beispiel, irgendwann Anfang 2016. An den Vorfällen habe man sich «hochgezogen», wie Ernst es formuliert. Vermutlich im Mai 2018 wollen Ernst und H. sehen, ob man Istha auch von einem Waldstück aus erreichen kann. Dann würde man mit dem Auto nicht durchs Dorf fahren müssen und riskieren, dass man gesehen wird. Auf dem Weg in den Wald sehen die beiden Lübcke an einem anderen Haus stehen. Er redet wohl mit einem Nachbarn. Ernst will hin, ihn anschreien, H. hält ihn davon ab.

An diese Situation glaubt sich auch Christoph Lübcke zu erinnern. Er könnte jener Nachbar sein, denn er wohnt ganz in der Nähe der Eltern. Und ihm fällt im Prozess ein, dass ihm um diese Zeit zwei Fremde aufgefallen seien, die zu ihm und seinem Vater herüberschauten. Der habe sich noch gewundert, was die beiden wohl wollten. Einer habe ein Gesicht gehabt, das einer Guy-Fawkes-Maske ähnelte: dünnes Bärtchen, verächtliches Grinsen. Das passt zu H., der dem Sohn von Lübcke im Gerichtssaal monatelang gegenübersitzt. Eindeutig identifizieren kann er die beiden nach so langer Zeit nicht.

Rund ein Jahr nach der Ausspäherei vor Ort treffen sich Ernst und H. auf der Jahreshauptversammlung ihres Schützenvereins. Die Chemnitz-Demonstration ist da acht Monate her. Auf der Rückfahrt hatte man vereinbart, etwas gegen Lübcke zu unternehmen. Jetzt, im Mai 2019, fahren sie vom Vereinsheim zu einer Shell-Tankstelle. Ernst kauft ein Radler und ein Bier. Die beiden Freunde setzen sich dann an einen Aussichtspunkt in der Nähe einer Solarenergie-Firma außerhalb von Kassel. Sie entscheiden jetzt, Lübcke nicht nur einzuschüchtern oder zu schlagen, sondern ihn zu töten.

Wie genau es in dem kurzen Gespräch zu einer derart folgenschweren Entscheidung kommt, wie die beiden darüber sprechen oder diskutieren, kann Ernst nicht richtig erklären. Anfangs lässt er vor Gericht noch vortragen, es sei offen gewesen, ob man Lübcke vielleicht nur überfalle und schlage. Später räumt er ein, der tödliche Ausgang sei Teil des Plans gewesen. Ernst soll seinen Revolver mitnehmen, weil dieser anders als H.s legale Waffen nicht so leicht zurückverfolgbar ist. Sie wollen ein paar Wochen warten, bis wieder Kirmes in Istha ist.

Am Samstag, 1. Juni, treffen sie sich bei einer Waschanlage namens Woki, ganz in der Nähe der Unterkunft, über die Lübcke damals auf der Bürgerversammlung gesprochen hatte; bei dem Tatort des Überfalls auf Ahmed I. Markus H. hat Tarnkennzeichen besorgt, sie schrauben sie an das Auto von Ernst und fahren los in Richtung Istha.

Vor dem Haus der Lübckes teilen sie sich auf. Ernst geht auf die Koppel, H. bleibt bei einem Busch an der Straße. Sie wollen aus zwei Richtungen kommen. Die beiden sind weder maskiert, noch tragen sie Handschuhe. Ernst läuft von der Seite auf das Haus zu, wie in Version eins, H. von vorne durch das Licht der Strahler. Er ist kurz vor Ernst auf der Terrasse. Der spannt den Hahn und richtet den Revolver auf Lübcke. Dieser will aufstehen, als er die beiden bemerkt. Ernst sagt: «Beweg dich nicht!» Er geht auf ihn zu, drückt ihn zurück in den Stuhl, macht wieder ein paar Schritte zurück. «Für so was wie dich geh ich jeden Tag arbeiten», sagt er zu Lübcke. Und H. fügt hinzu: «So, Lübcke, Zeit zum Auswandern!» Der ruft: «Verschwinden Sie!», schaut zu H., will wieder aufstehen. Ernst drückt ab.

Diese Version überzeugt das Gericht nicht. Es mangelt an «Detailreichtum», an «innerer Schlüssigkeit» und «Aussagekonstanz», heißt es in der mündlichen Begründung des Urteils. Ernst habe manches mal so, mal anders beschrieben, taktisch angepasst an die Erkenntnisse der Beweisaufnahme, sind die Richter überzeugt. Es habe sich außerdem nicht aufklären lassen, ob das erste Geständnis tatsächlich Ergebnis der Einflüsterung seines damaligen Anwalts war.

Ernsts Glaubwürdigkeit ist zusätzlich beschädigt, weil er insgesamt drei verschiedene Varianten präsentiert hat: Noch vor Beginn des Prozesses, Monate nach seinem ersten Geständnis, hatte er plötzlich Markus H. für den tödlichen Schuss verantwortlich gemacht, der sich angeblich aus Versehen gelöst haben soll. Damals wurde er schon von Anwalt Hannig vertreten, auf dessen Rat hin er das erste Geständnis widerrief. Im laufenden Hauptverfahren trennt sich Ernst wieder von ihm und sagt, diese zweite falsche Aussage, sei dessen Idee gewesen. So habe man H. zu einer Aussage zwingen wollen. Ob das tatsächlich so war oder ob Ernst sich bloß als Spielball seiner Anwälte darstellt, bleibt ungeklärt. Dass diese Version der Ereignisse aber nicht stimmen kann, darüber herrscht seltene Einigkeit, auch vor Gericht.

Nicht nur die Richter, auch der psychiatrische Gutachter Norbert Leygraf hat Zweifel an Ernsts Ehrlichkeit. Er attestiert ihm in seinem Gutachten, während der Exploration ein offenes Gespräch vermieden zu haben. Ernst habe vielmehr versucht, «mit möglichst vielen Worten möglichst wenig preiszugeben». Leygraf hat sowohl Zweifel an der Authentizität der Reuebekundungen des Angeklagten im Prozess als auch an seinen Aussagen in der ersten Vernehmung, deren Videoaufzeichnung er analysiert hat. Dort zeigt Ernst vor allem dann Emotionen, wenn es um die angeblichen «Schlüsselerlebnisse» geht. Leygraf erkennt darin keine ehrlichen Gefühlsregungen, sagt er vor Gericht. Er glaube, dass sich Ernst nur «sein Tempotaschentuch zum Auge führt», aber nicht weine, sondern sich «weinend zeigen wollte». Er habe der Tat mit einer «affektiven Note» versehen wollen, obwohl er sie lange geplant habe.

Stephan Ernst vor Gericht

Ernst antwortet vor Gericht oft einsilbig und wortkarg, es fällt ihm schwer, bestimmte Abläufe schlüssig zu erzählen. Etwa, wie genau das Gespräch mit H. vonstattengegangen sein soll, in dem man bei Radler und Bier über das Leben von Lübcke entschieden habe. Aber er beteuert bis zuletzt, nun endlich die Wahrheit gesagt zu haben – auch im Angesicht der Angehörigen von Walter Lübcke, denen er zu Beginn der Verhandlung das Versprechen gibt, all ihre Fragen zu beantworten.

Die Familie von Walter Lübcke hat im Laufe des Prozesses deutlich gemacht, wie wichtig für sie Gewissheit über die letzten Sekunden im Leben ihres Ehemanns und Vaters ist. Am 3. Dezember 2020, als sich der Urteilsspruch schon abzeichnet, versucht es Irmgard Braun-Lübcke noch einmal selbst. Sie sitzt neben ihrem Anwalt vor den Vertretern der Bundesanwaltschaft in den roten Roben, Ernst genau gegenüber. Nur ein paar Meter trennen die beiden. Sie nimmt ihre weiße Schutzmaske ab. Die zweite Welle der Corona-Pandemie rollt damals gerade durch die Bundesrepublik. Im Gerichtssaal sind Trennscheiben aus Plexiglas zwischen den Verfahrensbeteiligten aufgestellt. Irmgard Braun-Lübcke schaltet ihr Mikrofon ein und spricht den Mörder ihres Mannes direkt an.

«Ist es wirklich wahr, dass mein Mann in der letzten Sekunde seines Lebens in das Gesicht von H. geblickt hat?», fragt sie.

Ernst antwortet: «Ja.»

– «Wirklich?»

– «Ja.»

Und so entsteht schließlich eine ungewöhnliche Konstellation: Während Gericht und Ankläger Zweifel an der Aussage des Angeklagten haben, ist die Nebenklage überzeugt, dass diese Version der Wahrheit am nächsten kommt. In seinem Plädoyer am Ende des Prozesses trägt Holger Matt, der Anwalt der Familie Lübcke, mehrere Argumente dafür vor. Das zentrale ist die DNA-Spur, die er anders erklärt als die Bundesanwaltschaft: Es sei unlogisch anzunehmen, dass Ernst nach dem Schuss nicht sofort geflüchtet sei, so wie er es in allen seinen Varianten ausgesagt hat. Er müsse Walter Lübcke deshalb berührt haben, als er noch lebte. Dann lasse sich der Verlauf des Schusskanals nur erklären, wenn der Regierungspräsident vom Schützen weggeschaut habe und damit, das sei nur logisch, zu einer zweiten Person, die vor ihm gestanden haben müsse. Außerdem habe Ernst vor Gericht viele Tage lang Fragen beantwortet und sei trotz der Schwankungen in den Details letztlich zu einer kohärenten Version gekommen. Dazu habe auch die Konfrontation mit der Familie geführt und die Befragung durch das Gericht.

Es könnte allerdings auch ein taktisches Interesse hinter der Aussage von Ernst stecken. Sein Anwalt Mustafa Kaplan plädiert am Ende auf Totschlag statt auf Mord. Er argumentiert, die Mordmerkmale seien nicht erfüllt. Die Anwesenheit von H. auf der Terrasse und die verbale Auseinandersetzung sprächen aus juristischer Sicht gegen eine heimtückische Tat, die es bei einem heimlichen Schuss aus der Dunkelheit wäre. Lübcke sei wehrlos, aber nicht mehr arglos gewesen, nachdem die beiden ihn beschimpft hatten. Der zweite Mann am Tatort: eine Entlastungsstrategie?

Die Familie von Walter Lübcke ist bis zuletzt bemüht, weitere Ermittlungen anzustoßen, die aus ihrer Sicht diese Variante der Tatnacht – Markus H. als Mittäter auf der Terrasse – belegen könnten. Sie fordert in einem Beweisantrag, die Möbel auf der Terrasse nach Schmauchspuren zu untersuchen, um damit vielleicht die Position des Schützen besser bestimmen zu können. Das Gericht lehnt ab, es sei keine entscheidende Erkenntnis zu erwarten. Zum Unverständnis der Familie, wie ihr Sprecher Dirk Metz später mitteilt. Diese Untersuchungen wären schon im Ermittlungsverfahren «naheliegend» gewesen. Ließ man sich in der Soko da schon zu sehr von Ernsts erstem Geständnis als Alleintäter leiten? Die Familie hat schließlich dem Gericht sogar einen Ortstermin auf ihrer Terrasse angeboten, den sie anfangs vermeiden wollte. Dazu kommt es aber nicht.

Welche Rolle spielte Markus H.?

Die unterschiedlichen Schilderungen der Tatnacht schreiben insbesondere Markus H. sehr verschiedene Rollen zu. Hat er Ernst durch Schießtrainings, den Besuch von AfD-Demonstrationen wie dem «Trauermarsch» in Chemnitz, radikale Diskussionen über das angebliche Aussterben der Deutschen und einen drohenden Bürgerkrieg «Zuspruch und Sicherheit» vermittelt und sich so der Beihilfe zum Mord schuldig gemacht, wie es die Bundesanwaltschaft sieht? Hat er dadurch den Mörder unterstützt, dass man von einer «psychischen Beihilfe» sprechen kann, auch wenn H. dessen genauen Plan nicht gekannt hat, wie es in der Anklage heißt? Die Bundesanwälte sind davon überzeugt. Eine derartige Unterstützung könne auf den ersten Blick weniger schwerwiegend wirken, als etwa die Tatwaffe zu besorgen, sagt Killmer einmal am Rande des Prozesses. Dem Täter über die Hemmschwelle zu helfen, einen Menschen zu töten, sei aber keinesfalls weniger bedeutend. Die Ankläger fordern für H. wegen Beihilfe und für ein Waffendelikt schließlich neun Jahre und acht Monate Haft.

H.s Verteidiger, beide Szene-Anwälte, argumentieren im Prozess, ihr Mandant habe mit der Tat gar nichts zu tun. Wie hätte er Ernst radikalisieren sollen, wenn der doch immer schon radikal und gewaltbereit gewesen war? Das Video von Lübcke auf der Bürgerversammlung und die hasserfüllten Reaktionen darauf könne man H. genauso wenig zum Vorwurf machen wie seine politische Überzeugung, heißt es in ihrem Plädoyer. Für seine Anwesenheit am Tatort gebe es keinerlei Beleg.

Seine Anwälte verweisen auf eine WhatsApp-Nachricht, die H. in der Tatnacht verschickte. Ernst hatte ausgesagt, dass man Mobiltelefone nicht dabeihatte. Das Handy von H. war in keiner Funkzelle eingebucht, sondern wohl über ein WLAN-Netz mit dem Internet verbunden. Im Prozess wird zwar auch diskutiert, ob ein Dritter die

Nachricht verschickt haben könnte, als technisches Alibi. Zu beweisen ist das nicht.

Oder ging seine Rolle viel weiter? War H. im Detail in das Attentat eingeweiht, weil er es mit Ernst, womöglich unbekannten Dritten, aushechte, vorbereitete, durchführte? War er mit am Tatort, als der Schuss fiel, wie Ernst beteuert? War er also im juristischen Sinne kein bloßer Gehilfe, sondern Mittäter, wovon letztlich Familie Lübcke überzeugt ist und weshalb sie eine lebenslange Freiheitsstrafe fordert?

Das Gericht spricht H. schließlich vom Vorwurf der Beihilfe zum Mord frei. Nicht zuletzt, weil es eine Verurteilung nicht auf die Aussagen von Ernst stützen will. Dessen Angaben seien allenfalls glaubhaft, wenn es um seinen Tatanteil gehe, aber nicht, wenn er andere belaste, argumentiert der Senat. Wenn die zweite Aussage von Ernst mit der er H. zum Schützen machte, tatsächlich eine Taktik seines früheren Verteidigers war, um den Mitangeklagten aus der Reserve zu locken, dann hat sie letztlich vor allem diesem genutzt, weil sie Ernst zusätzlich unglaubwürdig gemacht hat.

Im Laufe des Prozesses habe sich der Anklagevorwurf nicht belegen lassen, dass Markus H. seinen damaligen Freund Ernst mit gemeinsamen Schießübungen zu einem besseren Schützen gemacht oder ihn durch Gespräche in seinem Entschluss bestärkt habe, Walter Lübcke zu töten, argumentiert der 5. Strafsenat. Es könne H. nicht einmal nachgewiesen werden, dass er es überhaupt für möglich gehalten habe, dass Ernst eine solche Tat begehen werde. Eine Mittäterschaft lasse sich erst recht mangels Beweisen nicht belegen. H. verlässt den Gerichtssaal als freier Mann. Er wird ausschließlich für ein Verstoß gegen das Waffengesetz verurteilt. Haftstrafe von einem Jahr und sechs Monaten, ausgesetzt zur Bewährung. Vor der Holztür des Saals posiert er kurz darauf mit seinen Anwälten für ein Foto.

Keine von Ernsts Aussagen ist gänzlich widerspruchsfrei oder lässt sich mit den anderen Ermittlungsergebnissen eins zu eins in

Übereinstimmung bringen. Zuletzt hat er vor Gericht beteuert, nun tatsächlich mit seiner Ideologie gebrochen zu haben und seine Tat zu bereuen. Er wolle die Hilfe des Aussteigerprogramms IKARus des Landes Hessen in Anspruch nehmen. Ernstzunehmende Hinweise, dass ein anderer der Schütze war, gibt es keine.

Der Richterspruch

Der Vorsitzende Richter Thomas Sagebiel schickt seiner mündlichen Begründung des Urteils am letzten Verhandlungstag mehrere Bemerkungen voraus. Eine davon ist eigentlich eine Selbstverständlichkeit: Ein Freispruch bedeute nicht, dass die Richter von der Unschuld eines Angeklagten überzeugt seien, stellt Sagebiel klar, sondern lediglich, dass sie «Zweifel an der Schuld» hätten. Der Jurist will das an jenem Tag noch einmal betonen. Vermutlich, weil er weiß, wie unzufrieden die Nebenklage mit dem Urteilsspruch ist: Familie Lübcke ebenso wie Ahmed I.

Am Ende des Prozesses und bei der Verkündung des Urteils am 28. Januar 2021 bleibt Ungeklärtes. Auch die Vertreter der Bundesanwaltschaft hatten in ihrem Plädoyer festgehalten: «Nicht auf alle Fragen wurden Antworten gefunden.»

Da ist etwa die Frage, was Ernst, vielleicht mit Unterstützern, nach dem Attentat auf Lübcke vorhatte. Statt die Tatwaffe zu entsorgen, hat er sie mit seinen anderen Waffen versteckt. Sein Arsenal vergräbt er in einem Erddepot auf dem Gelände des Kasseler Unternehmens, für das er arbeitet. Die Waffen sind so präpariert, dass sie der Feuchtigkeit standhalten und einsatzfähig sind, wenn man sie ausbuddelt. Was war als Nächstes geplant? Sollte der Mord der Auftakt zu einer Serie sein? War das Depot ein Lager für einen «Tag X»? Und wer wusste davon?

Das führt zur Frage nach möglichen, bisher unbekannten Mitwissern. Da ist der Arbeitskollege von Ernst, der von ihm Waffen kaufte, und zu Hause eine beachtliche Sammlung von NS-Devotionalien anlegte. Über ihn hat Ernst ausgesagt, er habe Schmiere gestanden, als er sein Waffenarsenal vergrub. Der Mann bestreitet das vehement. Da ist ein Kollege, der zusagte, ihm ein falsches Alibi zu verschaffen. Ernst soll ihm nur mitgeteilt haben, er sei in Schwierigkeiten. Gab es unter den Kollegen andere, die etwa mitbekamen, wie Ernst aufrüstete oder sich gar daran beteiligten? Und was ist mit dem Bekannten von H., der seine Chats mit Ernst gelöscht hat. Was war dort tatsächlich Thema?

Im Ungefähren bleibt zum Beispiel der Weg der Waffen. Die Ermittlungen gegen den Mann, den Ernst als Händler belastet hat, liegen inzwischen bei der Generalstaatsanwaltschaft in Düsseldorf. Dort will man erst die schriftliche Urteilsbegründung des Oberlandesgerichts Frankfurt abwarten.

Beim Generalbundesanwalt wird weiter ein Verfahren gegen unbekannt geführt. Das Bundeskriminalamt ist für ein sogenanntes Strukturermittlungsverfahren zuständig, das Kontakte des Mörders aufhellen soll. Noch ist die Suche nach möglichen Helfern oder Mitwisserinnen jedenfalls nicht eingestellt. Ähnlich ist es auch beim NSU seit vielen Jahren – bisher ohne weitere Anklagen. Im Hessischen Landtag befasst sich inzwischen ein Untersuchungsausschuss mit der Arbeit der Behörden. Dort wird auch die Frage gestellt: Hätte man den Mord an Walter Lübcke verhindern können?

Das Urteil der vier Frankfurter Richter und einer Richterin wird noch den Bundesgerichtshof beschäftigen. Alle Verfahrensbeteiligten haben Revision eingelegt.

Zäsuren

Wenn es in Nachrufen und Reden heißt, der Mord an Walter Lübcke sei eine Zäsur gewesen, so wirft das die Frage auf, ob darauf auch ein Epochenwechsel folgte. Was hat sich tatsächlich geändert im Umgang mit rechtem Terror? Wer eine Antwort auf diese Frage sucht, muss sie anders stellen. Leider. Denn auf das Attentat in Istha folgen weitere Taten.

Nur Wochen danach macht sich ein 26-Jähriger im hessischen Wächtersbach auf den Heimweg von einem Ausbildungszentrum. Dann feuert ein Mann plötzlich sechs Schüsse auf ihn. An jenem 22. Juli 2019 wird der junge Eritreer schwer verletzt, er überlebt. Das Motiv des Täters: Rassismus. Die Tat hatte der Legalwaffenbesitzer in seiner Stammkneipe angekündigt. Er richtet die Waffe danach auf sich selbst. Einen Prozess gibt es deshalb nicht.

Am 9. Oktober 2019, dem höchsten jüdischen Feiertag Jom Kippur, haben sich 52 Gläubige in der Synagoge von Halle an der Saale versammelt, um zu beten. Ein junger Mann fährt draußen vor. Er will ein Massaker anrichten. Nur eine stabile Holztür hält ihn davon ab. Polizeischutz gibt es vor der Synagoge nicht. Der Täter, der sich seine Waffen selbst gebastelt hat, erschießt die Passantin Jana Lange, 40 Jahre alt. Er zieht weiter zum «Kiez-Döner», wo er Muslime vermutet. In dem Imbiss tötet er den 20-jährigen Auszubildenden Kevin Schwarze. Die Tat streamt er teilweise live und kommentiert sie auf Englisch. Seine selbstgebauten Waffen funktionieren glücklicherweise nicht so gut, wie er sich das erhofft hatte. Eine krude Textsammlung samt Anleitungen verbreitet er ebenfalls online. Nachahmer zu sein, Nachahmer anzustiften, scheint genauso wichtig zu sein wie die Tat selbst. Ideologisch ist er von Antisemitismus, Rassismus, Frauenverachtung durchdrungen. Für sinkende Geburtenraten macht er den Feminismus verantwortlich. Noch eine Variante der alten «Volkstod»-Leier, garniert mit Anspielungen aus der nihilistischen, extrem rechten Subkultur, die sich seit einigen Jahren online auf bestimmten Imageboards breitgemacht hat.

Die Netzwerke sind nicht weniger real, nur weil sie größtenteils im Internet statt in Hinterzimmern gesponnen werden. Der Mann wird später zu lebenslanger Haft verurteilt. Im Prozess treten ihm Nebenklägerinnen und Nebenkläger entgegen. «Mindestens ein Mensch ist hier schuldig. So viel ist offenkundig. Aber Verantwortung trägt die ganze deutsche Gesellschaft», sagt Jeremy Borovitz im Gerichtssaal. Er war an jenem Tag in der Synagoge. «Das Schweigen zu Antisemitismus und Rechtsextremismus muss gebrochen werden. Dazu muss die Mehrheitsgesellschaft beitragen», fügt eine andere Überlebende hinzu.

In Hanau sind Freunde und Freundinnen gemeinsam in der Stadt unterwegs, als sie am 19. Februar 2020 in den Abendstunden plötzlich angegriffen werden. Der Täter eröffnet das Feuer und zieht zu den nächsten Tatorten weiter. Er hat wahnhafte, rassistische Texte online gestellt, in denen er die Ausrottung ganzer Völker propagiert. Er sieht sich von Geheimdiensten verfolgt. Bei den Behörden ist man nicht hellhörig geworden, als er wirre Anzeigen mit solchen Inhalten erstattete. Der Täter ist Sportschütze, auch er darf legal Waffen besitzen. Nur wenige Minuten nach dem ersten Schuss sind neun Menschen tot. Ihre Namen sind die letzten auf der langen Liste, die im Umschlag dieses Buches dokumentiert ist: Ferhat Unvar, Hamza Kurtović, Said Nesar Hashemi, Vili Viorel Păun, Mercedes Kierpacz, Kaloyan Velkov, Fatih Saraçoğlu, Sedat Gürbüz, Gökhan Gültekin. Seine Opfer wählt er nach rassistischen Kriterien aus, genau wie die Tatorte, unter anderem eine Shisha-Bar. Diese Bars werden seit einiger Zeit von Medien immer wieder mit Kriminalität in Verbindung gebracht – auch von der AfD, die eigens Bildchen zu dem Thema zusammengestellt und in den sozialen Netzwerken verbreitet hat. Noch in der Nacht wird etwa im Stream von *Bild Live* über einen möglichen Bezug der Taten zur Organisierten Kriminalität spekuliert. Am Ende erschießt der Täter seine Mutter und danach sich selbst.

Auch hier gibt es deshalb keinen Gerichtsprozess. Viele Angehörige, Freundinnen und Freunde der Ermordeten, Überlebende schließen sich nach dem Anschlag zusammen und verschaffen sich Gehör. Die «Initiative 19. Februar Hanau» bringt ihre Forderungen in vier Worten mit Ausrufezeichen auf Plakate: «Erinnerung! Gerechtigkeit! Aufklärung! Konsequenzen!»

Was also hat sich geändert nach dem Mord an Lübcke, nach Halle, nach Hanau? Welche Konsequenzen wurden gezogen? Es kommt darauf an, wen man fragt.

In der CDU nimmt Peter Tauber, früherer Generalsekretär, anfangs ein «dröhnendes Schweigen» wahr, erinnert er sich. Viele hätten es schlicht nicht für möglich gehalten, dass auch einer der ihren zum Ziel rechten Terrors werden könnte. Tauber kommt aus Hessen, er kennt Walter Lübcke aus seiner Zeit als Landesvorsitzender der Jungen Union. Fällt der Partei die Reaktion auch schwer, weil man die eigene Konzepte im Umgang mit der radikalen Rechten, sicherheitspolitische Paradigmen und politische Strategien überdenken müsste – und weil man dabei mit alten Weggefährtinnen und früheren Parteifreunden konfrontiert ist, mit Erika Steinbach zum Beispiel?

Tauber hat Steinbach nach dem Mord eine Mitschuld gegeben, weil sie sich mit ihren Tweets an den Verbalattacken auf den Regierungspräsidenten beteiligt hatte. Die weist das weit von sich. Ausgerechnet Tauber war es, der Steinbach einst das Twittern beibrachte, als sie noch gemeinsam in der Unionsfraktion im Bundestag saßen.

«Ja, leider», sagt er heute, wenn man ihn danach fragt. Twitter sei wohl ein Baustein ihrer beachtlichen Selbstradikalisierung. Tauber, inzwischen Parlamentarischer Staatssekretär im Verteidigungsministerium, findet, seine Partei müsse noch deutlicher machen, dass rechtsnationale Positionen dort keinen Platz hätten. Bei manchem löse das vielleicht einen «Trennungsschmerz» aus, aber er beobachte zugleich einen «Lernprozess», was etwa den Umgang mit der AfD angehe. Er fordert eine Abkehr von der einst gerade unter Konservativen als Gegenstrategie betrachteten Idee, mit Rechten zu reden. «Verständnis steigert Wut», ist Tauber inzwischen überzeugt. Hier brauche es mehr Klarheit statt Nachsicht. «Da bin ich ganz bei Walter», sagt er.

Die damalige CDU-Parteivorsitzende Annegret Kramp-Karrenbauer hat den Mord an Walter Lübcke wenige Wochen danach zum Anlass genommen, auf die Frage zu antworten, ob sich die Union der AfD annähern solle. Wer das empfehle, der «soll nur mal kurz die Augen schließen, soll sich Walter Lübcke vorstellen, und der wird nie mehr auf die Idee kommen, dass man mit einer Partei wie der AfD als Christdemokrat zusammenarbeiten kann».

Die Abgrenzung ist deutlicher als zuvor. Aber es gibt auch danach Fälle von Kooperationen, oft im kommunalen Bereich. Im Thüringer Landtag, wo der von Stephan Ernst unterstützte Björn Höcke die AfD-Fraktion anführt, wählen CDU-Abgeordnete im Februar 2020 einen FDP-Kandidaten zum (Kurzzeit-)Ministerpräsidenten – mit den Stimmen einer triumphierenden AfD.

Im Innenministerium und bei den Sicherheitsbehörden des Bundes ist eine rhetorische Verschiebung zu erkennen. Man kann sie beispielhaft an Bundesinnenminister Horst Seehofer beobachten. Nach dem Mord an Lübcke sagt Seehofer, Rechtsextremismus sei «zu einer echten Gefahr geworden». Wenige Tage später, bei der Vorstellung des Verfassungsschutzberichts, in dem die Zahl der gewaltbereiten Rechtsextremen bundesweit auf fast 13 000 geschätzt wird, spricht er noch davon, man dürfe auch Linksextremismus oder Islamismus nicht aus dem Blick verlieren. Nach Halle heißt es aus seinem Haus, der Anschlag habe die Befürchtungen bestätigt: Die Bedrohungslage von rechts sei «identisch mit der Gefahrenlage durch Islamismus».

Nach Hanau sagt Horst Seehofer schließlich: «Ich will Ihnen heute mitteilen, dass wir im rechten Bereich eine sehr hohe Gefährdungslage haben für unser Land, für unsere Demokratie, für den Schutz unserer Bevölkerung und dass von diesem Bereich derzeit die höchste Bedrohung für die Sicherheit in unserem Lande ausgeht.» Relativierungen und Vergleiche lehne er ab.

Die höchste Bedrohung, die größte Gefahr: Diese Superlative sind seither öfter zu hören.

Auf der Herbsttagung des Bundeskriminalamts Ende November 2019 in Wiesbaden – nach Halle, aber noch vor Hanau – spricht BKA-Präsident Holger Münch über eine «spürbar erhöhte gesellschaftliche Akzeptanz für radikale und extremistische Positionen», was die «Bedrohung von rechts noch virulenter gemacht» habe. Zu Beginn der Konferenz werden Ausschnitte einer Fernsehsendung gezeigt. Pegida-Anhänger sind nach dem Lübcke-Attentat befragt worden und relativieren die Tat. Einer spricht von dem Mord als fast schon «menschliche Reaktion». Münch kündigt neue Strukturen und Instrumente im Kampf gegen rechte Gewalt an: eine «verbesserte Netzwerkerkennung», die Bekämpfung von Online-Hasskriminalität, einen «personenbezogenen Ansatz». Damit ist gemeint, dass sogenannte Gefährder, also Personen, denen die Behörden einen Anschlag zutrauen, jetzt auch im Rechtsextremismus mit einer Methode eingeschätzt werden sollen, die bereits im Bereich Islamismus eingesetzt wird.

In Hessen soll eine Besondere Aufbauorganisation «Hessen R» die Szene in den Fokus nehmen. Im Wiesbadener Landesamt für Verfassungsschutz hat man sich gesperrte Akten anderer vermeintlich nicht mehr aktiver Neonazis angesehen. Die dafür zuständige Einheit hört auf den Namen BIAREX, das steht für «Bearbeitung integrierter bzw. abgekühlter Rechtsextremisten». Sie soll prüfen, ob es da noch andere gibt, die man fälschlicherweise nicht mehr beobachtet – so wie Stephan Ernst. Zwischenzeitlich teilte das

Landesamt mit, bereits 43 Personen, die zuletzt als unauffällig, «integriert» oder «abgekühlt», galten, wieder anders zu bewerten. Es seien durchweg Männer, der Altersdurchschnitt liege bei Anfang 40, die älteste Person ist Ende 60, die jüngste 24 Jahre alt. Der Inlandsgeheimdienst will zudem wie das BKA künftig «besonders relevant bewertete Rechtsextremisten» intensiv in den Fokus nehmen, heißt es auf Anfrage.

Es sind teils neue Töne, die da angeschlagen werden. So ähnlich waren sie aber bereits nach der Selbstenttarnung des NSU im November 2011 zu vernehmen. Und ist all das an der Basis der Sicherheitsbehörden angekommen?

Heike Kleffner ist skeptisch. Die Journalistin recherchiert seit vielen Jahren zur militanten Rechten, gehört etwa zum Team der hier schon genannten Langzeitrecherche zu den Todesopfern rechter Gewalt. Sie ist aber auch Geschäftsführerin des Verbandes der Beratungsstellen für Betroffene rechter, rassistischer und antisemitischer Gewalt, die bundesweit tätig sind. Vor allem auf der Ebene lokaler Polizeibehörden, deren Beamte oft als Erste am Tatort sind, fehle es immer noch viel zu oft «am grundlegenden Verständnis von der Vorgehensweise der rassistischen Gewalttäter und der Tatbeteiligten bei rechtem Terror», sagt Kleffner. Trotz veränderter Dienstanweisungen, trotz einer verschärften Strafzumessung bei rassistisch motivierten Taten werde vielfach auch weiterhin nicht konsequent in diese Richtung ermittelt und auch nicht entsprechend mit Betroffenen umgegangen.

«Die Reformen der vergangenen Jahre, gerade nach der Selbstenttarnung des NSU, haben in der Fläche offensichtlich bislang ihre Wirkung verfehlt», beobachtet sie bei ihrer Arbeit. Während der Generalbundesanwalt zuletzt mehr Verfahren gegen Rechtsterroristen an sich gezogen und dadurch auch ein wichtiges Signal gesendet habe, fehle zugleich immer noch der Blick für Netzwerke der Unterstützerinnen und Ermöglicher. Kleffner deutet diesen «eingeengten

Blick» auch als «Nachwirkung der jahrzehntelangen Doktrin der Einzeltätertheorie», die aufgrund öffentlicher Kritik inzwischen in die Defensive geraten ist. Nach dem Mord an Walter Lübcke hätte es aus ihrer Sicht nahegelegen, von Anfang an extrem rechte Strukturen breit auszuleuchten und polizeilich nachhaltig unter Druck zu setzen – schließlich sei die rechte Hetzkampagne gegen Lübcke der Polizei bekannt gewesen, und das Video war öffentlich auffindbar.

Immer wieder wird nach den Taten der Ruf laut, die Szene zu entwaffnen. «Kein Waffenbesitz für Extremisten», hat auch Hessens Innenminister Peter Beuth als Slogan ausgegeben. Nach dem Mord an Walter Lübcke wird das Waffenrecht verschärft, aber die Zahl den Behörden bekannter Rechtsextremer mit Waffenbesitzkarte ist bundesweit zuletzt noch einmal gestiegen.

Rechter Terror scheitert – aber nicht von selbst

Rechter Terror hat in den vergangenen Jahren verschiedene Formen angenommen und Taktiken verfolgt. Diese und ihr Wechselspiel mit gesellschaftlichen Konstellationen zu verstehen, kann dabei helfen, den Blick für Gefahren zu schärfen, die aus verschiedenen Richtungen drohen.

Da gibt es die Generation von Tätern wie Stephan Ernst, in den 1990er Jahren nach der Vereinigung politisch sozialisiert, inzwischen zwischen 40 und 50, vielleicht einige Jahre eher unauffällig, aber durch bestimmte Auslöser zu mobilisieren, die heute aus einem viel breiteren Milieu als der militanten Neonazi-Szene selbst kommen können.

Zugleich sind deren Strukturen weiter aktiv, manche überdauern die Jahrzehnte. Und es kommen neue klandestine Verbindungen hinzu, die sich international vernetzen, sich zuletzt etwa in der Ukraine gemeinsam am Krieg beteiligt haben und mit US-Neonazi-

Gruppierungen im Austausch stehen, die eher an einen obskuren Todeskult erinnern.

Es gibt junge und alte Alleintäter, die sich ohne direkte Anbindung oder feste Mitgliedschaft irgendwo zu einer Tat entscheiden, die vielleicht vor allem online auf Gleichgesinnte treffen und sich hier in ihrem rassistischen Hass, ihren Terrorplänen und Amokfantasien bestärken.

Hinzu kommen Netzwerke noch immer unbekannten Ausmaßes in den Behörden selbst sowie das Phänomen, das in der *Zeit* einmal als «Wutbürger-Terrorismus» beschrieben wurde: Bislang kaum polizeilich in Erscheinung getretene Leute treffen in einer Parallelwelt irgendwo zwischen Facebook-Posts zur «Umvolkung» und Protestkundgebungen auf dem Marktplatz mit Ideologen und Anheizerinnen zusammen. Den Weg von der Chatgruppe zur Terrortruppe legen manche atemberaubend schnell zurück. Hinzu kommt eine Art Feierabendterrorismus der neuen Art: vom Tresen zum rassistischen Anschlag, vom biederen Finanzbeamten zum Brandstifter.

Die Geschichte des rechten Terrors lehrt uns weiter, für bestimmte gesellschaftliche Entwicklungen und Konstellationen besonders sensibel zu sein. Etwa, wenn eine Partei, deren anfänglicher Erfolg vor allem von der Mobilisierung aggressiver Ressentiments getragen ist, in eine Krise gerät. So ist es einst der NPD ergangen, mit den im Kapitel «Terror mit Tradition» geschilderten Folgen. Wie reagieren etwa diejenigen Anhänger der AfD, die in ihr wie Höcke die «letzte evolutionäre Chance für unser Vaterland» sehen, wenn die Partei an den Wahlurnen scheitert oder schlicht keine Ergebnisse liefert? Was passiert in Krisensituationen, etwa in einer Pandemie, wenn plötzlich ganz verschiedene Strömungen auf der Straße zueinanderfinden und sich als Teil einer wachsenden Bewegung fühlen, die von Verunsicherung und Unzufriedenheit profitiert?

Zumindest einen entscheidenden Teil der Strategie der Gewalt zu durchkreuzen, kann nur gelingen, wenn die Täter und Täterinnen nicht wieder den Eindruck haben, im Sinne einer schweigenden Mehrheit zu handeln. Es käme darauf an, dass kein potenzieller Attentäter mehr in einer WhatsApp-Nachricht schreiben kann: «Wir werden immer mehr.» Wenn man sich aber umhört nach dem Mord an Lübcke, nach Halle, nach Hanau, dann bleibt der Eindruck: Der ganz große Aufschrei der Mehrheitsgesellschaft bleibt bislang aus. So sind diese schrecklichen Ereignisse vorerst nur Zäsuren im Plural, weil für die Opfer, für Angehörige, für Freundinnen und Freunde danach nichts mehr ist wie zuvor.

Zugleich gilt, was zuletzt die Nebenklägerinnen und Nebenkläger dem Halle-Attentäter im Gerichtssaal ins Gesicht sagten, was bereits zuvor Angehörige der vom NSU Ermordeten ausgesprochen haben und was Familie Lübcke und Ahmed I. durch ihre Präsenz im Gerichtssaal gezeigt haben: Rechter Terror scheitert. Die Taten hinterlassen Wunden, die teils nie vernarben. Die Leben der Opfer sind verloren, unwiederbringlich. Die Täterinnen und Täter mögen sich als Märtyrer im Widerstand wähnen, manche sich brüsten, manche Reue bekunden, aber ihrem eigentlichen politischen Ziel kommen sie mit aller Gewalt nicht näher. Jedenfalls solange man sie nicht lässt.

+++

Luftballons schweben aus offenen Fenstern in die Höhe. Einige zerplatzen, andere trägt der Wind davon, sie werden schnell zu bunten Tupfern am Himmel an diesem klaren, kalten Tag im Herbst. Kinderstimmen klingen durcheinander. Applaus. Die Schulband spielt Sinatras «My Way».

In großen blauen Lettern steht auf der Fassade des Gebäudes mit frischer Farbe: «Walter Lübcke Schule Wolfhagen». Am 25. September 2020, der Prozess in Frankfurt ist noch Monate vom Urteil entfernt, wird in der Gemeinde des ermordeten Regierungspräsidenten mit dieser Umbenennung an ihn erinnert. Die Idee hatten Schülerinnen und Schüler, die den vorherigen Namensgeber, Mitglied der «Gesellschaft für Rassenhygiene», endlich loswerden und ein Signal senden wollten.

Die Witwe von Walter Lübcke ist mit ihren beiden Söhnen gekommen. Im Hof der Schule wird ein Festakt ausgerichtet, so gut das unter Bedingungen der Corona-Pandemie eben geht. Es wird eine Eiche gepflanzt, ein Gedenkstein enthüllt. «Es lohnt sich, in unserem Land zu leben. Da muss man für Werte eintreten», heißt es darauf. Irmgard Braun-Lübcke, die bis dahin nach der Tat nicht öffentlich gesprochen hatte, deren Aussage im Prozess damals noch aussteht, steht direkt daneben, als sie zum Mikrofon greift.

Das Echo ihrer Worte schallt über den Schulhof. Sie dankt den Schülerinnen und Schülern, pflichtet einer Schülervertreterin bei, die gesagt hat, «dass besonders in der heutigen Zeit ein Zeichen gegen Hass und rechte Gewalt gesetzt werden muss». Braun-Lübcke liest den Auszug des Zitats ihres Mannes vom Gedenkstein noch einmal vor – und fügt hinzu: «Jeder von uns ist aufgefordert, demokratische Werte zu leben und zu verteidigen. Bitte seien Sie ein Teil davon.»

Dank

An erster Stelle bin ich allen zu Dank verpflichtet, die mit mir im Zuge der Recherchen gesprochen haben, insbesondere wenn es nicht einfach für sie war. Nicht alle kommen im Buch namentlich zu Wort. Ich danke all jenen, auf deren verdienstvolle Vorarbeit sich Teile dieses Buches stützen und die teils unter-, teils unbezahlt seit vielen Jahren unter großem persönlichem Einsatz zu Aufarbeitung und Aufklärung beitragen.

Ich danke dem Rowohlt Verlag und insbesondere Frank Strickstrock für viel mehr als ein aufmerksames Lektorat, für sein Interesse am Thema, für viele fruchtbare Diskussionen, für Rat und nicht zuletzt seine Ruhe. Vielen Dank an Rechtsanwältin Cordula Proescher von der Kanzlei Faktum in Hamburg für ihre medienrechtliche Begleitung. Jan Ludwig gebührt mein Dank für seinen detaillierten, akribischen Faktencheck und wertvolle Hinweise. Alle möglicherweise verbliebenen Fehler sind allein meine Verantwortung.

Ohne Felix Rudloff von der Literaturagentur copywrite in Frankfurt und meinen geschätzten Kollegen Christian Fuchs wäre aus der Idee zu diesem Buch kein Buch geworden.

Dem Investigativressort der *Zeit* und *Zeit Online* danke ich für die vertrauensvolle, inspirierende Zusammenarbeit in den vergangenen zwei Jahren und die Ausdauer bei den Recherchen (nicht nur) zu diesem Thema – insbesondere: Karsten Polke-Majewski, Holger Stark, Astrid Geisler und Kai Biermann, Christian Fuchs, Stephan Lebert, Daniel Müller, Yassin Musharbash, Fritz Zimmermann, Sascha Venohr. Mein Dank gilt auch dem *Hessischen Rundfunk*, AVE

Publishing und dort allen, mit denen ich für die TV-Dokumentationen zum Mord an Walter Lübcke zusammenarbeiten durfte.

Außerdem danke ich für Hinweise, Austausch oder andere Unterstützung bei der Recherche: Pitt von Bebenburg, Sonja Brasch, Peter Jülich, Julia Jüttner, Caro Keller, Heike Kleffner, Danijel Majić, Adrian Oeser, Maximilian Pichl, Johannes Radke, Toralf Staud, Joachim F. Tornau, Hanning Voigts, Michael Weiss und jenen, die nicht genannt werden wollten, sowie den Journalistinnen und Journalisten, die auch vom Prozess am Oberlandesgericht Frankfurt berichtet haben und den erschwerten Arbeitsbedingungen während der Corona-Pandemie mit Kollegialität begegnet sind.

Ich danke allen Freundinnen und Freunden, die zuletzt mehr über dieses Thema erfahren haben, als ihnen vielleicht lieb war, sowie meinen Eltern. Von Herzen danke ich der wichtigsten Gesprächspartnerin und Erstleserin des Manuskripts, zuallerletzt fürs Lesen.

Quellen und Literatur

Vieles in diesem Buch basiert auf Informationen aus internen Akten, einer Vielzahl von Gesprächen und weiteren Recherchen, die im Text unter Wahrung des Informantenschutzes transparent gemacht worden sind, sowie den 45 Verhandlungstagen vor dem Oberlandesgericht Frankfurt zwischen dem 16. Juni 2020 und 28. Januar 2021. Im Folgenden werden eine Auswahl der frei zugänglichen Quellen, auf die sich das Buch stützt, sowie Hinweise zum Vertiefen von Aspekten genannt, die nur kurz geschildert werden konnten. Zitierte Presseberichte werden hier nicht einzeln gelistet. Publikationen der extremen Rechten oder sogenannte Manifeste werden nicht aufgeführt. Für Forschung und Recherche sei diesbezüglich auf die Sammlungen des Antifaschistischen Pressearchivs und Bildungszentrums in Berlin (apabiz), der Antifaschistischen Informations-, Dokumentations- und Archivstelle (a. i. d. a.) in München sowie der Zeitgeschichtlichen Dokumentationsstelle Marburg in Hessen verwiesen.

Einleitung

Das Denkmal für Fritz Bauer in Frankfurt steht an der Ecke Zeil/Klapperfeldstraße. Die Sendung mit ihm, «Heute Abend Kellerclub» (HR, 1964), findet sich bei YouTube. Zu den Debatten um Rechtsterrorismus-Definitionen aus wissenschaftlicher Sicht vgl. etwa: Fabian Virchow: Nicht nur der NSU. Eine kleine

Geschichte des Rechtsterrorismus in Deutschland, Erfurt 2016. Jan Schedler: Rechtsterrorismus und rechte Gewalt: Versuch einer Abgrenzung, in: Wissen schafft Demokratie. Schriftenreihe des IDZ Jena, 06/2019 (Rechtsterrorismus), online abrufbar unter: idz-jena.de – sowie den gesamten Band. Gideon Botsch: Was ist Rechtsterrorismus?, in: Aus Politik und Zeitgeschichte, 49–50/2019.

I Die Ermittlung

Zu den NSU-Ermittlungen vgl. etwa den Abschlussbericht des ersten NSU-Untersuchungsausschusses des Bundestages, online abrufbar auf der Website des Bundestages als Drs. 17/14600 (siehe auch Hinweise unter Kapitel III). Die Dissertationsschrift von Walter Lübcke «Die frühen wirtschaftlichen Planungsversuche in der Sowjetunion 1924–1928: Sozialismus zwischen Utopie und Pragmatismus» ist etwa in der Deutschen Nationalbibliothek in Frankfurt einsehbar.

II Terror mit Tradition

Das Wortprotokoll der 32. Landtagssitzung vom 8. Oktober 1952 (2. Wahlperiode) findet sich mit diesen Angaben online beim Hessischen Landtag unter starweb.hessen.de. Dort ist auch der Abschlussbericht des Untersuchungsausschusses zum NPD-Ordnungsdienst als Drs. 3330 (6. Wahlperiode) abrufbar.

Das Urteil des OLG Celle gegen Michael Kühnen und andere liegt im Archiv des Generalbundesanwaltes in Karlsruhe, Az. 1 StE 7/78. Die Urteile des OLG Stuttgart gegen die Mitglieder

der Deutschen Aktionsgruppen tragen die Az. 5 – 1 StE 3/81 und 2 (5) – 1 StE 3/81 und finden sich ebenfalls im Archiv des Generalbundesanwalts.

Zum Vertiefen: Die Folge «Hamburg 1980» des Podcasts «Rice and Shine» (Minh Thu Tran, Vanessa Vu, Linh Tran) beschäftigt sich ausführlich mit dem Anschlag. Die Mutter eines der Opfer sowie Überlebende kommen zu Wort: riceandshine-podcast.de. Das SWR2-Hörfunk-Feature «Erinnerungslücke 1980 – Das Terror-Jahr der Rechten» von Philipp Schnee zeichnet das gesamte Jahr nach. Beim BR kann man die mehrteilige Feature-Reihe von Anna Bühler «Rechter Terror in Deutschland» nachhören, die ebenfalls in den 1980ern beginnt.

Aktuelle und historische Berichte des Bundesamtes und der Landesämter für Verfassungsschutz macht eine zivilgesellschaftliche Initiative online unter verfassungsschutzberichte.de durchsuch- und einsehbar.

Außer den unter *Einleitung* bereits genannten: Gideon Botsch: Die extreme Rechte in der Bundesrepublik Deutschland: 1949 bis heute, Darmstadt 2012. Barbara Manthe: Rechtsterroristische Gewalt in den 1970er Jahren. Die Kühnen-Schulte-Wegener-Gruppe und der Bückeburger Prozess 1979, in: Vierteljahrshefte für Zeitgeschichte (68) 2020. Andrea Röpke, Andreas Speit (Hg.): Blut und Ehre: Geschichte und Gegenwart rechter Gewalt in Deutschland, Berlin 2013. Ronen Steinke: Terror gegen Juden. Wie antisemitische Gewalt erstarkt und der Staat versagt. Eine Anklage, Berlin/München 2020. Fabian Virchow: Nicht nur der NSU. Eine kleine Geschichte des Rechtsterrorismus in Deutschland, Erfurt 2016. Der Rechte Rand: Ausgabe 184 «Terror», Mai/Juni 2020.

III Das Jahrzehnt der Gewalt

Das Urteil des LG Wiesbaden von 1995 gegen Stephan Ernst wegen des Anschlags von Steckenroth, des Messerangriffs am Wiesbadener Hauptbahnhof und des Überfalls auf einen Mitgefangenen trägt das Az. 6 Js 246129.0/93.

Die Regierungserklärung von Bundeskanzler Helmut Kohl ist im Plenarprotokoll 9/121, 121. Sitzung, 13. Oktober 1982, des Bundestags festgehalten und online abrufbar.

Zu Hoyerswerda finden sich viele Dokumente, Interviews und (Presse-)Archivmaterial auf der Webdokumentation hoyerswerda-1991.de.

Das Zitat von May Ayim war auch Titel einer Ausstellung der Frankfurter Bildungsstätte Anne Frank (Anderen wurde es schwindelig. 1989/90: Schwarz, Jüdisch, Migrantisch – Sonderausstellung zum 30. Jahrestag des Mauerfalls, 2019/2020). Das Begleitheft ist online unter bs-anne-frank.de/ausstellungen/anderen-wurde-es-schwindelig abrufbar.

Zu den «Baseballschlägerjahren» sind die Texte von Christian Bangel auf *Zeit Online* und in der *Zeit* (46/2019) erschienen. Bei Twitter wird man unter dem Hashtag #baseballschlägerjahre fündig. Unter demselben Namen sind auch TV-Reportagen in der ARD-Mediathek abrufbar.

Zu Rechtsterror-Konzepten aus den USA vgl. etwa Southern Poverty Law Center: Age of the Wolf. A Study on the Rise of Lone Wolf and Leaderless Resistance Terrorism, Montgomery 2015, online unter: splcenter.org. Dort finden sich auch detaillierte Informationen etwa zu Louis Beam. Zur deutschen Rezeption dieser und anderer «Vorbilder» siehe etwa: Eike Sanders, Kevin Stützel, Klara Tymanova: «Taten und Worte – Neonazistische ‹Blaupausen› des NSU», und Eike Sanders: «Was ein ehrbarer Mann tun muss: Der Roman ‹Hunter› von

William Pierce als Vorlage für den Lone Wolf Terrorist» auf nsu-watch.info.

Außer den unter II genannten: Ulrich Herbert: Geschichte der Ausländerpolitik in Deutschland: Saisonarbeiter, Zwangsarbeiter, Gastarbeiter, Flüchtlinge, München 2001. Heike Kleffner/Anna Spangenberg (Hg.): Generation Hoyerswerda. Das Netzwerk militanter Neonazis in Brandenburg, Berlin 2016.

IV Verfassungsschützer

Der Abschlussbericht des NSU-Untersuchungsausschusses des Hessischen Landtags samt Minderheitsvoten ist unter starweb.hessen.de mit der Drs.-Nr. 6611 (19. Wahlperiode) abrufbar. Die Wortprotokolle der Aussagen vor dem Untersuchungsausschuss des Landtags sind leider nicht online verfügbar, anders als etwa die des Bundestages, wo auch hessische Zeuginnen und Zeugen aussagten. Der Bericht des zweiten Ausschusses des Bundestags ist als Drs. 17/14600 verfügbar. Aufschlussreich in diesem Zusammenhang ist auch der Abschlussbericht des Ausschusses im Thüringer Landtag (Drs. 6/7612).

Die Rede von İsmail Yozgat ist in der Übersetzung von Mely Kiyak online zu finden: https://www.fr.de/meinung/lieber-ismail-yozgat-11333160.html. Siehe auch der Beitrag der Familie in: Barbara John (Hg.): Unsere Wunden kann die Zeit nicht heilen: Was der NSU-Terror für die Opfer und Angehörigen bedeutet, Freiburg 2014

Außerdem: Stefan Aust/Dirk Laabs: Heimatschutz: Der Staat und die Mordserie des NSU, München 2014. Christian Fuchs/John Goetz: Die Zelle. Rechter Terror in Deutschland, Reinbek bei Hamburg 2012. Benjamin-Immanuel Hoff/Heike Kleffner/

Maximilian Pichl/Martina Renner (Hg.): Rückhaltlose Aufklärung? NSU, NSA, BND – Geheimdienste und Untersuchungsausschüsse zwischen Staatsversagen und Staatswohl, Hamburg 2019.

V Rassismus verbindet

Das Urteil gegen den Reker-Attentäter des OLG Düsseldorf trägt das Az. III-6 StS 1/16 (2 StE 2/16-5) und liegt im Archiv des Gerichts. Markus Nierth erzählt seine Geschichte in: Brandgefährlich. Wie das Schweigen der Mitte die Rechten stark macht – Erfahrungen eines zurückgetretenen Ortsbürgermeisters, Berlin 2016. Die Ereignisse der Silvesternacht von Köln rekonstruieren Mohamed Amjahid, Christian Fuchs, Vanessa Guinan-Bank, Anne Kunze, Stephan Lebert, Sebastian Mondial, Daniel Müller, Yassin Musharbash, Martin Nejezchleba und Samuel Rieth im *ZEIT-Magazin* 27/2016.

Zur Neuen Rechten: Christian Fuchs/Paul Middelhoff: Das Netzwerk der Neuen Rechten. Wer sie lenkt, wer sie finanziert und wie sie die Gesellschaft verändern, Hamburg 2019. Volker Weiß: Die autoritäre Revolte. Die Neue Rechte und der Untergang des Abendlandes, Stuttgart 2017. Matthias Quent: Deutschland rechts außen. Wie die Rechten nach der Macht greifen und wie wir sie stoppen können, München 2019.

Zum Begriff «Stochastischer Terrorismus» vgl. etwa: Juliette Kayyem: «There are no lone wolves», auf washingtonpost.com, 4.8.2019. Jonathon Keats: «Jargon Watch: The Rising Danger of Stochastic Terrorism», in: *Wired*, 2/2019. Natascha Strobl: «Stochastischer Terrorismus – die digitale Aufrüstung zum Bürgerkrieg», auf: carta.info, 18.11.2020.

VI Aufrüstung zum Attentat

Das Urteil des Verwaltungsgerichts Kassel zur Waffenbesitzkarte von Markus H. trägt das Az. 5 K 206/13.KS. Zu rechten Netzwerken in den Sicherheitsbehörden: Heike Kleffner/Matthias Meisner (Hg.): Extreme Sicherheit: Rechtsradikale in Polizei, Verfassungsschutz, Bundeswehr und Justiz, Freiburg 2019. Die *taz* hat umfangreich zum Thema recherchiert und auch das Urteil (Az. 133 Js 33228/18; 34 Kls 15/19) gegen den Nordkreuz-Admin veröffentlicht: taz.de/static/pdf/taz_Urteil_MarkoG.pdf. Das interne Gutachten des BfV zur AfD ist auf netzpolitik.org nachzulesen: netzpolitik.org/2019/wir-veroeffentlichen-das-verfassungsschutz-gutachten-zur-afd. Die Recherchen des Soziologen Andreas Kemper zu Landolf Ladig unter: andreaskemper.org. Zum Christchurch-Attentat siehe etwa den Abschlussbericht der dortigen Untersuchungskommission: christchurchattack.royalcommission.nz. Gemeinsam mit Adrian Oeser und Ulrike Bremer habe ich mit dem *Hessischen Rundfunk* zwei TV-Dokumentationen zum Thema realisiert, die zum Teil auch diese Phase im Vorfeld des Mordes an Walter Lübcke beschreiben: für die ARD «Tödlicher Hass: Der Mordfall Walter Lübcke» (8.6.2020) und für *arte* «Die Legende vom Einzeltäter: Rechter Terror in Europa» (3.3.2020).

VII Die Tat und das Urteil

Meine Gerichtsreportagen sind auf *Zeit Online* erschienen. Über jeden Prozesstag im Einzelnen finden sich Berichte in der *Frankfurter Rundschau* und auf dem Prozessblog des *HR* sowie bei *NSU-Watch Hessen* (hessen.nsu-watch.info).